남한강, 폐사지를 품다

남한강, 폐사지를 품다

2025년 5월 15일 초판 1쇄 발행

지은이   연오흠
펴낸이   권이지
편 집   권이지·이정아

인 쇄   성광인쇄
펴낸곳   홀리데이북스
등 록   2014년 11월 20일 제2014-000092호
주 소   서울시 금천구 가산디지털1로 16 가산2차 SKV1AP타워 1415호

전 화   02-6223-2302
팩 스   02-6223-2303
E-mail   editor@holidaybooks.co.kr

ISBN   979-11-91381-18-4 (03910)

남한강,
폐사지를 품다

| 연오흠 지음 |

HOLIDAYBOOKS

책을 펴내면서

　문화유산 답사 여행을 좋아하는 저에겐 언제나 가슴 벅찬 화두(話頭) 하나가 있습니다. 바로 '남한강(南漢江)!'입니다. 그것은 예나 지금이나 한 결같은 불변의 법칙이자 진리입니다. 지난 1997년 겨울, 충북 충주의 남 한강변에 있는 충주 고구려비를 답사하면서, '남한강을 장악한 나라가 한반도를 지배하였다'는 평범한 역사적 사실을 깨닫는 순간부터 남한강 은 저의 화두가 되었습니다.

　그렇게 제 마음속에 들어온 '남한강 유역 답사 여행'은 어언 30여 년에 가까운 세월이 흘렀습니다. 고등학교 역사교사로 살아온 저에게 여름방 학과 겨울방학은 남한강을 답사할 수 있는 아주 소중한 기회였습니다. 그때마다 남한강 유역을 행정구역 구간별로 차례차례 답사하였습니다. 그러다 첫 번째로 제 마음속에 들어온 곳이 남한강이 시작되는 강원특 별자치도의 영월군이었습니다.

　영월에서 만난 어린 단종의 유배 생활과 바람처럼 세상을 주유한 김삿

갓 그리고 도도하게 흐르는 동강은 저의 발길을 놓아주지 않았습니다. 그래서 한번 찾아간 곳을 다시 찾는 고행을 되풀이하면서 7년이란 시간을 쏟아 붓자, 그때부터 영월이 환하게 보이는 겁니다. 이렇게 탄생한 것이 저의 졸저인 역사기행 문화탐방『동강에 어린 충절 영월』입니다.

그 후, 두 번째로 제 마음속에 들어온 것이 '남한강변의 폐사지'였습니다. 6세기 중엽, 신라의 진흥왕이 한강 유역을 장악한 이후부터 남한강 물길은 삼국통일을 위한 발판이 되었습니다. 특히, 삼국통일 이후 영남 지역과 한강 중부 지역을 잇는 남한강 뱃길은 수많은 사람들이 오가는 오늘날의 고속도로였습니다. 그러다 보니 남한강변에는 수많은 사찰이 세워집니다.

나말여초에는 신라의 수도인 경주에서 소백산맥의 계립령을 넘어 고려의 수도인 개경으로 이어지는 가장 빠른 지름길이 남한강 뱃길이었습니다. 그 남한강 뱃길 주변으로는 신라 하대부터 고려시대에 걸쳐 선풍(禪風)을 드날린 크고 작은 사찰들이 번창하였습니다. 여주의 고달사, 원주의 흥법사·법천사·거돈사, 충주의 청룡사·정토사·미륵대원, 제천의 월광사·덕주사·사자빈신사 등의 사찰이 이를 명징하게 증언하고 있습니다.

따라서 남한강을 거슬러 오르며 찾아가는 '남한강변의 폐사지' 답사는 일천 년의 역사를 보듬어가는 환상의 석조미술 순례길입니다. 고즈넉한 폐사지에서 맞이하는 고승들의 승탑과 탑비는 하나같이 국보 또는 보물로 지정된 명작(名作)들입니다. 그렇게 한갓진 절터에서 만나는 애틋한 그리움에 반하여 석조 문화유산을 찾고 또 찾아갔습니다.

이 책에서는 남한강 폐사지의 긴 여정을 총 여덟 장(章)으로 꾸몄습니다. 제1장은 경기도 여주의 고달사지 편입니다. 첫 출발지이기에 전반적인 남한강변의 폐사지에 대하여 간략하게 설명하였습니다. 그리고 승탑은 어떻게 만들어졌는가에 대한 개략적인 내용도 독자들의 이해를 돕기 위하여 집어넣었습니다.

제2장은 강원특별자치도 원주의 흥법사지 편입니다. 이곳은 폐사지 중에서도 원래의 모습을 가장 잘 간직한 절터입니다. 하지만 천하의 명작이란 이유 하나만으로 온갖 수난을 겪은 진공대사 탑비의 기구한 운명을 중점적으로 풀어냈습니다. 그리고 우리나라 승탑의 전형적인 팔각원당형의 효시인 '전 염거화상 승탑'에 대해서도 자세히 설명하였습니다.

제3장은 너무나 아름다워서 슬픈 승탑인 지광국사 현묘탑이 113년 만에 고향으로 돌아온 원주의 법천사지 편입니다. 남한강 뱃길의 중간기착지인 은섬포와 세곡을 모아 보관·운송하던 흥원창에 대한 설명도 빼놓지 않았습니다. 이울러 법천사지 주변의 소소한 이야기들도 함께 묶었습니다.

제4장은 고즈넉하고 한갓진 폐사지의 미학을 아낌없이 보여주는 원주의 거돈사지 편입니다. 원공국사 승묘탑이 있던 산기슭 축대 위에서 내려다보는 절터의 허허로운 아름다움은 그 자체가 하나의 설치 예술입니다. 또한 삼층석탑을 감상하기 전에, 석탑에 대한 이해를 돕기 위하여 석탑의 구조를 알기 쉽게 설명하였습니다.

제5장은 충청북도 충주의 청룡사지 편입니다. 청룡사지는 거돈사지에서 유유히 흐르는 남한강을 옆으로 끼고 달릴 수 있는 유일한 강변도로 구간입니다. 유유자적한 남한강을 감상할 수 있는 환상의 드라이브 코스입니다. 청룡사지 주차장에서 실개천 옆으로 난 오솔길은 초록색 이끼로 뒤덮인 신비한 길입니다. 그 초록 융단이 깔린 오솔길을 따라 오르면 울창한 참나무와 소나무 군락 사이로 석등·승탑·탑비가 원시 자연

림의 숲속에 아늑히 보금자리를 틀고 있습니다.

　제6장은 사찰의 중심 영역이 충주호에 잠겨버린 충주의 정토사지 편입니다. 지금은 원래의 자리에서 위쪽 산자락 언덕 위로 옮긴 법경대사 자등탑비만 수몰된 절터 쪽을 바라보고 세워져 있습니다. 그리고 일본인들에 의해 제자리를 떠났던 홍법국사 실상탑과 그 탑비는 2026년 개관 예정인 국립충주박물관으로 돌아갈 날만을 학수고대하고 있습니다.

　제7장은 충주의 상징인 남한강변 탑평리 사지의 중앙탑과 한반도에서 유일한 충주 고구려비 편입니다. 중원(中原)의 땅, 충주. '한강을 장악한 나라가 한반도를 지배하였다'는 명제 아래, 남한강 유역을 차지하기 위한 삼국의 치열한 영토 확장 전쟁사를 실감 나게 담아냈습니다. 그리고 남한강 수운 물류의 중심지인 목계나루와 가흥창의 흥망성쇠도 알음알음 품에 안았습니다.

　제8장은 이 책의 하이라이트입니다. 남한강의 뱃길에서 우리나라 최초의 고갯길인 하늘재로 이어지는 월악산의 송계계곡은, 나말여초부터 불교의 꽃을 피운 문화회랑(文化回廊)이었습니다. 이 하늘재로 이어지는 길섶엔 제천의 월광사지·덕주사지·사자빈신사지와 충주의 미륵대원지가 자리 잡고 있습니다.

　불과 10여 킬로미터밖에 되지 않는 짧고 험준한 계곡에 천년의 역사를 간직한 절터가 연이어 있는 것입니다. 만약 그 옛날 영남대로의 역할을 하였던 하늘재가 이곳으로 개통되지 않았다면 지금, 이 글도 쓸 수 없었겠지요. 이 모든 것이 하늘재가 개척됨으로써 가능했다고 생각합니다. 그래서 저는 하늘재 아래 미륵대원지를 마지막 답사처로 삼았습니다. 그리고 지금으로부터 1,870여 년 전, 신라 아달라이사금 3년(156)에 개척한 하늘재의 고갯마루에서 '남한강 폐사지'의 긴 여정을 마무리하였습니다.

　이 책에서 언급한 각 시대의 왕들은 괄호 안에 재위기간을, 그 밖의 인물들은 생몰년을 집어넣었습니다. 그리고 원고를 쓰면서 참고한 자료나 책들은 본문에서 직접 언급하였습니다. 특히, 국사편찬위원회의 '한국사데이터베이스'와 한국고전번역원의 '한국고전종합DB'에서 참고한 사료 번역문은 이 책의 맨 마지막 '도움 받은 책과 사이트' 편에 자세히 기록하였습니다.

　사진은 그동안 답사를 다니면서 제가 직접 촬영한 것을 대부분 사용하였습니다. 그러나 꼭 필요한 사진이나 지도를 인용하였을 때는 맨 끝의 '인용 사진과 지도' 편에 수록하였습니다. 남한강 폐사지를 답사하고 원고를 쓰면서 도움 받은 책과 자료들이 참 많았습니다. 그 저자 분들께 진심으로 감사드립니다.

　그리고 어려운 여건에서도 좋은 책이 나올 수 있도록 출판을 허락하여 주신 학연문화사 권혁재 대표님께 감사드리며, 기획과 제작을 맡아주신 자회사 홀리데이북스와 편집부 여러분께도 진심으로 감사의 뜻을 전합니다.

　마지막으로 묵묵히 곁을 지켜준 고마운 아내, 언제나 든든한 후원자가 되어준 아들 지언, 말없이 도움을 준 예쁘고 착한 며느리 은우, 원고 교정과 사진 편집을 도와준 곱디고운 딸 혜리, 이제 내년이면 초등학교에 입학하는 세상에서 가장 예쁘고 귀여운 손녀 단아에게 이 책을 선물합니다. 끝으로 하늘나라에 계신 부모님께 바칩니다.

2025년 5월

안곡헌(安谷軒)에서 연오 흠 올림

목차

여주 고달사지

만법(萬法)은 모두 공(空)한 것이나,
나 이제 떠나가련다.

원주 흥법사지

마치 난봉(鸞鳳)이 일렁이듯 기운이 우주를 삼켰으니,
진실로 천하의 보물이다.

원주 법천사지

너무나 아름다워서 슬픈 승탑이여!
이젠 고향에서 편히 쉬시지요.

원주 거돈사지

서편 하늘을 붉게 물들인
저녁노을은 서산으로 기울고

충주 청룡사지

왕명으로 비에 글을 새기나니,
무궁한 버체에 모두 보각(普覺)을 스승 삼으리.

충주 정토사지

가고 머무는 것은 때가 있으나,
오고 가는 것은 머무름이 없으니

충주 탑평리사지 및 충주 고구려비

중원(中原)의 땅,
한강을 장악한 나라가 한반도를 지배합니다.

제천 월광사지·덕주사지·사자빈신사지 및 충주 미륵대원지·하늘재

우리나라 최초의 고갯길,
하늘재로 오르는 문화회랑의 폐사지들

여주 고달사지

만법(萬法)은 모두 공(空)한 것이니,
나 이제 떠나가련다.

남한강변의 폐사지

한반도의 척추는 백두대간입니다. 백두산에서 시작된 대간 줄기가 강원특별자치도 태백시에 이르면, 대덕산과 함백산 그리고 태백산을 이룹니다. 그 대덕산과 함백산 사이에 금대봉(金臺峰, 1,418m)이 있고요. 이 금대봉 기슭 800미터 지점, 맑은 샘에서 사시사철 끊임없는 분출수가 솟구칩니다. 여기가 바로 우리 민족의 젖줄, 한강의 발원지인 검룡소(劍龍沼)입니다.

이 검룡소의 분출수가 흘러내려 골지천을 이루고, 임계를 지나 여량에 이르면 황병산에서 발원한 송천과 합류합니다. 두 물줄기가 하나로 어우러진다고 하여 '아우라지'라는 예쁜 이름을 얻게 되었지요. 그렇게 흐르다 정선군 나전에 이르면 오대산 우통수에서 발원한 오대천을 받아들이며 조양강으로 이름을 바꿉니다. 그 조양강이 정선을 굽이돌아 영

한강의 발원지, 검룡소
명승. 민족의 젖줄, 한강의 발원지 검룡소는 강원특별자치도 태백시 창죽동 금대봉 자락의 800m 고지에서 분출하여, 한반도의 허리를 동에서 서로 휘감아 돌며 장장 514.4㎞를 흘러갑니다.

월군 동쪽으로 흘러가면 동강이라 부르지요.

그렇게 사행천을 이루며 흘러온 동강이 영월읍 덕포에서, 영월군 서쪽을 굽이돌아온 서강과 만나 남한강(南漢江)이 됩니다. 이렇게 시작된 남한강이 영월, 단양, 제천, 충주, 원주, 여주, 이천, 광주, 양평을 지나, 금강산에서 발원한 북한강(北漢江)과 합류하여 비로소 한강(漢江)이 되는 것입니다. 그래서 두 강이 합쳐졌다고 하여 '양수리'라 부릅니다. 지금은 팔당호가 되었지요. 다시 팔당댐을 지나 서울 한복판을 가로질러 김포, 고양을 거쳐 강화에 이르면 드디어 바닷물과 만나 서해(西海)를 이룹니다. 장장 514.4킬로미터를 흘러왔습니다.

산악지형이 많은 우리나라는 일찍부터 협소한 육로보다 수로인 뱃길이 훨씬 더 발달하였습니다. 그렇기에 남한강은 예로부터 서울에서 중부내륙 지방과 소백산맥 너머 영남지방을 왕래할 수 있는 가장 빠른 수운(水運) 교통로였습니다.

그 옛날 삼국이 서로 한강 유역을 차지하기 위해 치열한 격전을 벌일 때에는 전략적인 군사 교통로였습니다. 삼국통일 이후 통일신라시대부터는 수많은 인적·물적 교류가 활발하게 이루어지던 산업도로이자 고속도로였습니다. 특히, 고려시대부터 조선시대에는 남한강 수로를 통하여 내륙지방과 영남지방의 세곡을 거두어 조창에 보관하였다가, 날이 풀리면 개경이나 한양의 경창으로 운송하던 수운 교통로였습니다.

그렇게 남한강 뱃길을 따라 자연스레 사람들의 발길이 끊이지 않았고, 커다란 나루터를 중심으로 남한강변에는 신라하대부터 수많은 사찰이 세워집니다. 이를 뒷받침하는 사원으로 왕실의 든든한 후원을 받았던 여주의 고달사, 원주의 흥법사·법천사·거돈사, 충주의 청룡사·정토사·미륵대원, 제천의 월광사·덕주사·사자빈신사 등이 있습니다.

이렇게 나말여초(羅末麗初)의 남한강변에는 위세가 당당했던 사찰들이 크게 번창하였습니다. 그러나 오늘날엔 그 옛날의 번성했던 영화는 온 데간데없고, 지금은 그저 한가로운 오지의 폐사지(廢寺址)로 남아, 저 같은 답사객만 애틋이 반겨줄 뿐입니다.

하지만 남한강변 폐사지는 나말여초부터 조선 초까지 고승들의 승탑과 탑비를 감상할 수 있는 환상의 여로(旅路)이자 석조미술의 순례길입니다. 만나는 유물마다 천년의 역사를 자랑하는 국보와 보물로 지정된 걸작들입니다. 고즈넉한 폐사지에서 만날 수 있는 최고의 선물이지요. 그렇게 한가로운 절터에서 만나는 석조미술이 그리워, 애틋한 그리움으로 폐사지를 찾고 또 찾아갑니다.

소풍을 떠 올린 고달사터

여주 고달사지(高達寺址)는 경기도 여주시 북내면 상교리 411-1번지 외, 혜목산(慧目山) 자락 아래 아늑히 자리 잡고 있습니다. 지금은 주차장 끝에서 곧바로 탐방로를 따라 절터로 진입할 수 있지만, 1990년대 말까지는 오른쪽 개울 옆으로 난 마을길을 따라 아름드리 느티나무 밑에서 왼쪽으로 꺾어 들어갔습니다.

그런데 2000년대 초까지도 고달사지의 수문장처럼 굳건했던 그 느티나무가 웬일인지 최근에 고사(枯死)하고 말았습니다. 풍성하던 가지는 다 잘려 나가고 굵은 둥치만 처연하게 홀로 서 있습니다. 참으로 안타깝기 그지없습니다. 그래서인지, 저는 지금도 여기를 오면 항상 이 길로 진입하곤 합니다.

고달사지 전경
고달사 터는 시원하게 트인 동쪽을 제외하고, 서쪽의 혜목산을 중심으로 삼면이 야트막한 산등성이로 둘러싸여 있어, 아늑하고 한갓지며 목가적 서정성이 묻어납니다.

　고달사지는 2000년 초 대대적인 발굴 조사 작업이 이루어지기 전까지 이 느티나무를 중심으로 10여 가구가 옹기종기 모여 알뜰살뜰 살아가던 한갓진 동네였습니다. 절터엔 고만고만한 논배미가 올망졸망 붙어있고, 밭두렁 길섶에는 산수유나무가 싱그러웠습니다. 이른 봄날 이곳에 오면 노란 산수유 꽃이 그렇게 아름다울 수가 없었고, 늦가을 오후 여기에 오면 붉게 물든 산수유 열매가 더없이 탐스럽고 사랑스러웠지요.

　그래서일까요, 저는 여길 올 때마다 초등학교 시절 선생님을 따라 친구들과 손잡고 도란도란 이야기하며 소풍을 온 것만 같았습니다. 그 느낌은 지금도 변함이 없습니다.

　그랬던 곳이 발굴 조사 작업을 위해서 마을의 집들은 모두 철거되었고, 절터의 올망졸망한 논밭들도 흔적 없이 사라지고 말았습니다. 그렇게 옛 상교리 마을은 제 가슴속의 아련한 추억으로만 남아 있을 뿐이지요. 그 뒤 사적지를 재정비하면서 제멋대로 나뒹굴던 석조물들은 제자리를 찾아가고, 지금 같은 절터 모습을 되찾게 되었습니다. 고달사지는 1993년 사적으로 지정되었습니다.

고달사(高達寺)는 신라 경덕왕 23년(764)에 창건되었다고 전해집니다. 그 후 기록이 나타나지 않다가 당나라 유학을 마치고 귀국한 원감대사(圓鑑大師) 현욱(玄昱, 787~868)이 문성왕 2년(840)에 혜목산 고달사로 거처를 옮기면서 세상에 등장하기 시작합니다.

먼저, 선종(禪宗)의 역사를 기록한 고서(古書)『조당집(祖堂集)』권 17,「동국혜목산화상」편을 보면,

> 원감화상 현욱은 장경의 제자로 중국(당)에서 귀국하여 혜목산에 띳집을 마련하고 거처하니 혜목산화상이라고 하였다. 신라 경문왕은 고달사에 머물기를 명하고 기묘한 향과 약을 떨어지지 않게 하였다.

또한, 강원특별자치도 양양군 선림원지의「홍각선사탑비」의 비문에도,

> 원감대사가 중화(中華)에서 귀국하여 혜목산에 머물렀다. (결락) 절벽에 나무를 걸치고 얽어매어 골짜기에 건물을 지었다. 처음 세웠던 것을 다시 수리하는데 한 달도 되지 않아서 완공하였다. (결락) 선사는 불문의 모범이었고, …… 홍각선사는 그의 제자가 되었다.

수문장 느티나무와 고사목 느티나무
2010년대 중반까지도 고달사지의 수문장처럼 늠름했던 느티나무가, 언젠가부터 시름시름 앓더니 결국 고사하고, 지금은 굵은 둥치만 처연하게 남았습니다.

이렇게 원감선사가 처음 고달사에 머무를 때는 그저 작은 규모의 암자 정도에 불과하였던 것으로 추측됩니다. 그랬던 고달사에 진경대사(眞鏡大師) 심희(審希, 856~923)가 원감대사의 문하(門下)로 출가한 이후 사세(寺勢)가 점차 커지는 것으로 짐작됩니다.

경상남도 창원시 봉림사지「진경대사 보월능공탑비」의 비문에는,

아홉 살에 혜목산으로 곧장 나아가 원감대사를 뵈니, (원감)대사는
(진경대사)에게 지혜의 싹이 있음을 알고 절에 머물도록 허락하였다.

아홉 살의 어린 나이에 고달사를 찾아가 원감대사 현욱의 제자가 된 진경대사 심희는 원감대사가 입적할 때까지 옆에서 모시며 선(禪)의 가르침을 계승합니다. 그렇게 선풍을 계승한 진경대사 심희는 경남 창원 봉림사에서 선종 9산(禪宗九山)의 하나인 봉림산문(鳳林山門)을 개창합니다. 그 후 진경대사 심희의 법을 전수한 원종대사(元宗大師) 찬유(璨幽, 869~958)가 중국 유학을 마치고 귀국한 후 혜목산 고달사에서 28년간 머무르며 크게 선풍을 일으킵니다.

이렇게 선풍을 진작시킨 원종대사 찬유는 고려 태조부터 혜종, 정종, 광종에 이르기까지 4대에 걸쳐 왕실의 든든한 지원 아래 고달사를 전국 제일의 선찰로 변모시킵니다. 당시 사찰의 위세가 얼마나 대단하였는지, 사방 30리 땅이 모두 절 땅이었고 수백 명의 스님들이 수행 정진하였다고 전해집니다.

이처럼 사세가 당당하였으니, 이 시기를 전후하여 조성된 석조대좌, 원종대사 혜진탑비의 귀부와 이수, 원종대사 혜진탑, 고달사지 승탑, 쌍사자 석등 등 어디 하나 나무랄 데 없는 값진 국보급 석조 미술이 탄생

한 것입니다.

돌그릇이 엄청 크네요.

자, 이제 절터를 답사할 차례입니다.

느티나무 고사목에서 왼쪽으로 나 있는 탐방로를 따라 조금 오르다 왼쪽으로 꺾어 들면, 붉은 기둥의 보호각 안에 커다란 석조가 보입니다. 안타깝게도 바닥 부분만 온전하게 남아있고 나머지는 거의 다 깨져버렸습니다. 여기서 조금만 더 가면 같은 형태의 석조가 또 있습니다. 보호각은 똑같이 생겼습니다. 이 석조는 거의 완벽한 형태를 그대로 유지하고 있습니다. 참 다행이지요.

석조(石槽)란, 큰 돌을 파서 물을 담아 쓰도록 만든 돌그릇을 말합니다. 절터 안내문에는 고달사지 석조에 대한 설명이 자세히 적혀있습니다.

석조는 승려들이 물을 담아 두거나 곡물을 씻을 때 사용하던 용기로 원형, 팔각형, 직사각형 등의 다양한 형태로 만들지만, 직사각형 형태가 가장 많다. 건물 안, 절의 우물가나 취사장 가까이에 두기도 하고, 중심 공간으로 진입하는 곳에 두고 부처님 앞에 나갈 때 손을 씻거나 입을 헹궈 몸을 청결히 하는 용도로도 쓰였다.

여러 절터에서 발견된 석조는 그 크기나 위치가 제각각이지만, 이 석조처럼 건물터 안에서 발견된 예는 드물다. 건물터 안은 구들 및 수조가 놓인 방, 물품을 보관하는 광 등 각기 다른 용도로 사용되었던 방으로 구성된 생활공간이었을 것으로 추정된다. 우

고달사지 석조

석조는 큰 돌을 파서 물을 담아 쓰도록 만든 돌그릇입니다. 위 사진은 바닥 부분만 온전하게 남아있고 나머지 부분은 다 깨져버렸습니다. 아래 사진은 거의 완벽한 형태를 잘 유지하고 있으며, 조각 수법과 장식성이 우수하여 경기도 유형문화유산으로 지정되었습니다.

수한 돌 다듬기 기법과 장식 기법이 돋보이는 예술성이 뛰어난 석조이며, 석조를 통해 옛 고달사의 내력이나 위상을 알 수 있다.

고달사지 석조는 높이가 98센티미터, 길이가 3.21미터, 폭이 1.49미터로 직사각형의 커다란 규모입니다. 하나의 돌을 잘 다듬어서 매끄럽게 만들었고요. 각 면이 만나는 모서리를 안쪽으로 말려들어 간 꽃잎 모양의 귀접이로 장식하였습니다. 내부는 아래로 내려가면서 바닥 면과 만나는 부분을 부드러운 곡선으로 둥글게 처리하였습니다.

바닥 면의 중간지점인 가장자리에는 지름 7.5센티미터의 동그란 구멍을 뚫어 배수시설을 갖추어 놓았습니다. 이 석조는 현존하는 석조들 가운데 그 조각 수법과 장식성이 돋보이는 고려 전기의 작품입니다. 지난 2010년 12월 8일 경기도 유형문화유산으로 지정되었습니다.

그리고 여기서 우리가 놓치지 말아야 할 것이 하나 있습니다. 바로 고달사지 쌍사자 석등의 추정지(推定址)입니다. 방금 살펴본 두 석조 사이의 중간쯤에서 약간 뒤쪽으로 야트막하게 살짝 돋궈놓은 네모난 장소가 보일 겁니다. 그곳이 쌍사자 석등이 있었던 자리로 추정됩니다.

지난 2000년 발굴 조사를 하던 경기역사문화유산원(옛 기전문화재연구원)이 법당지로 추정되는 건물터 바로 앞에서 파손된 지대석과 옥개석(지붕돌)을 발견합니다. 이것을 국가유산청(옛 문화재청)에서 정밀 측량한 결과 쌍사자 석등의 옥개석으로 확인하였습니다. 그래서 이곳을 쌍사자 석등이 있었던 자리로 추정하고 있는 것이고요. 이 쌍사자 석등에 대한 설명은 맨 마지막 부분에서 따로 설명하겠습니다.

크고 잘생긴 석조대좌

　석조에서 탐방로를 따라 한 단을 오르면 금당 터 위에 반듯하게 놓여 있는 튼실한 석조대좌(石造臺座)가 눈에 띕니다. 우리나라에서 가장 크고 잘생긴 불상좌대(佛像座臺)입니다. 맨 아래 지대석과 상·중·하대석을 모두 갖춘 방형 좌대입니다. 방형(方形)이란 '네모반듯한 모양'을 일컫습니다.

　맨 아래 지면에 지대석(地臺石)을 깔고, 그 위에 사각 방형의 하대석(下臺石)을 얹어 놓았습니다. 각 면마다 네 개의 안상(眼象)을 오목새김하고,

고달사지 석조대좌
보물. 우리나라에서 가장 크고 잘생긴 불상좌대입니다. 탐스러운 하대석의 복련과 상대석의 앙련이 서로 대칭을 이루면서 부드러운 입체감을 나타냅니다. 특히, 가운데 꽃잎을 중심으로 좌우로 퍼져나가듯이 꽃잎을 배열하는 고려시대 석조미술의 특징을 잘 보여주고 있습니다.

위로는 소담한 복련(覆蓮)의 겹꽃 무늬를 빙 둘러 새겼습니다. 위에는 중대석을 받치는 낮은 3단의 계단식 굄을 마련하였습니다.

가운데의 중대석(中臺石)에는 사각에 모서리 기둥을 조각하고, 각 면마다 하나씩 커다란 안상을 오목새김 하였는데, 시원한 눈 맛이 그만입니다. 상대석(上臺石)은 맨 밑에 3단 받침을 역 계단식으로 심플하게 조각하고, 그 위로 탐스럽고 예쁜 앙련(仰蓮)을 돋을새김의 고부조(高浮彫)로 한껏 입체감을 살렸습니다. 그런 다음 연꽃 위에 불상을 받칠 한 단의 사각 받침을 수평으로 단정하게 다듬어 놓았습니다.

여기서 안상이란 '눈 안(眼)' 자에 '코끼리 상(象)' 자를 써서, 그 모양이 마치 코끼리 눈처럼 생겼다고 하여 붙여진 이름입니다. 그리고 연꽃무늬를 표현할 때 꽃부리가 위로 향한 연꽃무늬를 '우러를 앙(仰)' 자에 '연꽃 련(蓮)' 자를 써서 앙련이라 부릅니다. 반대로 꽃부리가 아래로 향한 연꽃무늬는 '뒤집힐 복(覆)' 자에 '연꽃 련(蓮)' 자를 써서 복련이라 칭합니다.

석조대좌는 높이가 1.57미터로 간결하면서도 장중한 멋이 돋보입니다. 또한, 위아래의 탐스러운 연꽃무늬가 서로 대칭을 이루면서 부드러운 입체감을 보여줍니다. 연꽃잎은 각 면에 다섯 개씩, 각 모서리에 한 잎씩 모두 24 꽃잎이 새겨져 있습니다.

특히 하대석의 복련은 가운데 꽃잎을 중심으로, 좌우로 퍼져나가듯이 꽃잎을 배열하였습니다. 이는 고려시대 석조미술에서 자주 나타나는 특징입니다. 이 고달사지 석조대좌는 1963년 1월 21일 보물로 지정되었습니다.

이렇게 크고 잘생긴 석조대좌 위에 앉아 있었을 주인공은 과연 어떤 부처님이었을까요? 아마도 신라 하대 선종의 발달과 함께 나말여초에 유행한 부처님이겠지요. 이에 대하여 유홍준은 『나의 문화유산답사기』

제8권, 남한강 편에서 이렇게 추정하였습니다.

이 멋진 좌대 위에 올라앉았을 불상을 상상해 보면 아마도 보원사
터에서 출토된 것과 비슷한 거룩한 철불이었을 것이라는 생각을
갖게 된다.

원종대사 혜진탑비의 귀부와 이수

석조대좌에서 탐방로를 따라 또 한 단을 오르면 금방이라도 대지를
박차고 튀어 올라 불호령을 내릴 것 같은 험상궂은 돌거북이 커다란 비
신과 무거운 지붕돌을 받치고 있습니다. 원래 절터에는 원종대사(元宗大
師) 혜진탑비(慧眞塔碑)의 귀부(龜趺)와 이수(螭首)만 남아 있었습니다.

그랬던 것을 지난 2010년부터 2014년까지 탑비 복원 사업이 진행되
었고, 본래 크기의 비신을 새로 복제하여 그 사이에 끼워 넣어서 지금처
럼 보이는 것입니다. 당당했을 옛 탑비의 모습을 그대로 복원해 놓은 것
이지요. 탑비 복원의 모범사례입니다. 전체 높이가 자그마치 5.08미터
에 이릅니다.

비신은 1915년에 넘어지면서 여덟 조각난 것을, 처음엔 경복궁 근정
전 회랑으로 옮겨서 진열해 놓았습니다. 그 뒤 용산 국립중앙박물관을
개관하면서 수장고로 옮겨 보존하였습니다. 그러다 지난 2016년 여주
박물관으로 옮겨 전시하고 있습니다.

그럼, 탑비의 명칭을 살펴볼까요?

거북이를 비석받침으로 삼았다고 하여, '거북 귀(龜)' 자에 '책상다리할

복원된, 고달사지 원종대사 혜진탑비

보물. 원래의 비신은 1915년 넘어져 여덟 조각난 것을 지금은 여주박물관에 전시하고 있습니다. 그리하여 귀부와 이수만 남아있던 것을, 2014년 옛 탑비의 모습을 그대로 복원해 놓았습니다. 탑비 복원의 모범사례입니다. 전체 높이가 자그마치 5.08m입니다.

부(趺)' 자를 써서 귀부(龜趺)라고 합니다. 그리고 이무기를 지붕으로 삼아서 '교룡 리(螭)' 자에 '머리 수(首)' 자를 써서 이수(螭首)라고 부릅니다. 여기서 교룡은 상상 속의 뿔 없는 용 또는 이무기를 뜻합니다. 그래서 용틀임하는 이무기를 새긴 머릿돌을 우리말로 '용 머릿돌'이라고도 부릅니다. 그것도 맘에 안 들면 그냥 '지붕돌' 하면 되는 것이고요.

거북은 천년 수명을 누리는 불로장생을 상징합니다. 그래서 거북받침이 등에 지고 있는 비문이 천년만년 전해지기를 소망하고 있지 않을까요. 이무기는 용을 의미하고 하늘을 나는 신성한 동물을 상징하기에 하늘과 가까운 지붕돌로 삼았겠지요. 부디 하늘로 승천하라고.

이제 귀부와 이수를 하나하나 살펴볼까요?

귀부의 거북 등에는 육각의 귀갑문이 선명합니다. 지대석을 힘차게 누르고 있는 발가락은 얼마나 발톱이 암팡진지, 금방이라도 땅을 딛고 힘차게 일어설 것만 같습니다. 얼굴은 거북머리가 아닌 용머리로 묘사하였습니다. 우락부락한 조각 솜씨가 생동감이 넘칩니다.

퉁방울눈은 정면을 응시하고 눈꼬리는 매섭게 추켜올렸습니다. 콧구멍은 거친 숨을 몰아쉬듯 뻥 뚫렸습니다. 이렇게 거북머리가 용머리로 바뀌는 것은 신라하대 9세기 중반 이후부터 나타나는 현상입니다. 물론 이수의 형태도 이때부터 반원형에서 직사각형으로 바뀝니다.

입을 얼마나 꽉 다물었는지 주름진 입가엔 깊게 파인 물갈퀴가 양옆으로 선명합니다. 얼굴은 험상궂고 사납지만, 왠지 익살스럽습니다. 직사각형의 비신대좌는 구름무늬가 뚜렷하고, 위로는 복련을 빙 둘러 가며 가지런히 조각하여 각형 대좌를 장엄하였습니다. 전체적으로 조각 수법이 매우 굴곡지고 선명하여 활기차고 용맹스럽습니다. 우리나라에서 가장 크고 힘이 센 천하장사급 거북받침입니다.

이수는 왼쪽 윗부분이 조금 깨졌으나 나머지는 보존 상태가 양호합니다. 앞면의 정중앙에는 사각의 전액(篆額)이 뚜렷하고, 양옆엔 구름 속에서 용틀임하는 운룡무늬가 아주 섬세하고 화려합니다. 사각의 전액 안에는 전서체로 '慧目山高達禪院國師元宗大師之碑(혜목산 고달선원 국사 원종대사 지비)'라고 쓰여 있습니다. 전액 바로 밑에는 동그랗게 눈을 부릅 뜨고 험상궂은 이빨을 드러낸 도깨비가 화려한 사각의 전액을 떠받치고 있습니다. 납작 엎드려 발톱에 힘을 준 모습이 사실적이고 역동적입니다.

머릿돌의 양옆에는 여의주를 문 두 마리의 용이 구름 속을 노닐며 서로 뒤엉켜 용틀임하고 있습니다. 금방이라도 하늘로 승천할 것 같은 기세입니다. 이 원종대사 혜진탑비는 장대한 스케일과 유려하면서도 화려한 조각 솜씨가 돋보이는 고려 초기의 명작으로, 지난 1963년 1월 21일 보물로 지정되었습니다.

원종대사 혜진탑 비문

이제 지금부터 원종대사 혜진탑비의 비문(碑文)을 통하여 스님의 일대기를 알아보고, 승탑과 탑비가 세워지는 과정을 알아보겠습니다. 비석의 앞면은 원종대사의 일대기가 기술되어 있습니다. 뒷면은 고달사의 주요 직책과 탑비 건립에 관한 내용을 자세히 새겼습니다.

원종대사 찬유(璨幽)의 자(字)는 도광(道光)이고, 속성(俗姓)은 김씨(金氏)이며 계림(鷄林)의 하남(河南) 출신입니다. 신라하대 경문왕 9년(869)에 태어나 13살에 출가합니다. 상주 삼랑사(三朗寺)에서 융제선사로부터 법문을 배웠습니다. 진성여왕 6년(892) 23살에 당나라 유학길에 오릅니다. 중국에서 29년간 유학 생활을 마치고 경명왕 5년(921)에 귀국합니다.

원감국사 현욱과 진경대사 심희의 법맥(法脈)을 이은 찬유는 고려 광종 때에 왕사(王師)에 올라 증진대사(證眞大師)라는 호를 받습니다. 이어 왕의 스승인 고승에게 내리는 최고의 법계인 국사(國師)로 추대됩니다. 광종 9년(958) 8월 20일 고달원 선당에서 입적하니 세수 90, 서계(西戒)를 받은 지 69 하(夏)였습니다.

이 무렵 고달사는 전국 제일의 선찰로 명성을 드날립니다. 탑비의 뒷면에 "신미(辛未, 971)년 10월 21일 …… 황제 폐하께서 조칙을 내려 이르기를, '나라 안의 사원(寺院) 중에 오직 3곳만은 전통을 지켜 문하의 제자들이 서로 이어 주지하는 풍습을 대대로 끊이지 않게 할 것이니, 이로써 규정을 삼도록 하라'고 하셨다. 이른바 고달원(高達院)·희양원(曦陽院)·도봉원((道峰院)을 말한다." 그리하여 고달선원은 전국의 3대 부동 사원이 되었습니다.

「혜목산 고달선원 국사 원종대사 지비(慧目山高達禪院國師元宗大師之碑)」의 비문에는, 원종대사가 열반에 드는 순간을 다음과 같이 기록하였습니다.

현덕 5년(958, 광종 9) 세차 무오년 8월 20일, 대사께서 곧 열반에 들고자 목욕을 마치신 다음 방 앞에서 대중에게 명하여 모두 뜰 앞에 모이게 하였다. 유훈(遺訓) 하기를 "만법(萬法)은 모두 공(空)한 것이니, 나 이제 떠나가련다. 일심(一心)으로 근본을 삼아 너희들은 힘써 정진하라. 마음이 일어나면 법도 생겨나고 마음이 사라지면 따라서 사라지니 인심(人心)이 곧 부처이거늘 …… 힘쓸지어다." 말씀을

복원 전, 고달사지 원종대사 혜진탑비의 귀부와 이수
금방이라도 대지를 박차고 튀어 올라 불호령을 내릴 것 같은 험상궂은 돌거북이 비신도
없이 무거운 지붕돌을 등에 지고 있습니다. 퉁방울눈은 정면을 응시하고 눈꼬리는 매섭
게 추켜올렸습니다. 콧구멍은 거친 숨을 몰아쉬듯 뻥 뚫렸습니다.

마치고 방으로 들어가서 엄숙히 가부좌를 틀고 앉아 고달원 선당

(禪堂)에서 입적하셨다.

원종대사가 입적하자, 광종(光宗, 949~975)은 부음을 듣고 슬퍼하며 시
호(諡號)와 탑호(塔號)를 추중합니다. 시호란, 죽은 사람의 생전 행적에 따
라 임금이 내려주는 이름입니다. 탑호는 왕이 내려주는 승탑의 이름으
로, '승려의 별호'입니다. 이어 탑비와 승탑을 만들도록 허락하면서 당대
최고의 학자와 국공(國工)에게 다음과 같이 명을 내립니다.

임금께서 이를 들으시고 선월(禪月)이 너무 일찍 가라앉음을 개탄하며, 깨달음의 꽃이 먼저 떨어짐을 탄식하시고, 성사(星使)를 보내 곡서(鵠書)로써 조의를 표하며 시호를 원종대사(元宗大師), 탑호를 혜진(慧眞)이라 추증하였다. 그리고 정중히 진영(眞影) 1정을 조성하고, 나라의 장인(國工)으로 하여금 돌을 다듬어 층총((層塚, 승탑)을 만들게 하셨다. 문인들이 호곡하면서 색신(色身, 육신)을 받들어 혜목산 서북쪽 기슭에 탑을 세웠으니 이는 상법(象法)을 준수한 것이다.

…… 자비로운 수레가 간 자취를 쫓으며 불법 횃불의 남은 광채를 계승하고자 한숨을 쉬며 탄식하기를 "비록 은밀한 설법을 마음에 새겼으나 만약 위대한 기적(奇蹟)을 돌에 새겨두지 않으면 무엇으로 하나의 진실한 법을 드러내어 완전하게 남아있게 할 수 있겠는가!"라고 하였다. 이에 대사의 행장을 임금께 장계하여 은혜로이 나이 어린 부인도 이해할 수 있는 문사(文辭, 문장에 나타난 말)로 우리 스님의 덕업(德業)을 비석에 기록할 수 있도록 간청하였다.

임금께서 "가(可)하다" 하시면서, 한림학사인 신(臣) 김정언에게 명하기를 "돌아가신 국사 혜목대사는 덕행이 높아 출가하여 복(福)으로 인간을 윤택하게 하였으니, 그대는 마땅히 훌륭한 문장으로 공훈(功勳)을 적어 비석에 그 무성한 업적을 기록하도록 하라"고 하셨다.

원종대사 혜진탑비의 비문은 광종의 명을 받들어 한림학사 김정언(金廷彥)이 짓고, 글씨는 장단열(張端說)이 해서체로 썼습니다. 글자는 이정순(李貞順)이 새겼습니다. 그렇게 시작된 탑비(塔碑) 공사는 광종 17년(966)

에 시작하여 광종 26년(975) 10월에 탑비를 세웠습니다. 승탑은 2년 뒤인 경종 2년(977)에 준공하였습니다.

원종대사가 입적한 후 탑비를 세우는 데 자그마치 17년, 승탑을 건립하는 데 19년의 세월이 걸렸습니다. 실로 엄청난 대역사(大役事)였습니다. 그렇기에 일천 년이 넘는 세월을 지금도 그 자리에서 굳건히 지켜오고 있는 것이겠지요.

목이 잘려 더욱 애틋한 거북받침

고달사지 귀부
아! 상처투성이네요. 목이 잘려 나가 얼굴은 형체도 없습니다. 비신대좌는 반쪽만 덩그러니 남았습니다. 더욱 안타까운 것은 누구의 거북받침인지, 그 이름조차 알지 못한다는 사실입니다. 혹자는 원감국사 현욱의 탑비를 받쳤던 귀부로 추정하기도 합니다.

원종대사 탑비에서 탐방로를 따라 한 단을 더 올라가면, 초록색 잔디밭에 반은 검고 반은 허옇게 보이는 돌거북이 보입니다. 그런데 온전한 돌거북이 아닙니다. 목이 잘려 나가 얼굴은 형체도 없이 사라졌습니다. 비신대좌는 반쪽만 덩그러니 남았습니다. 더욱 안타까운 것은 누구의 거북받침인지, 그 이름조차도 알지 못합니다. 아! 오호통재(嗚呼痛哉)라!

이렇게 비신도 없고 이수도 잃어버린 채 상처투성이로 남아있는 거북받침이라, 그냥 '고달사지 귀부'라고 부릅니다. 거북받침이 향하고 있는 방향은 원종대사 혜진탑비의 거북과 마찬가지로 남쪽을 바라보고 있습니다. 하나의 돌로 지대석과 귀부를 조성하였습니다. 비록 머리는 온데간데없으나 뒷부분엔 꼬리가 살짝 왼쪽으로 외돌려 있어 왠지 앙증맞습니다.

전체적으로 조각 수법이 섬세하고 사실적이며 부드러운 느낌입니다. 원종대사 혜진탑비보다 이른 시기에 조성되었을 것으로 추측됩니다. 아마도 통일신라 말기의 작품으로 추정됩니다.

그래서인지 많은 학자는 고달사에서 입적한 원감국사 현욱(787~868)의 탑비를 받쳤던 귀부로 추정하기도 합니다. 그러면서 이 고달사지 귀부(탑비)와 저 산기슭에 있는 고달사지 승탑을 연결해, 원감국사의 탑비와 승탑으로 보는 견해도 있습니다.

자, 이제 절터의 답사는 여기서 마무리하겠습니다. 이어서 혜목산 자락에 있는 원종대사 혜진탑과 고달사지 승탑을 답사할 차례입니다. 그런데 잠시, 답사하기 전에 먼저 승탑에 대하여 알아보겠습니다.

승탑은 어떻게 만들어졌을까요?

부처님이 열반에 드셨습니다. 다비식을 치르고 사리(舍利)를 수습합니다. 그런 다음 부처님의 사리를 모신 묘를 만들었습니다. 그 무덤이 바로 불탑(佛塔)입니다. 이 '부처님의 묘'를 나무로 만들면 목탑(木塔)입니다. 벽돌로 만들면 '벽돌 전(塼)'자를 써서 전탑(塼塔)이고요. 돌로 만들면 석탑(石塔)이 되는 것이지요. 우리나라는 대부분 단단한 화강암으로 만든 석탑이 조성되었습니다.

이번엔 덕망 높은 스님이 입적하셨습니다. 다비식을 치르고 사리와 유골을 수습합니다. 고승의 사리나 유골을 모신 스님의 묘를 승탑(僧塔)이라 부릅니다. 이를 아주 간단히 정리하면, 불탑은 '부처의 묘'이고, 승탑은 '고승의 묘'입니다.

그럼, 우리나라에서 승탑은 언제부터 만들어졌을까요?

신라중대에는 중앙 집권과 왕권 강화를 뒷받침하는 교종 불교가 발달합니다. 당연히 이를 후원하고 신봉하는 세력은 왕실과 중앙 진골 귀족들이었겠지요. 교종(敎宗)은 부처님의 말씀(불교 경전)을 공부함으로써 깨달음을 추구하는 종파입니다.

선종(禪宗)은 개인의 참선을 통하여 부처님의 마음을 깨닫는 종파입니다. 즉, 불립문자(不立文字, 불교 경전)에 의존하지 않고 개인의 실천 수행을 통하여 마음을 잘 닦으면 누구나 부처가 될 수 있다는 새로운 사상이었지요. 신라하대의 어지러운 난세에 새롭게 등장하는 지방의 호족 세력과 삶이 고달픈 민중들이 후원하고 따랐습니다.

이렇게 선종 불교는 신라하대 9세기 초부터 도의선사(道義禪師)를 비롯한 많은 선승에 의하여 크게 일어납니다. 선종 승려 중에는 지방 호족 출신들도 많았습니다. 그들은 자연스럽게 지방 호족 세력과 연결되어 그들의 근거지를 중심으로 9개의 선종 사찰을 차례로 창건합니다. 이를 '선종 9산(禪宗九山)' 또는 '9산 선문(九山禪門)'이라 부릅니다.

그리하여 크게 깨달음을 얻은 선승들은 이제 부처님과 다를 바가 없다고 생각합니다. 그러다보니 9산 선문의 산문마다 창건조사(創建祖師)를 따로 숭배하는 새로운 풍조가 생겨났습니다. 그래서 각 선종 사찰마다 창건조사의 사리나 유골을 모신 승탑과 그의 일대기를 새긴 탑비가 세워집니다. 실로 엄청난 사상적, 문화적 변혁이었습니다.

이번에는 스님의 묘인 승탑의 형태를 알아볼까요?

양양 진전사지 승탑
보물. 강원특별자치도 양양 진전사지 승탑입니다. 석탑 모양으로 이중 기단을 만들고, 그 위에 팔각의 몸돌과 지붕돌을 얹어 놓았습니다. 학계에서는 이를 우리나라 선종의 시조인 도의선사의 승탑으로 보는 데 대부분 동의하고 있습니다.

염거화상 승탑
국보. 기단부는 장구를 세워놓은 것 같은 팔각의 연꽃받침대로 대체되고, 팔각의 지붕돌은 기왓골과 서까래를 정교하게 조각하는 형태로 바뀌었습니다. 이렇게 기단·몸돌·지붕돌이 모두 팔각을 이루고 있는 형태를 '팔각원당형'이라고 부릅니다. 즉, '팔각의 둥근 집'이란 뜻입니다.

먼저 석탑과 승탑의 차이를 간단하게 비교해 보겠습니다. 석탑은 사각형(四角形)의 구도에 다층(多層)으로 구성되었습니다. 이에 비해서 승탑은 팔각형(八角形)의 구도에 단층(單層)으로 구성되었습니다. 현재 우리나라의 현존하는 승탑 중에서 가장 오래된 것은 강원특별자치도 양양군의 진전사지 승탑입니다. 학계에서는 이를 우리나라 선종의 시조인 도의선사의 승탑으로 보는 것에 대부분 동의하고 있습니다.

그런데 처음으로 승탑을 만들다 보니 일정한 양식이 따로 없었습니다. 그래서 석탑 모양인 사각의 이중 기단을 만들고 그 위에 팔각의 단층 몸돌과 지붕돌을 얹어놓았습니다.

이것이 도의선사의 제자인 염거화상 승탑에 이르면 하나의 모범적인 승탑 전형으로 발전합니다. 석탑 양식을 따랐던 사각의 이중 기단은 장구를 옆으로 세워놓은 것 같은 팔각의 연꽃받침대로 대체됩니다. 지붕돌은 기왓골과 서까래를 정교하게 조각하는 사실적 형태로 바뀝니다. 즉 기단·몸돌·지붕돌이 모두 팔각형으로 전환된 것입니다. 이렇게 모든 부재가 팔각을 이루고 있는 형태를 '팔각원당형(八角圓堂形)'이라고 부릅니다. 즉 '팔각의 둥근 집'이란 뜻이지요.

이렇게 탄생한 팔각원당형 승탑의 기본 구조는 고려 전기까지 유행합니다. 그러면서 고려시대로 내려오면 팔각의 기본 구조는 그대로 유지하면서도, 부분적으로 새로운 변화를 끊임없이 시도합니다. 특히, 기단

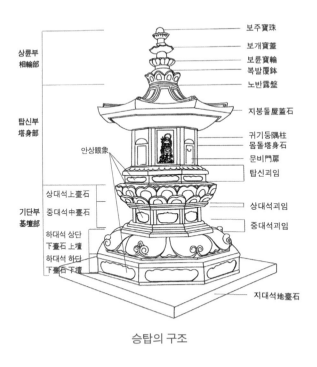

승탑의 구조

부의 중대석과 지붕돌의 변화가 가장 두드러지게 나타납니다. 이제 이러한 변화의 특징은 앞으로 답사하면서 그때그때 상황에 맞게 설명하겠습니다.

원종대사 혜진탑

원종대사 혜진탑을 답사하려면, 다시 탐방로를 따라 처음 진입하던 느티나무 고사목 입구로 나아가야 합니다. 거기서 '대한불교조계종 고달사'라고 쓰여 있는 커다란 표지석의 이정표 방향을 따라 조금 오르다 보면 두 갈래 길이 나옵니다. 가운데에 이정표도 세워져 있고요. 여기서 산 밑으로 난 오른쪽 길로 약 140미터쯤 오르면, 오른편 언덕 위로 커다란 승탑이 보입니다.

고등학교 한국사 교과서에도 나오는 고달사지 원종대사 혜진탑(慧眞塔)입니다. 우선 장대한 스케일에 압도당합니다. 기단부의 웅혼(雄渾)하고 현란한 조각 솜씨에 또 한 번 놀랍니다. 한눈에 보아도 가히 걸작입니다.

전체적으로 보면 신라하대부터 나타나기 시작한 팔각원당형의 기본 구조를 유지하면서도, 지대석과 하대석을 사각으로 조성한 점, 중대석을 크고 현란하게 조각한 것이 특징입니다.

맨 아래에는 4매로 짜맞춘 사각의 지대석 위에 커다란 복련을 두툼하게 둘러 새겼습니다. 복련 위로 1단의 굄을 마련하고 방형의 하대석을 단정하게 올려놓았습니다. 중대석의 중앙에는 발톱에 힘을 잔뜩 준 거북이가 눈을 부릅뜨고 물갈퀴를 휘날리며 머리를 왼쪽으로 에돌렸습니

고달사지 원종대사 혜진탑

보물. 전체적으로 보면 신라하대부터 나타나기 시작한 팔각원당형의 기본 구조를 유지
하면서, 지대석과 하대석을 사각으로 조성한 점, 중대석을 크고 현란하게 조각한 것이
특징입니다. 특히, 기단부의 웅혼하고 현란한 조각 솜씨가 가히 압권입니다.

다. 그 좌우로는 네 마리의 용이 구름 사이를 노닐며 힘차게 용틀임합니다. 웅혼한 기상이 엿보입니다. 조각 기법이 우아하면서도 현란하기 이를 데 없습니다.

뒤쪽으로는 화염에 휩싸인 여의주를 희롱하는 두 마리 용 사이로 거북의 등짝이 보입니다. 짤막한 꼬리가 왼쪽으로 바짝 붙어서 꼬부라져 있습니다. 뭉게뭉게 피어오르는 구름 위로 한 단의 팔각 받침대를 마련하고 낮은 1단의 굄을 조각하여 상대석을 받치고 있습니다. 참으로 신비스럽고 섬세하면서도 역동적입니다.

상대석은 탐스럽게 핀 연꽃무늬를 앙련으로 둘러놓아 튼실하게 보입니다. 꽃잎 끝부분을 유연한 곡선으로 처리하여 부드럽고 아름답습니다. 앙련 위로는 2단의 팔각받침대와 굄을 마련하여, 하나의 돌로 다듬은 팔각의 몸돌을 받쳤습니다. 몸돌의 각 면에는 문틀과 사천왕상을 사이사이 새겨 놓았습니다. 사천왕상의 조각은 섬세하고 동적이면서도 차분한 미감(美感)을 살렸습니다.

팔각의 지붕돌은 여덟 귀퉁이가 살포시 반전되었고, 귀꽃이 고사리 새싹처럼 어여쁘게 봉긋 솟아 있습니다. 그중에 2개의 귀꽃이 떨어져 나가서 아쉽기 그지없습니다. 지붕돌 아래의 천장에는 아름다운 비천상이 새겨져 있습니다. 두 손을 받쳐 들고 천의 자락을 휘날리며 하늘을 훨훨 날고 있는 유연한 자태가 참으로 아름답습니다. 여기가 바로 천상의 세계임을 상징하는 것이겠지요. 세련된 조각 솜씨가 일품입니다.

비천상(飛天像)이란, 하늘을 날아다니는 천인(天人)을 묘사한 것입니다. 천의(天衣)를 걸치고 구름 속에서 악기를 연주하거나 부처에게 공양하는 모습으로 나타납니다. 불교미술에서 천상의 세계를 표현할 때 비천상을 그리거나 조각합니다.

상륜부는 지붕돌 위로 팔각의 띠를 두르고, 팔각의 노반과 꽃무늬가 조각된 복발, 팔각 귀꽃이 달린 보개, 보륜, 보주가 차례로 얹혀있습니다. 이 승탑은 원종대사가 입적한 지 19년 만인 고려 경종 2년(977)에 세워졌습니다. 1963년 1월 21일 보물로 지정되었습니다.

우리나라의 대표적인 미술사학자 우현 고유섭은 『조선미술문화사논총(朝鮮美術文化史論叢)』에서, 원종대사 혜진탑을 이렇게 표현하였습니다. 괄호 안은 독자들의 이해를 돕기 위하여 제 나름대로 해석한 글입니다.

원종대사 혜진탑은 동사지(同寺址, 같은 절터)에 있는 신라의 원감부도(현 고달사지 승탑, 국보)를 본뜬 것이나 작(作)으로는 도리어 우수한 것이니, 고복석(鼓腹石, 중대석)에는 영귀(靈龜, 신령한 거북)를 정면에 새기고 운룡(구름과 용)을 좌우에 새겨 호괴(豪瑰)한 품이 걸작인데 앙련 복련의 웅휘한 맛이 일단의 정채(精彩, 아름답고 빛나는 색채)를 가(可)하고, 탑신(몸돌)의 사천왕상과 옥개(지붕돌)의 건장한 맛과 상륜의 정교한 품이 발군의 미태(美態, 아름다운 자태)를 형성하고 있다.

이를 간단히 정리하면, 원종대사 승탑은 비록 고달사지 승탑을 모방하여 만들었지만, 그 미적 감각은 오히려 더 우수한 작품이라고 예찬하였습니다.

고달사지 승탑

원종대사 혜진탑을 둘러본 후, 왼쪽을 바라보면 나뭇가지 사이로 가

고달사지 승탑

국보. 당당하고 멋진 비주얼, 완벽한 균형미, 섬세한 조각의 세련미, 생동감 넘치는 용틀임, 아름다운 비천상, 어디 하나 흠잡을 때 없는 빼어난 걸작입니다. 먼저, 저 장중한 스케일에 입이 딱 벌어지고, 화려하고 세련된 조각 솜씨에 감탄을 금치 못합니다. 실로 위대한 명작입니다.

파른 계단이 보입니다. 계단을 밟고 천천히 산으로 오르면, 엄청난 규모의 잘생긴 고달사지 승탑이 반갑게 맞아줍니다. 보는 순간 장중한 스케일에 입이 딱 벌어지고, 화려하고 세련된 조각 솜씨에 감탄을 금치 못합니다. 실로 위대한 명작입니다.

저 장중한 비주얼, 완벽한 균형미, 섬세한 조각의 세련미, 생동감 넘치는 용틀임, 아름다운 비천상, 어디 하나 흠잡을 때 없는 빼어난 걸작입니다. 고달사지 승탑은 팔각원당형의 기본 구조를 따르면서, 고려 초기에 나타나는 여러 가지 특징도 엿볼 수 있습니다.

지대석은 여러 개의 판석을 고르게 짜맞추어 팔각으로 깔았습니다. 그 위에 팔각의 3단 계단식 굄을 고이고 하대석을 올려놓았습니다. 하대석은 각 면마다 2개의 안상을 오목새김으로 마련하고, 안상 안에 고사리 모양의 귀꽃을 장식하였습니다. 한 단의 띠를 두른 윗면은 겹꽃 복련을 가지런히 둘러놓았습니다. 이런 기법은 아까 절터에서 보았던 크고 잘생긴 석조대좌의 하대석 복련과 매우 닮았습니다.

중대석의 정중앙에는 거북의 용머리가 정면을 응시하고 있습니다. 목주름이 선명하고 발가락 마디까지 디테일하게 조각하였습니다. 그 좌우에는 구름 속을 노니는 네 마리 용이 화염에 휩싸인 여의주를 다투는데, 눈매와 발톱이 매섭기 그지없습니다. 역동적이며 생동감이 넘칩니다. 유려한 조각 솜씨가 천하일품입니다. 이렇게 오직 불사에만 혼신의 힘을 다했을 석공의 공력을 생각하니 마음마저 숙연해집니다. 실로 위대한 걸작입니다.

상대석은 아랫부분에 탐스럽고 큼직한 복엽앙련을 빙 둘러 장식하여 하대석과 대칭을 이룹니다. 복엽앙련 위로 한 단의 팔각 받침대를 조성하고, 몸돌을 받칠 낮은 3단의 계단식 굄을 마련하였습니다. 그런 다음 팔각의 몸돌을 얹어놓았고요.

팔각의 몸돌에는 앞면과 뒷면에 자물통이 달린 문짝을 새겼습니다. 양 옆면은 창살문을 저부조로 조각하였고요. 나머지 네 면에는 사천왕상을 저부조로 돋을새김하였습니다. 문짝에 자물통을 채운 것은 승탑 주인공의 사리를 잘 보호하고 있다는 의미입니다. 사천왕상은 이를 잘 지켜주고 있다는 것을 상징하고 있는 것이고요.

팔각의 지붕돌은 서까래와 기왓골을 생략하고 두꺼운 편으로 고려 초기의 특징을 잘 보여줍니다. 하지만 모서리마다 커다란 귀꽃을 추켜올려 줌으로써 약간 둔중한 느낌을 상큼하게 반전시켰습니다. 낙수면은 합각선이 뚜렷합니다. 안타깝게도 1개의 귀꽃이 떨어져 나갔습니다.

그런데 잠깐, 지붕돌에서 그냥 지나치기 쉬운 것이 하나 있어요. 눈에 잘 띄지 않으니까요. 바로 처마 밑에 새겨진 아름다운 비천상입니다. 꽃비를 뿌리며 천상의 세계를 우아하게 날고 있습니다. 가히 환상적입니다. 천의 자락을 휘날리며 하늘을 날고 있는 빼어난 자태가 압권입니다. 어찌나 아름답고 우아한지, 그만 넋을 놓고 바라볼 뿐입니다.

지붕 처마 밑 비천상
꽃비를 뿌리며 천상의 세계를 우아하게 날고 있네요. 천의 자락을 휘날리며 하늘을 날고 있는 빼어난 자태가 참으로 아름답습니다.

지붕돌 위에는 복련을 빙 둘러 새기고 상륜부를 받치고 있습니다. 상륜부는 둥근 복발, 지붕돌처럼 생긴 커다란 보개, 연꽃 봉오리 모양의 보주가 차례로 얹혀있습니다. 원래는 보개 위에 찰주를 꽂는 둥근 구멍이 뚫려 있는 것으로 보아 화려한 상륜부가 있었던 것으로 짐작됩니다.

고달사지 승탑은 장중한 기풍에 정제된 조형미와 세련된 조각 수법을 보여주고 있습니다. 특히 중대석의 형식화 된 거북의 용머리 표현, 역동적인 운룡무늬, 상·하대석의 서로 대칭되는 아름다운 연꽃무늬, 탑신부의 조각 양식과 수법 등은 고려 초기에 나타나는 특징입니다. 따라서 10세기에 건립된 것으로 추정됩니다. 1962년 12월 20일 대한민국의 국보로 지정되었습니다.

그런데 참으로 안타까운 사실은 지금까지 고달사지 승탑의 주인공이 누구인지 정확히 밝혀지지 않았다는 점입니다. 이를 누구의 승탑으로 볼 것인가에 대해서는 지금도 학계에서 많은 논란이 있습니다. 먼저 혜목산 고달선원의 개산조인 원감대사 현욱의 승탑으로 보는 견해가 다수입니다.

그러나 원종대사 혜진탑을 원감국사의 승탑으로, 고달사지 승탑을 원종대사 혜진탑으로 바꾸어서 추정하는 견해도 있습니다. 이는 원종대사 혜진탑비의 비문에 "혜목산 서북쪽 기슭에 탑을 세웠으니 이는 상법을 준수한 것"이라는 기록에 근거한 주장입니다. 탑의 위치로 볼 때 동남쪽에 있는 현재의 원종대사 혜진탑보다, 오히려 서북쪽에 있는 고달사지 승탑을 원종대사의 승탑으로 보는 견해입니다. 그 외에도 여러 견해가 있습니다. 어쨌거나 하루빨리 확실한 근거가 나오기를 학수고대합니다.

그렇다 보니, 국보 고달사지 승탑과 보물 원종대사 승탑을 비교·분석하는 미술사가들이 참 많습니다. 각자 보는 안목이 다르듯이 두 승탑을 비교하는 관점도 다를 수밖에 없겠지요. 그중에서 유홍준의 『나의 문화유산답사기』 제8권, 남한강 편에는 두 승탑을 이렇게 비교하였습니다.

…… 이번엔 국보 제4호 고달사터 승탑을 만나게 되는데 이 승탑은 한눈에 원종대사 승탑과 비슷한 것에 놀라고 또 전체적인 균형미와 조각의 생동감이 조금 전에 보았던 원종대사 승탑보다 한 차원 높다는 사실에 다시 한번 놀라며 자꾸 비교하게 된다.
받침대·기단부·몸돌·지붕돌·상륜부로 구성되어 기단부의 용틀임이 역동적이고 몸돌을 받치고 있는 복판앙련이 아름다우며 몸돌은 팔각으로 다듬어 정면에 문짝과 사천왕상을 번갈아 새겼고 지붕돌 천장에는 비천상이 새겨져 있는 점 모두가 같다. 무엇이 다른가?
기단부의 용틀임을 보면 여기서는 머리를 정면으로 곧게 내밀고 양 날개를 편 듯 입체적으로 묘사된 반면에 원종대사 승탑에서는 다소 평면적이다. 몸돌의 문짝에 자물통을 새긴 것이나 창살무늬 사천왕의 부조도 여기가 훨씬 또렷하다. 상륜부 천장의 비천상도 여기가 참으로 이름답고 율동적이다. 전체적으로 균형과 조화, 그리고 디테일이 훨씬 우수하다는 인상을 받고 이것이 국보와 보물의 차이라는 것에 동의하게 된다.

그러면서 창작과 모방적 재현의 차이가 이처럼 명확히 드러나는 것은 미술사적 안목 훈련에 더없이 좋은 계기가 된다고 역설(力說)하였습니다.

폐사는 언제 어떻게?

고달사는 원종대사 찬유가 주석하며 선풍을 드날리던 시절이 최고의 전성기였습니다. 전국의 3대 부동 선원으로 지정될 만큼 전국 제일의 선원(禪院)이었습니다. 그렇게 고려 전기까지만 해도 사세가 위풍당당하였던 고달사가 언제 어떻게 폐사되었는지 정확히 알 수는 없습니다. 다만 이따금 나타나는 기록을 통하여 추정하여 보겠습니다.

고려 말기의 문신이자 서예가인 유항(柳巷) 한수(韓脩, 1333~1384)가 지은 『유항시집』에, 「제 고달사(題 高達寺)」라는 한시가 전합니다.

> 30년 전이 꿈같구나
> 젊었을 때의 친구들은 반이나 황천객이 되었네.
> 이제 고달 옛 절에 온 것은
> 원통 큰 복전이 있기 때문이네.
> 사면의 산 병풍은 절을 둘렀는데
> 한 개의 비석은 푸른 하늘에 기대었네.
> 웃음과 이야기 하룻저녁에 돌아갈 길을 잊었으니
> 당시 묘련(妙蓮)에 있던 것 같으이.

이 시에서 주목할 것은 "今來高達古精舍(금래고달고정사), 爲有圓通大福田(위유원통대복전)"이라는 원문입니다. 여기서 '옛 고(古)'자는 '오래된' 또는 '낡은' 뜻을 더하는 접두사입니다. 정사는 절 또는 사찰을 가리킵니다. 따라서 고달이란 절이 오래되어 낡은 절이 되었다고 해석할 수 있습니다.

원통은 '관음보살을 모신 전각'을 일컫습니다. 대복전은 '불교를 믿으

원종대사 혜진탑의 중대석

면 그것이 복이 나오는 큰 밭'이란 뜻입니다. 따라서 관음보살을 모신
큰 법당인 관음전이 있기 때문에 오래된 절, 고달사를 찾아왔다는 뜻이
겠지요. 주의할 것은 '옛 절'을 '망한 절'로 해석하면 안 된다는 것입니다.
만약 폐사되었다면 어떻게 큰 법당인 원통전에 기도하러 왔겠습니까.

또 하나는 "一條碑石倚靑天(일조비석의청천)"이라는 원문입니다. 여기서
한 개의 비석만 언급되고 있습니다. 따라서 그 당시에도 원종대사 혜진
탑비만 존재하였던 것으로 추측할 수 있습니다. 일명 목이 잘린 '고달사
지 귀부'는 이미 고려 말기에도 지금처럼 파손된 채 그 자리에 있었나 봅
니다.

그렇다면 이 시를 지은 유항 한수의 생몰연대(1333~1384)와 비교해 보

고달사지 승탑의 중대석

겠습니다. 먼저 시의 첫머리에서 30년 전을 떠올리며 젊은 시절을 언급하였습니다. 이를 적용하면 적어도 1370년에서 1384년 사이에 고달사의 원통전을 찾았다가 젊은 시절을 그리워하며 시 한 수를 남긴 것으로 추정할 수 있습니다. 따라서 고려 말기에는 고달사의 사세가 예전 같지 않아 오래되고 낡은 절로 표현하지 않았을까요? 조심스럽게 추정해 봅니다.

다음은 조선 전기로 가보겠습니다.

조선시대로 내려와서 고달사가 언급되는 첫 번째 기록은 조선왕조실록(朝鮮王朝實錄)의 『세조실록(世祖實錄)』 세조 2년 병자(1456) 8월 12일 편에,

의금부에서 아뢰기를, "백정 쇠날이(金生)와 돌석이(石乙石) 등이 고
달사에 모여 술을 마시다가, 관군이 쫓아가 잡으려 하자 발사하며
항거하였습니다. 마땅히 잡아서 베어야 하며 처자(妻子)는 종으로
삼고, 재산은 관(官)에 몰수하여야 합니다." 하니, 명하기를 처자는
죄를 벌하지 말고, 나머지는 아울러 아뢴 대로 하라 하였다.

　자신들을 멸시하고 천대시하는 봉건사회에 대한 불만으로 가득 찬 백
정의 무리가, 고달사를 근거지 삼아 관군에게 항거하는 상황입니다. 이
렇게 조선 전기로 내려오면 숭유억불 정책으로 불교는 탄압받고 승려는
천민 취급을 받았습니다. 그래서인지 고달사는 천민 백정들에게 속수무
책으로 당하고 있는 무기력한 모습입니다. 하지만 아직 고달사의 향화
(香火)는 꺼지지 않았습니다.
　그러다가 조선 후기에 우리나라 최초의 사찬 지리서로 1656년에 편
찬된 반계(磻溪) 유형원(柳馨遠, 1622~1673)의『동국여지지』제2권 경기좌도
여주목 편에,

　　고달사, 혜목산 아래에 있다. 없어져서 마을이 빈터가 되었는데,
　　섬돌과 주춧돌이 아직 남아있다. 또 고려의 한림학사(翰林學士) 김
　　정언(金廷彦)이 찬술한 승(僧) 혜진(慧眞)의 탑비(塔碑)가 있다.

　위 기록을 근거로 추정하면, 적어도 반계 유형원이 이 책을 저술한
1650년대 이전에 이미 고달사가 폐사되었음을 알 수 있습니다. 그렇다
면 세조실록의 기록에 나오는 1456년부터 동국여지지가 편찬된 1656년
까지 200년 동안 고달사가 폐사될 만큼 큰 사건이 무엇일까요?

1392년 태조 이성계가 조선을 건국한 이후 1592년 임진왜란이 일어나기 전까지 200년 동안은 동아시아에 전쟁이 없는 평화의 시대였습니다. 조선은 실리 추구의 외교정책으로 친명 교린을 추진하였습니다. 따라서 조선 전기에는 국경 지역과 해안가에서 자잘한 분쟁 정도만 있었습니다. 이런 시대적 상황을 곰곰이 생각해 보니 답은 의외로 간단하였습니다. 즉 1592년부터 1598까지 7년간 왜군과 싸운 임진왜란(壬辰倭亂) 때문이었습니다.

특히 남한강 상류 지역인 충주의 탄금대에서 배수의 진을 친 신립 장군 부대가 조령을 넘어온 왜군 주력부대에 참패당합니다. 이때 남한강을 따라 내륙 수운의 중심지인 충주·원주·여주 지역의 사찰들은 왜군들의 말발굽에 짓밟혔을 것입니다. 그렇게 남한강 유역의 천년 고찰들이 짓밟히고 불타면서 하나, 둘 소멸하여 갔을 것으로 추측됩니다. 당시에는 조선이 일본보다 앞선 문화 선진국이었습니다. 따라서 임진왜란이 일어났던 16세기 말에서 17세기 초에 폐사되었을 것으로 추정됩니다.

이곳 고달사에는 절 이름과 관련된 가슴 아픈 이야기가 전해집니다. 고달사를 창건할 때 '고달(高達)'이란 석공이 가족들이 굶어 죽은 줄도 모르고, 오직 돌을 다듬는 불사에만 혼신의 힘을 다하였습니다. 마침내 불사를 마치고 집으로 돌아와 보니 이미 가족들은 죽은 지 오래되었습니다. 이에 스스로 머리를 깎고 도(道)를 이룬 큰스님이 되었다고 전해집니다. 그래서 도를 이룬 석공, 고달의 이름을 따서 '고달사'로 불렀다는 애달픈 전설입니다.

고달사지 쌍사자 석등

이제 고달사지 답사를 마치고 내려갈 차례입니다. 참, 아까 절터에서 언급하였던 고달사지 쌍사자 석등을 감상하려면 폐사지가 아닌, 서울 용산의 국립중앙박물관으로 가야 합니다. 사실 남한강 유역의 폐사지를 답사하려면, 앞으로 전개될 폐사지와 함께 국립중앙박물관을 여러 번 왔다 갔다 해야 합니다. 왜? 그런 것인지는, 그때그때 흥미진진한 이야기가 전개될 것입니다.

고달사지 쌍사자 석등은 본래 절터에 넘어져 있던 것을 마을의 이씨(李氏)라는 주민이 수습하여 자기 집에 보관하고 있었습니다. 그러다 해방 이후 이씨가 죽자, 그의 아들이 1958년 5월 서울특별시 종로구 종로 4가에 있는 동원예식장 주인에게 3만 8천 원에 팔았습니다.

그 뒤 1959년 봄, 이를 알게 된 당시 문교부(현 교육부)의 주선으로 경복궁의 경회루 옆 잔디정원으로 옮겨졌습니다. 그리고 1963년 1월 21일 보물로 지정되었습니다. 그렇게 석등하고는 전혀 상관없는 궁궐에서 오랜 세월을 머물게 됩니다.

그러다 지난 2000년 고달사지 발굴 조사 작업 중 지붕돌이 출토되어 오늘날의 모습을 갖추게 되었습니다. 2005년 10월 용산 국립중앙박물관을 개관하면서 1층 중앙 홀 역사의 길에 전시되었습니다. 현재는 실내를 벗어나 햇빛을 볼 수 있는 국립중앙박물관 앞 숲속의 정원 '석조물정원'에 전시되어 있습니다. 이제 원래의 고향인 절터로 돌아가야 하지 않을까요?

국립중앙박물관 입구에서 오른쪽 국립한글박물관 쪽으로 가다가 숲속의 정원 오솔길로 들어서면 석조물정원이 시작됩니다. 여기서 첫 번

고달사지 쌍사자 석등

보물. 국립중앙박물관. 쌍사자 석등은 사자 두 마리가 가슴을 맞대고 서
서 상대석과 화사석을 받치고 있는 입상이 대부분인데, 고달사지 쌍사
자 석등은 사자 두 마리가 웅크리고 앉아 있는 좌상입니다. 그 착상이
색다르고 참 기발합니다.

째로 만나는 석조유물이 고달사지 쌍사자 석등입니다. 그런데 참 특이합니다. 대부분의 쌍사자 석등은 사자 두 마리가 가슴을 맞대고 서서 상대석과 화사석을 받치는 입상(立像)입니다. 이에 반해 고달사지 쌍사자 석등은 두 마리의 사자가 웅크리고 앉아 있는 좌상(坐像)입니다. 그 착상이 색다르고 기발한 아이디어라고나 할까요.

사각 방형의 바닥돌 위에 2매로 짝 맞춘 방형의 하대석을 놓았습니다. 각 면마다 2구의 안상을 새겼습니다. 그 위로 판석에 웅크리고 앉은 두 마리의 사자가 앞발을 내딛고 서로 얼굴을 살짝 돌려 오순도순 이야기를 나누고 있습니다. 구름무늬의 사자 등 위로는 세 개의 간주석이 놓여 있고, 그 위로 커다란 앙련을 새긴 상대석을 올려놓았습니다.

불을 밝히는 팔각의 화사석에는 넓은 4면에 화창을 뚫었습니다. 그 위에 널찍한 팔각의 지붕돌을 얹어놓았습니다. 현재 지붕돌 위에는 아무것도 없습니다. 전체적인 조각 수법으로 보아 고려 전기인 10세기경에 만들어진 것으로 추정됩니다.

지금까지 남한강 유역의 내륙 수운의 중심지였던 경기도 여주의 고달사지 답사를 마무리하였습니다. 이제 우린 강원특별자치도 원주시 지정면의 섬강 언덕에 있는 흥법사지를 찾아갑니다.

원주 흥법사지

마치 난봉(鸞鳳)이 일렁이듯 기운이
우주를 삼켰으니, 진실로 천하의 보물이다.

언제나 그랬듯이 그대로

원주 홍법사지는 강원특별자치도 원주시 지정면 안창리 517-2 외, 영봉산(靈鳳山) 자락의 큼지막한 언덕에 자리 잡고 있습니다. 앞쪽으로는 섬강이 유유히 흘러가고 그 너머로는 문막 평야가 시원스레 펼쳐집니다. 원래는 만여 평에 이르는 거찰이었다고 전해집니다. 지금은 그 너른 절터가 사유지인 논밭으로 경작되고 있어 안타깝기 그지없습니다.

절터 뒤쪽으로는 몇 채의 민가가 들어서 있어 그 옛날의 영화는 찾아볼 수가 없습니다. 단지 진공대사 탑비의 귀부와 이수 그리고 삼층 석탑이 세워져 있는 절터만 그대로 남아있을 뿐입니다.

절터의 이런 모습은 제가 처음 찾았던 1990년대 중반이나 30여 년이 지난 2020년대 중반이나 변한 것이 하나도 없습니다. 여길 찾아올 때마다 '언제나 그랬듯이 그대로'였습니다. 어떻게 생각하면 옛 모습 그대로

흥법사지 전경
원래는 만여 평에 이르는 거찰이었는데, 지금은 그 너른 절터가 사유지인 논밭으로 경작
되고 있습니다. 절터 뒤쪽엔 아직도 몇 채의 민가가 남아 있습니다. 현재는 진공대사 탑
비의 귀부와 이수, 그리고 삼층 석탑만이 쓸쓸히 절터를 지키고 있습니다.

의 절터가 정말 반가우면서도, 다른 한편으론 왜 여긴 발굴 조사 한번
하지 않지? 하는 자문자답을 해본답니다. 가까운 이웃에 있는 여주의 고
달사지나 원주의 법천사지는 발굴 조사 작업 후 절터가 천지개벽하여
깨끗하게 잘 정비되어 있어, 흔연(欣然)합니다.

흥법사(興法寺)가 언제 창건되었는지는 정확히 알 수 없습니다. 다만
『고려사(高麗史)』「세가(世家)」태조 23년(940) 조에,

가을 7월, 왕사(王師) 충담(忠湛)이 죽자, 원주 영봉산 흥법사(興法寺)
에 탑을 세우니, 왕이 직접 비문(碑文)을 지었다.

여기서 충담(869~940)은 진공대사의 법호입니다. 법호(法號)란, 승려가 본명 외에 갖는 호를 일컫습니다. 따라서 고려 태조 왕건의 스승인 충담이 입적하자, 탑비의 비문을 왕이 직접 지을 만큼 사세가 당당하였던 사찰이었으니, 적어도 통일신라 말기에는 이미 흥법사가 창건되었을 것으로 추정됩니다. 흥법사지는 1984년 6월 2일 강원특별자치도 문화유산 자료로 지정되었습니다.

진공대사 충담

진공대사(眞空大師) 충담(忠湛, 869~940)의 속성은 김씨이고, 계림의 귀족 출신입니다. 신라 하대 경명왕 때 활동하였던 진경대사 심희(856~923)의 제자입니다. 따라서 고달사와 관련된 봉림산문의 스님이었으니, 흥법사는 선종 사찰이었을 것으로 추정됩니다.

대사는 어린 나이에 부모를 여의고 출가하여 장순선사(長純禪師)의 제자가 되었습니다. 진성여왕 3년(889)에 무주(武州) 영신사(靈神寺)에서 구족계를 받고 법상종과 율장(律藏)을 공부하였습니다. 구족계(具足戒)란, 비구와 비구니가 지켜야 할 계율을 말합니다. 즉, 출가한 사람이 정식 승려가 될 때 받는 계율을 일컫습니다.

그 후 중국 당나라로 유학을 떠나 운개사(雲蓋寺)의 정원대사(淨圓大師)를 찾아가서 법을 묻고, 선종과 교종을 두루 섭렵합니다. 그 뒤 후삼국으로 분열된 918년(신라 경명왕 2년, 고려 태조 1년)에 귀국합니다.

이때 고려를 건국한 태조 왕건은 진공대사를 궁궐로 초빙하여 설법을 듣고 제자의 예를 갖추어 왕사(王師)로 추대합니다. 이어 태조는 대사를

홍법사의 주지로 임명하고 사찰을 크게 중건하게 합니다. 그리하여 홍
법사는 홍법선원(興法禪院)이 되었고, 선(禪) 수행을 위하여 찾아오는 승
려들이 수백 명에 이르렀다고 전합니다. 당시의 상황을 태조는 「홍법사
진공대사탑비(興法寺眞空大師塔碑)」의 비문을 지으면서 이렇게 묘사하였습
니다.

선원을 크게 중건한 후에는 찾아오는 사람이 구름과 같았고, 배우
는 사람들이 날로 진취되는 것이 마치 안개와 같았다.

이렇게 홍법사는 고려 태조의 적극적인 후원으로 진공대사 충담이 주
석하며 선풍을 드날리던 시절이 최고의 전성기였습니다. 그렇게 20년간
홍법선원을 번창시키며 남한강 유역의 원주 일대를 교화하던 진공대사
가 열반에 들었습니다. 그때 남긴 마지막 열반송이 「진공대사탑비」의 비
문에 이렇게 쓰여 있습니다.

태조 23년(940) 7월 18일, 이른 아침에 문인들에게 고하여 이르기
를, "만법(萬法)은 모두 공(空)한 것이니, 나 이제 세상을 떠나련다.
너희들은 일심(一心)을 근본으로 삼아 부지런히 노력하라" 하고는
적연(寂然)히 앉아서 입적하셨다.

열반송(涅槃頌)이란, 고승들이 입적할 때 평생 수행을 통하여 얻은 깨달
음을 후인들에게 전하는 마지막 말이나 글을 일컫습니다. 이를 다른 말
로 열반게(涅槃偈), 입적게(入寂偈), 임종게(臨終偈)라고도 부릅니다. 적멸의
찰나에 직접 전하는 마지막 한마디이기에, 고승의 열반송은 오래도록 세

청허당 서산대사 휴정의 진영
경남 양산 통도사 소장. 청허당 휴정의 영정
으로 정면관의 전신교의좌상입니다. 화면크
기는 가로 81.5㎝, 세로 124.3㎝로 3폭의 비
단바탕입니다.

간의 화제가 되기도 합니다.

이에 비하여 오도송(悟道頌)은 선승이 참선을 통하여 깨달음을 얻었을 때 처음으로 내뱉는 말을 가리킵니다. 그런데 사실, 열반송을 남기지 않은 고승들도 많았습니다.

그럼, 여기서 열반송과 관련된 두 가지 예를 살펴보겠습니다. 먼저, 임진왜란 당시에 제자인 사명당(泗溟堂) 유정(惟政, 1544~1610)과 함께 승병(僧兵)을 일으켜 혁혁한 전공을 세웠던 서산대사(西山大師) 휴정(休靜, 1520~1604)의 열반송을 읊어볼까요.

삶은 한 조각 구름이 일어남이요	生也一片浮雲起
죽음은 한 조각 구름이 스러짐이라	死也一片浮雲滅
뜬구름은 본래 실체가 없으니	浮雲自體本無實
삶과 죽음이 오고 가는 것 또한 그러하도다.	生死去來亦如然

그런가 하면 대한불교조계종의 총무원장, 원로회의 의장, 제8대 종정을 역임하였던 서암(西庵, 1914~2003) 스님은 아예 열반송을 남기지 않은 것으로 유명합니다. 한 제자가 스님에게 열반송을 물어보자,

나는 그런 거 없다. 정 물으면, 그 노장 그렇게 살다가 그렇게 갔다고 해라. 그게 내 열반송이다.

종정(宗正) 스님은, 조계종의 신성을 상징하며 종통을 승계하는 최고의 권위를 가진 종단의 가장 큰 어른입니다.

진공대사 탑비의 기구한 운명

진공대사 충담이 입적하자, 고려 태조 왕건(王建, 918~943)은 시호를 진공대사(眞空大師)라 추중하고, 친히 탑비의 비문을 짓습니다. 그리고 최광윤에게 명하여 당(唐) 태종의 글씨를 모아서, 모사(模寫)하여 새긴 탑비를 태조 24년(941)에 건립합니다. 당 태종 이세민(李世民, 599~649)은 당대의 명필가이자 중국의 서예를 부흥시킨 인물입니다. 특히 왕희지의 서체를 좋아했습니다.

이렇게 왕희지의 서풍이 흐르는 진공대사 탑비는 천하의 명비인지라, 사람들의 찬사가 끊이지 않았습니다. 그래서인지 팔자가 참 기구합니다. 그 사연을 하나하나 풀어보겠습니다.

고려 후기에 정당문학, 판삼사사, 정승 등을 역임한 익재(益齋) 이제현(李齊賢, 1287~1367)은 『익재집』「역옹패설 후집1」에서 진공대사 탑비의 비문을 이렇게 예찬하였습니다.

말뜻이 웅장하고 깊고 위대하고 아름다워서 마치 검은 홀(笏)을 쥐고 붉은 신을 신고 낭묘(廊廟)에서 읍양(揖讓)하는 것 같다. 글자는 큰 글자와 작은 글자, 해서와 행서가 서로 알맞게 배열되어 있어, 마치 난봉(鸞鳳)이 일렁이듯 기운이 우주를 삼켰으니 진실로 천하의 보물이다.

그런가 하면 조선 초기의 문신이자 시와 문장으로 일가를 이루었던 사가정(四佳亭) 서거정(徐居正, 1420~1488)은 『사가집(四佳集)』「사가시집」 제2권에서 원주의 홍법사비를 읽으면서 다음과 같은 예찬의 시를 남겼습니다.

당 태종의 글씨는 용이 꿈틀거린 듯하고　　　　唐宗宸翰動龍螭

고려 태조의 문장은 유부의 말과 흡사하네.　　　麗祖奎章幼婦辭

오늘날엔 누가 그 탁본을 세상에 전해서　　　　今日誰敎傳墨本

만지는 순간 귀밑털이 흰 걸 느끼게 할꼬.　　　摩挲不覺鬢成絲

이 한시는 아마도 서거정이 같은 원주에 있는 법천사로 태재 유방선(1388~1443)을 찾아가서 동료들과 유학을 공부하며 과거를 준비하던 젊은 시절에 지은 시로 생각됩니다.

이렇게 조선 초기인 15세기 중반까지도 온갖 찬사를 받으며 홍법사를 굳건하게 지켰던 천하의 명비였습니다. 그러나 15세기 후반이 되면 숭유억불 정책 탓인지, 다른 연유(緣由)가 있는 것인지 잘 모르겠으나, 제자리를 떠난 진공대사 탑비의 비석은 반토막이 난 채 모진 풍파를 겪게 됩니다.

조선 전기의 학자이자 문인이었던 허백당(虛白堂) 성현(成俔, 1439~1504)은 『허백당집』「허백당문집」 제9권 '홍법사 진공대사 비명에 쓰다(題興法

寺眞空大師碑銘)'라는 글에서, 원주에 감사(監司, 관찰사)로 부임하였을 때 북쪽 교외 관음사에 반토막 난 비석이 있어 탁본하여 살펴보니, "문세가 호한(浩汗)하고 글씨체가 힘이 있어 난새나 봉황이 높이 구소(九霄)의 밖으로 날아오르는 듯하여 영웅의 큰 솜씨가 아니면 지을 수 없는 것"이라고 감탄하면서, 고려 태조의 글과 당 태종의 글씨임에 의심할 여지가 없다면서, 아전(衙前, 하급관리)에게 물어봅니다. 이에 아전이 대답하기를,

흥법사는 지금 안창(安昌) 남쪽 5리쯤에 있으니, 비석은 반드시 이 절에 세웠을 텐데 어느 시대에 고을 안으로 옮겨놓았는지는 알 수 없으나, 전해 내려오면서 보호한 지 오래되었습니다. 근래 한 목사(牧使, 지방 수령)가 "망한 절의 물건을 보관하는 것은 상서롭지 못하다"고 하면서 마침내 내다 버렸습니다. 그래서 비에 젖고 햇볕에 노출되는 한편 부녀자들이 옷을 다듬질하고 소들이 뿔을 비비고 하여 글자가 닳고 획이 떨어져 나가 비석이 갈라지고 부서져 길에 그냥 방치되어 있는데도 수습하는 자가 없었을 따름입니다.

이 말을 듣고 성현은 "거문고를 불태우고 학을 삶는 것보다 심한 것이니, 당시보다 부끄러울 뿐 아니라 또한 천추토록 비웃음을 전하게 되었다"라고 탄식을 금치 못합니다. 이 기록은 성현이 성종 14년(1483)에 강원도 관찰사로 재임할 당시 원주 관아에서 반토막 난 진공대사비를 발견하고 그 사실을 기록한 글입니다.

그렇다면 적어도 이 글을 쓴 1480년대 이전에 이미 흥법사가 폐사된 것으로 추정됩니다. 원문에는 '깨뜨릴 패(敗)' 자에 '절 사(寺)' 자를 써서 '패사(敗寺)'로 기록되어 있습니다. 이를 어떻게 해석해야 할까요? 참으로

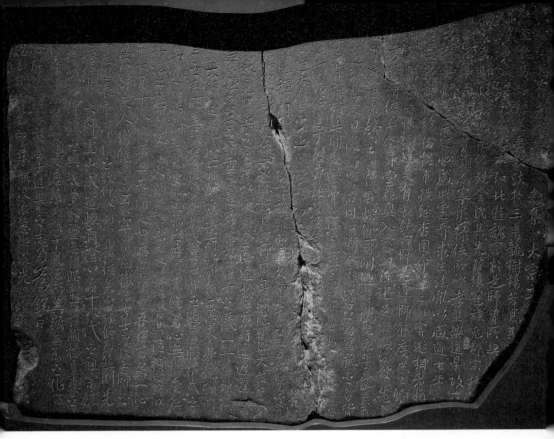

깨진 흥법사지 진공대사 탑 비석
국립중앙박물관. 고려 초의 선승, 진공대사 충담을 기리기 위해 세운 탑 비석으로 조선 전기에 파손되었습니다. 사진은 동강 난 비석의 아랫부분 세 조각입니다. 비문은 고려 태조가 짓고, 글씨는 최광윤이 당 태종의 행서를 집자한 것으로 유명한 명비입니다.

난감합니다. 어쩔 수 없이 '망한 절'로 해석해야겠지요.

　조선 후기에 홍문관·예문관 양관의 대제학을 역임한 문신 이계(耳溪) 홍양호(洪良浩, 1724~1802)는 『이계집』 제16권, 「원주 반절비에 쓰다(題原州 半折碑)」라는 글에서 '반절비'라 부르게 된 사연을 다음과 같이 적어 놓았습니다.

　원주 영봉산 반절비는 고려 태조가 짓고 신 최광윤이 명을 받들어

당 태종의 글씨를 집자한 것이다. 임진왜란 때에 왜노(倭奴)들이 수레에 실고 동쪽으로 가던 중 죽령에 이르러 비석이 두 조각으로 부러지자, 그 절반만 떠메고 가버렸다. 난리가 평정된 후 관동의 수령이 남은 조각을 끌어다 원주에 두니, 드디어 반절비라 불렀다.

그러면서 직접 탁본해 온 필획을 보며 "호방하고 웅장한 것이 실로 천인의 필적이다. …… 굴레와 고삐를 벗어난 것이 마치 천마가 하늘을 노니는 듯하여 서가(書家)들이 모방할 수 있는 것이 아니다"고 하면서, 당 태종 글씨는 여러 차례 번각(翻刻)하면서 본디의 모습을 잃었지만, 이 비석만은 홀로 1천 년 전에 새긴 것을 전해주고 있으니, 중국에서도 구하지 못할 천하의 보배라고 극찬하고 있습니다.

이렇게 진공대사 탑비의 비문은 천하의 명작인지라, 두 동강이 난 뒤에도 당대의 문장가나 금석 학자들이 앞다투어 탁본을 떠갔습니다.

그 뒤 일제 강점기에 일본인들이 흥법사지를 조사한 기록이 『대정원년 조선고적조사보고』에 다음과 같이 쓰여 있습니다.

비신은 주아(州衙, 원주관아)로 옮겨져 절손(折損)되어 근년에 그 소재를 잃어, 내가 원주에서 수일간 머무르면서 한 조각은(一片)은 객사(원주공립보통학교) 앞 정원에서 발견하였다. 또 한 조각(二片)은 내가 수비대영사(守備隊營舍) 내의 석원(石垣, 돌담)으로 사용하고 있는 것을 찾아냈다. 귀부와 이수는 현재 사지에 존재하고, 역시 웅휘 장려하다.

위에서 대정원년(大正元年)은 1912년으로, 그해 11월에 세키노 타다시(關

野貞)와 다니이 세이치(谷井濟一)가 조사한 보고 내용을 기록한 것입니다.

그리고 정규홍의 『석조 문화재 그 수난의 역사』 '원주 홍법사지 진공대사비와 탑' 편에서, 진공대사 비신의 이동 경로와 보존 상태를 다음과 같이 기술하였습니다.

세키노(關野) 일행이 찾아낸 비편은 한동안 원주군청에 보관하였다가 1913년에 다시 총독부 박물관으로 옮겨 보관하였다. 경복궁 소재의 비신석은 현재 상, 하 2석으로 절단된 위에 하석은 다시 3편으로 파절(破切)되어 있기 때문에 중간 부분의 결실로 인한 판독 불능의 부분이 많다.

세상에 태어날 때부터 진공대사 비신은 천하의 명비, 명작(名作)으로 그 명성을 떨치다 보니, 미인박명(美人薄命)일까요? 세상 사람들의 온갖 찬사를 다 받으면서도, 팔자는 참으로 기구한 운명이었습니다. 그렇게 수백 년간 상처받은 모습으로 지금은 국립중앙박물관 상설전시관 2층 서화관에 잘 전시되어 있습니다.

진공대사 탑비의 귀부와 이수

홍법사 절터에서 가장 먼저 만나는 것은 진공대사 탑비의 귀부와 이수입니다. 한눈에 보아도 참으로 힘차고 용맹스럽게 생겼습니다. 활달한 기상이 엿보입니다. 사각의 지대석과 거북받침을 하나의 돌로 조성하였습니다. 다섯 발가락엔 마디가 선명하고 발톱은 날카롭게 조각하였고요.

귀부의 거북받침은 켜켜이 쌓인 세월의 더께를 말해주듯 검버섯이 피었습니다. 그래서인지 거북의 겹 테두리 귀갑문 등짝이 단단한 근육질 같이 보입니다. 귀갑문 안에는 연꽃과 만(卍)자를 번갈아 새겨 넣었습니다. 불교에서 만(卍)자는 부처의 가슴에 있는 길상(吉相)의 표시입니다.

목을 잔뜩 움츠린 용머리는 험상궂고 무섭게 생겼습니다. 퉁방울눈은 부리부리하고 주름진 벌렁코는 거친 숨을 몰아쉬듯 여의주를 문 윗입술을 잔뜩 추켜올렸습니다. 목덜미엔 용 비늘이 선명하고요. 용머리 꼭대기엔 네모난 홈이 파여 있어 별도의 장식을 꽂았던 것으로 짐작됩니다. 아마도 멋진 뿔을 조각하여 꽂지 않았을까요. 거북 등 위에는 높다란 직

흥법사지 진공대사 탑비의 귀부와 이수
보물. 돌 거북이 참 힘차고 용맹스럽게 생겼습니다. 거북받침은 켜켜이 쌓인 세월의 더께를 말해주듯 검버섯이 피었습니다. 겹 테두리 귀갑문은 단단한 근육질 같습니다. 귀갑문엔 연꽃과 만(卍)자를 번갈아 새겼습니다. 불교에서 만(卍)자는 부처의 가슴에 있는 길상의 표시입니다.

사각형의 비신대좌를 마련하고 앞면과 옆면에는 안상을 새겼습니다.

이수는 직사각형에 가까운 형태지만, 구름 속을 노니는 용들의 생동감 넘치는 용틀임으로 굴곡이 심합니다. 오목조목한 조각 수법이 정교하고 화려합니다. 정면 중앙에는 구름무늬를 둘러 방형의 전액을 만들고, 그 안에 오목새김의 전서체로 '眞空大師(진공대사)'라고 새겼습니다.

이수의 나머지 부분은 온통 얽히고설킨 아홉 마리 운룡의 향연으로 율동성과 생동감이 넘쳐납니다. 전액을 중심으로 그 좌우에는 용 두 마리가 눈을 매섭게 치켜뜨고 금방이라도 싸울 기세입니다. 네 귀퉁이에는 네 마리의 용이 각각 전방을 주시하며 탑비를 수호합니다. 뒷면에도 두 마리의 용이 서로 뒤엉켜 포효하고 있습니다. 웅혼한 기상이 엿보입니다.

거북받침의 높이는 75센티미터, 이수의 높이는 99센티미터로 크고 웅장한 자태가 호방하기 이를 데 없습니다. 귀갑무늬와 운룡무늬의 섬세하고 정교한 조각 솜씨가 천하일품입니다. 지난 1968년 7월 5일 보물로 지정되었습니다.

이처럼 거북 머리가 여의주를 문 용머리로 바뀌고, 이수의 모습도 반원형에서 직사각형의 형태로 바뀌면서, 비신대좌가 높아지는 현상은 9세기 중엽 이후부터 나타나는 탑비의 특징으로 고려 초기인 10세까지 이어집니다.

이렇게 진공대사 탑비는 비신도 없이 거북받침 위에 머릿돌만 올려놓은 채 오늘도 이따금 찾아오는 답사객만 반겨주고 있습니다. 한때 자신이 짊어졌던 비신이 천하의 명작인 걸 아는지 모르는지, 그렇게 허허로운 절터를 쓸쓸히 지키고 있습니다.

참, 여기서 잠깐, 왜 고려 태조 왕건이 진공대사의 탑비와 승탑 건립에 공력을 다했는지 알아볼까요? 936년 후삼국을 통일한 태조 왕건은 재위 기간 동안 11차례에 걸쳐 고승의 탑비를 건립합니다. 그중에서 오직 진공대사 탑비의 비문만 직접 작성하였습니다. 당시 수운이 발달한 남한강 유역의 흥법사는 강원도, 충청도, 경상도 지역의 옛 신라 유민들이 개경으로 가기 위해서는 반드시 거쳐야 하는 교통의 요지였습니다.

따라서 진공대사 탑비를 직접 짓고 세운 목적은 스승인 충담을 추모하는 동시에, 새로운 통일 왕조인 고려의 출범을 알리면서 중부내륙의 중심지인 원주 지역을 아우르려는 통합의 상징성을 갖고 있는 것입니다.

흥법사지 삼층석탑

진공대사 탑비에서 오른쪽 앞으로는 단아하면서도 참 소박하게 생긴 삼층석탑이 오롯이 세워져 있습니다. 보는 순간, 떠오르는 첫 이미지가 순박한 처녀 농군 같습니다. 그래서인지 더욱 사랑스럽고 친근하게 다가옵니다. 2단의 기단 위에 3층의 몸돌과 지붕돌을 얹은 전형적인 통일신라의 석탑 양식을 따른 고려 전기의 석탑으로 추정됩니다.

바닥 면에 방형의 지대석을 깔고, 그 위에 높이가 낮은 하층 기단석을 올려놓았습니다. 하층 기단석 각 면에는 세 개의 안상을 새기고, 그 안에 꽃이 피어난 모습을 저부조로 조각하였습니다. 이와 같은 조각 기법은 고려시대 석탑에 자주 나타나는 특징입니다. 하층 기단석 위에는 낙수면이 완만한 뚜껑돌인 갑석을 덮고, 상층 기단석을 받칠 1단의 굄을 마련하였습니다.

상층 기단석 각 면에는 모서리기둥인 우주를 새기고, 그 사이에 가운

흥법사지 삼층석탑
보물. 전체적인 비례, 체감, 장식, 조각 기법 등으로 보아, 통일신라의 석탑 양식을 따르면서도 고려 전기에 나타나는 특징을 보입니다. 참 단아하고 소박하게 생겼습니다. 그래서인지 더욱 친근하고 순박합니다.

데기둥인 탱주를 새겼습니다. 상층 기단석 위에도 완만한 낙수면을 이룬 갑석을 덮고, 아주 낮은 3단의 계단식 굄을 조성하여 1층 몸돌을 받치고 있습니다.

그런데 뭔가 좀 어색하지 않나요? 하층 기단석의 높이에 비하여, 상층 기단석의 높이가 지나치게 높다 보니 어색하게 보입니다. 거기에다 그 위에 얹혀있는 몸돌과 지붕돌의 폭이 급격히 좁아지다 보니, 전체적인 비례가 참으로 순둥순둥합니다. 그래도 순박한 이미지가 참 좋습니다. 고향 생각이 절로 나거든요.

1층 몸돌에는 네모난 문과 문고리 장식을 새겼는데, 비바람에 마모되어서인지 잘 보이지 않습니다. 문을 새겼다는 것은 여기에 부처의 사리를 모셨다는 것을 의미합니다. 몸돌마다 각 모서리에 우주인 모서리기둥을 새겼습니다.

1층 지붕돌은 처마 밑으로 4단의 역 계단식 층급받침을 마련하였습니다. 낙수면은 원만하고, 지붕돌 위에는 아주 낮은 2단의 굄을 마련하였습니다. 그 위에 급격히 낮아지는 2층 몸돌과 지붕돌을 얹고, 차례로 3층 몸돌과 지붕돌을 얹혀 놓았습니다. 상륜부는 3층 지붕돌 위로 사각의 노반과 둥근 보주가 차례로 올려져 있습니다. 높이가 3.69미터로 아담한 석탑입니다.

홍법사지 삼층석탑은 전체적인 비례, 체감, 장식, 조각 기법 등으로 보아, 통일신라의 석탑 양식을 따르면서도 고려 전기에 나타나는 특징을 보입니다. 1968년 7월 5일 보물로 지정하였습니다.

참, 지난 1989년 11월 28일, 마을의 한 농부가 밭갈이하던 중에 고려 명종 21년(1191)에 제작된 동종을 발견하였습니다. 이 동종은 높이 36센티미터, 너비 30센티미터의 크기로, 측면에는 비천상의 문양이 정교하게 새겨져 있고, 상단 고리 부분엔 여의주를 입에 문 용 모양이 조각되어 있습니다. 이 동종이 발견된 지점은 옛 절터로 추정되며, 원형 그대로 출토된 것으로 보아 13세기 몽골족의 침입 때 땅속에 그대로 묻고 피신한 것으로 추측됩니다.

그런데 저는 여길 오면, 섬강 너머 탁 트인 벌판과 저 멀리 아스라이 펼쳐지는 겹겹의 산마루 하늘선을 바라보며, 제가 자란 충북 고향 땅을 떠올리고, 저도 모르게 정지용의 「향수(鄕愁)」를 이동원의 노래로 흥얼거리곤 한답니다.

이 노래는 시인 정지용의 향수를, 김희갑 작곡으로, 1989년 가수 이동원이 당시 서울대학교 음대 교수였던 테너 박인수와 듀엣으로 부른 명곡입니다. 엄청난 대중적 인기를 누렸고요. 당시로서는 대중가요와 클래식의 절묘한 만남이었지요. 클래식 성악가와 대중가수의 협업인 크로스오버의 대표적인 명곡입니다. 그런데 두 분 다, 지금은 하늘나라로 여행을 떠나셨습니다.

향수를 떠올린 산마루 하늘선
삼층석탑 앞으로는 섬강 너머 탁 트인 벌판과 저 멀리 아스라이 펼쳐지는 겹겹의 산마
루 하늘선이 그림같이 펼쳐집니다. 마치 아련한 고향 땅을 떠올리게 합니다. 그래서인
지 저도 모르게 정지용의 '향수'를 이동원의 노래로 흥얼거려봅니다.

향 수

정지용

넓은 벌 동쪽 끝으로

옛이야기 지줄대는 실개천이 휘돌아 나가고,

얼룩백이 황소가

해설피 금빛 게으른 울음을 우는 곳,

그곳이 차마 꿈엔들 잊힐 리야.

질화로에 재가 식어지면

비인 밭에 밤바람 소리 말을 달리고,

엷은 졸음에 겨운 늙으신 아버지가
짚베개를 돋아 고이시는 곳,
그곳이 차마 꿈엔들 잊힐 리야.

흙에서 자란 내 마음
파아란 하늘빛이 그리워
함부로 쏜 화살을 찾으려
풀섶 이슬에 함추름 휘적시던 곳,
그곳이 차마 꿈엔들 잊힐 리야.

전설 바다에 춤추는 밤물결 같은
검은 귀밑머리 날리는 어린 누이와
아무렇지도 않고 예쁠 것도 없는
사철 발 벗은 아내가
따가운 햇살을 등에 지고 이삭 줍던 곳,
그곳이 차마 꿈엔들 잊힐 리야.

하늘에는 성근 별
알 수도 없는 모래성으로 발을 옮기고
서리 까마귀 우지 짖고 지나가는 초라한 지붕
흐릿한 불빛에 돌아앉아 도란도란거리는 곳,
그곳이 차마 꿈엔들 잊힐 리야.

이제 홍법사의 옛 절터를 뒤로하고 우린 다시 용산 국립중앙박물관으

정지용 생가 안방
충청북도 옥천군에서 태어난 정지용 시인은 일제강점기 우리 민족의 아픔을 시로써 읊
조린 대표적 현대시인입니다. 생가는 단층 한옥의 초가지붕으로 안채와 사랑채를 복원
하였습니다. 사진은 생가 안채의 안방 내부 모습입니다.

로 가야 합니다. 이곳 흥법사에 있었던 '진공대사 승탑'과 '전 염거화상
승탑'이 국립중앙박물관 뜨락에 있기 때문입니다. 그래서 남한강변의
폐사지를 답사하려면 국립중앙박물관을 왔다 갔다 해야 한다고 한 것입
니다. 이렇게 남한강변의 폐사지에는 가지가지 사연도 참 많습니다.

진공대사 승탑

국립중앙박물관 앞 오른쪽 뜨락, 양지바른 잔디밭엔 잘생긴 승탑들이
줄지어 서 있습니다. 마치 승탑들의 경연장 같습니다. 그중에서 세 번째

승탑이 홍법사지 진공대사 승탑과 석관(돌함)입니다. 충담이 홍법사에서 고려 태조 23년(940)에 입적하자, 태조는 진공(眞空)이라는 시호를 내리고 승탑과 탑비를 세우도록 명하였습니다.

　그런데 이 진공대사 승탑도 탑비와 함께 칭송이 자자한 명작인지라 일제강점기에 일본인들의 손길을 피할 수가 없었습니다. 본래 승탑이 있었던 자리는 홍법사지 뒤편의 덕가산 일산봉 중턱으로 전해지고 있습니다. 앞에서도 살펴보았듯이 비록 조선 전기에 폐사되어 탑비의 비신은 절터를 떠났으나, 산 중턱에 있던 승탑은 그 자리에 있었습니다.

　그랬던 승탑이 일제 강점기인 1911년 이전에 이미 일본인들의 소행으로 홍법사지를 떠나 경성(京城)으로 옮겨져 있었습니다. 당시의 상황이 정규홍의 『석조문화재 그 수난의 역사』에 이렇게 쓰여 있습니다.

　　이것이 반출된 시기는 명확하지 않지만 세키노 타다시(關野貞)는 『조선의 건축과 예술』에서 진공대사탑과 염거화상탑에 대해 "나는 작년에 경성에서 이미 개인의 손에 들어가 있는 가장 우수한 것들을 보았다. 함께 강원도 원주 폐흥법사지에서 나온 것으로"라고 기술하고 있는데, 이 내용은 1912년에 일본『건축잡지』에 발표하였던 것을 다시 『조선의 건축과 예술』에 수록하였던 것이기 때문에 세키노가 말한 작년은 1911년을 지적하는 것으로, 진공대사탑의 반출 시기는 1911년 이전임을 알 수 있다.

　그렇게 일본인들에 의해 반출된 진공대사 승탑은 한때 종로의 탑골공원(옛 파고다공원)에 있다가, 1931년 경복궁으로 옮겨졌습니다. 그 뒤 2005년 10월부터 용산 국립중앙박물관 앞 뜨락 잔디밭에 전시되어 있습니다.

이제 승탑을 감상하겠습니다.

한눈에 반할 만큼 아름다운 승탑입니다. 전형적인 팔각원당형의 승탑으로 기단부의 하대석을 2단으로 조성하였습니다. 팔각의 아랫단 각 면에는 옆으로 길쭉한 안상을 새겼습니다. 윗단에는 열여섯 개의 복련을 빙 둘러놓았으며, 각 모서리의 연꽃잎엔 작고 예쁜 귀꽃을 돋을새김 하였습니다. 복련 위에는 4단의 받침대를 마련하여 중대석을 받치고 있습니다.

둥근 형태의 중대석은 뭉글뭉글 피어오르는 구름 속에서, 서로 뒤엉켜 용틀임하는 용들의 실체를 매우 사실적이고 생동감 있게 표현하였습니다. 몸엔 용 비늘이 선명하고 발톱은 날카롭습니다. 운룡문의 섬세하고 현란한 조각 솜씨가 가히 압권입니다. 상대석은 열여섯 개의 앙련을 빙 둘러 새겨 하대석과 대칭을 이루고 있습니다. 도톰한 연꽃잎이 부드럽고 격조(格調)가 있습니다. 앙련 위로는 한 단의 판석을 두르고 2단의 낮은 팔각 굄을 마련하여 팔각의 몸돌을 받치고 있습니다.

탑신부의 몸돌은 모서리마다 꽃무늬를 장식한 모서리기둥을 돋을새김하였고, 앞뒷면에는 자물통이 달린 문비를 조각하였습니다. 이는 고승의 사리와 유골을 문짝 안에 모셨음을 상징적으로 표현한 것입니다.

팔각의 지붕돌은 처마 밑으로 3단의 층급받침을 만들고 이중의 서까래를 표현하였습니다. 지붕면은 기왓골이 선명하고 처마 끝엔 암막새와 수막새를 매우 사실적으로 표현하여 아름답기 그지없습니다. 팔각의 지붕돌 모서리 끝엔 하늘로 솟구친 꽃봉오리를 장식하여 처마를 활짝 반전시켜 놓았습니다. 우리의 전통 목조 건축양식을 충실히 따른 처마 지붕 같습니다. 참 아름답고 예쁩니다.

상륜부는 지붕 모양을 본뜬 팔각의 작은 보개 하나만 올려져 있고, 나머지 부재는 없었습니다. 그런데 얼마 전부터 보개 위에 그동안 보지 못했던 보주가 올려져 있는 겁니다. 이게 뭐지? 웬일인가 궁금해서 자료를 찾아보았더니, 일제강점기에 촬영한『조선고적도보』의 사진과 똑같은 것이었습니다. 아마도 몇 차례 옮기는 과정에서 분실 우려가 있어 박물관 수장고에 보관하였던 것을 찾아서 올려놓은 것이 아닌가 생각됩니다. 높이가 2.91미터로 정말 예쁘고 아담하게 생긴 명작입니다.

승탑 옆에는 작은 석관(石棺)이 놓여 있습니다. 장방형 구조에 앞뒤로

흥법사지 진공대사 승탑과 석관
보물. 국립중앙박물관. 전형적인 팔각원당형의 승탑으로, 운룡문의 섬세하고 현란한 조각 솜씨가 압권입니다. 둥근 형태의 중대석은 뭉글뭉글 피어오르는 구름 속에서, 서로 뒤엉켜 용틀임하는 용들의 실체를 매우 사실적이고 생동감 있게 표현하였습니다. 높이 2.91m로 참 아담하고 잘생긴 명작입니다.

오목새김의 안상을 새겼습니다. 석관의 일부가 깨져 떨어져 나갔으나, 뚜껑돌은 온전하게 남아있습니다. 참 단아하고 심플한 디자인이 마음에 듭니다.

석관은 불경과 유물을 보관하던 돌함이라는 주장과, 승탑이 완성되기 전에 유골을 가매장하는 데 사용한 것이라는 주장이 있습니다. 어떤 게 정답인지는 석관만이 알고 있겠지요. 이처럼 승탑에 석관이 딸린 경우는 아주 희귀한 예입니다. 참, 석관의 높이는 48센티미터입니다.

홍법사지 진공대사 승탑 및 석관은 그 역사적, 학술적, 예술적 가치를 인정받아 1963년 1월 21일 보물로 지정되었습니다.

전 홍법사 염거화상 승탑

염거화상(廉巨和尙)은 통일신라시대의 승려로 선종 9산의 하나인 가지산문(迦智山門)의 제2대 교조였습니다. 여기서 화상(和尙)이란, 수행을 많이 한 승려를 지칭하는 것으로 '승려'를 높여 이르는 말입니다.

염거(?~844)는 가지산문의 개산조(開山祖)인 도의선사의 제자입니다. 설악산 진전사에 은거하고 있던 도의선사로부터 남종선(南宗禪)을 전수하고 제2조가 됩니다. 그 뒤 선법을 알리는 데 힘쓰다가 제3조인 제자 보조국사 체징(體澄)에게 남종선을 전수하고 문성왕 6년(844)에 입적하였습니다. 그리하여 가지산문은 선풍을 크게 진작시키며 한국 불교의 주류를 형성합니다. 그리고 개산조 도의선사는 오늘날 대한불교조계종(曹溪宗)의 종조(宗祖)로 추앙받고 있습니다.

염거화상 승탑은 원래 강원특별자치도 원주시 지정면 안창리의 홍법사지에 있었던 것으로 전해지고 있습니다. 그러나 아직 확실한 근거가 나오지 않아 정식 명칭은 승탑 이름 앞에 '전할 전(傳)' 자를 붙여 '전(傳) 홍법사 염거화상 승탑'이라고 부릅니다. 이 승탑 역시 일제강점기에 일본인들의 탐욕에서 벗어날 수 없었습니다. 이렇게 홍법사지의 명작들은 하나같이 일본인들의 탐욕과 도굴꾼들에 의해 정든 고향을 떠날 수밖에 없었습니다. 참으로 치욕스런 수난의 역사였습니다.

정규홍의『석조문화재 그 수난의 역사』'염거화상탑' 편에, "1911년 세키노(關野) 일행이 촬영한《조선고적사진목록》의 사진번호 19~21번 회창묘탑(염거화상탑을 지칭)이 '곤도 사고로 씨' 소관이라고 기록되어 있어, 곤도 사고로가 불법 반출"하였음을 명백히 밝히고 있습니다.

그 뒤 조선총독부에서 어떤 모의를 했는지 알 수 없지만, 1914년 종로의 탑골공원으로 옮겨 놓았습니다. 그 후 경복궁으로 이전되어 한참을 머무르다가, 지난 2005년 10월부터 용산 국립중앙박물관 앞 오른쪽 뜨락, 양지바른 잔디밭에 첫 번째로 전시되었습니다.

한편, 승탑을 경복궁으로 옮길 때 탑 속에서 「금동제탑지(金銅製塔誌)」가 발견되었습니다. 탑지에 '회창 4년 세차갑자(會昌四年歲次甲子)'라는 명문을 통하여 통일신라 문성왕 6년(844)에 탑을 세웠음을 알 수 있습니다. 가로 17.2센티미터, 세로 28.8센티미터의 얇은 동판에 염거화상의 입적 내용을 단정한 해서체로 새겼습니다. 이 동판은 2015년 4월 22일 보물로 지정되었습니다. 현재는 춘천시 국립춘천박물관에 소장되어 있습니다.

현재 염거화상 승탑은 탑의 주인과 건립연대를 확인할 수 있는 승탑 중에서 가장 오래된 탑입니다. 따라서 우리나라 승탑의 전형적인 모범 양식을 제시한 기념비적 명작입니다. 그래서 이런 역사적, 학술적, 예술적 가치를 인정받아 1962년 12월 20일 국보로 지정되었습니다.

이제 '전 염거화상 승탑'을 감상해 볼까요?

우리나라의 승탑 중에서 처음으로 탑 전체를 팔각원당형으로 조성한 승탑입니다. 원래의 지대석은 현재 없습니다. 반출 당시에 도굴꾼들이 운반하기가 어렵다고 판단하여 그 자리에 두고 나머지만 가져왔다고 전해집니다. 그런데 이때 지대석과 함께 하대석의 하단도 버리고 온 것으로 추정됩니다. 지금의 하대석 규모로 보아, 그보다 크고 높은 복련으로 장엄한 아랫단이 있었을 것으로 추정됩니다.

기단부의 하대석 팔각 면에는 사자상을 돋을새김의 고부조로 장식하고, 위로는 3단의 계단식 굄을 마련하였습니다. 그런데 사자들이 포동포동 살이 오른 것이 꼭 귀여운 아기 사자처럼 생겼습니다. 잘록한 중대석의 각 면에는 안상을 새기고, 그 안에 향로 또는 꽃무늬 등을 조각하였습니다.

큼지막한 상대석은 2단으로 구성하였습니다. 아랫단에는 두 겹의 앙련을 유려한 곡선으로 조각하고, 아래로는 3단의 층급받침을, 위로는 낮은 3단의 굄을 마련하였습니다. 윗단의 각 면에는 안상을 오목새김하고, 그 안에 천부상을 저부조로 돋을새김하였습니다. 위로는 한 단의 팔각 판석을 두르고, 그 위에 아주 낮은 2단의 굄을 마련한 후 팔각의 몸돌을 받쳤습니다.

탑신부의 몸돌은 4면에 문비를 조각하였고, 나머지 4면에는 사천왕상(四天王像)을 돋을새김으로 조각하였습니다. 이는 탑신의 몸돌에 사천왕상을 새긴 첫 번째 사례입니다. 사천왕은 부처님을 호위하는 신중(神衆)입니다. 이처럼 고승의 승탑에 사천왕상을 조각한 것은 고승을 부처와 동등하게 생각한다는 상징적 표현입니다. 이후 나말여초에 조성한 승탑의 몸돌에는 대부분 사천왕상이 등장하고 있습니다.

전 흥법사 염거화상 승탑

국보. 국립중앙박물관. 승탑의 주인과 건립연대를 확인할 수 있는 가장 오래된 탑으로,
우리나라 승탑의 전형인 팔각원당형의 시원이자, 모범양식을 제시한 기념비적 명작입
니다. 이후 만들어지는 승탑들은 대부분 염거화상의 승탑을 따라 팔각원당형으로 조성
되었습니다.

지붕돌은 기와를 얹은 팔모지붕의 형태입니다. 지붕면에는 처마, 서까래, 기왓골, 암막새, 수막새 등을 아주 정교하고 섬세하게 표현하였습니다. 지붕 처마 밑에는 한 면 건너 하나씩 모두 네 면에 비천상을 예쁘게 새겨서 장엄하였습니다. 지붕돌 정상에는 한 단의 낮은 팔각 굄을 마련하여 상륜부를 받치고 있습니다.

　상륜부는 일제강점기인 1920년대 촬영한 『조선고적도보』의 사진에 지붕돌 위로 보륜 2점과 복발 1점이 올려져 있었습니다. 그런데 그 뒤 언젠가부터 지붕돌까지만 전시되어 있고, 그 위에 있어야 할 상륜부의 부재가 보이지 않았습니다. 그런데 지난 2018년 국립중앙박물관의 유물자료 조사 과정에서 위 부재가 발견되어, 둥근 복발 1점과 보륜 2점을 복원하여 현재의 모습을 갖추게 되었습니다.

　복발은 동그란 공 모양으로 아랫부분에 단엽 앙련을 새기고, 한가운데에 두 줄의 띠를 두르고 적당한 간격으로 활짝 핀 예쁜 꽃들을 돋을새김으로 장식하였습니다. 보륜 2점은 똑같은 형태로 여덟 모서리에 앙증맞은 귀꽃을 고부조로 돋을새김하였습니다. 오랫동안 수장고에서 햇빛을 보지 못한 탓으로 지붕돌보다 유난히 검게 보입니다. 아무튼 다시 돌아와 줘서, 정말 고맙고 반갑습니다.

　이처럼 염거화상 승탑은 기단부, 탑신부, 상륜부까지 모든 부재가 팔각형으로 이루어져 있습니다. 팔각형은 원에 가장 가까운 형태입니다. 그래서 이를 '팔각원당형'이라고 부르는 것입니다.

　그리하여 신라하대 9세기 중엽에 조성된 염거화상 승탑은 우리나라 승탑의 전형인 팔각원당형의 시원(始原)이자, 모범 양식이 된 것입니다. 이후 만들어지는 승탑들은 대부분 전 염거화상 승탑을 따라 팔각원당형의 형태로 조성되었습니다.

원주 법천사지

너무나 아름다워서 슬픈 승탑이여!
이젠 고향에서 편히 쉬시지요.

남한강 뱃길의 중간기착지, 은섬포와 흥원창

강원특별자치도 원주시 부론면은 예로부터 남한강 뱃길과 연결된 교통의 요지였습니다. 삼국시대부터 조선시대에 이르기까지 내륙 수운의 중심은 남한강 뱃길이었습니다. 경상도 지역이나 중부내륙 지역에서 고려의 수도인 개경(開京)이나 조선의 수도인 한양(漢陽)으로 가는 가장 빠른 교통수단도 남한강 수로(水路)였습니다.

그 남한강 수운(水運)의 중간기착지이자 물류의 집산지가 부론의 은섬포(銀蟾浦)였습니다. 이름도 참 예쁘지요. 이를 우리말로 풀이하면 '달빛 윤슬 반짝이는 나루'라고 하면 되겠네요.

은섬포는 충주에서 흘러오는 남한강과 횡성 태기산에서 발원한 섬강이 합류하는 원주시 부론면 흥호리에 있던 큰 포구였습니다. 충주의 목계나루와 함께 남한강 뱃길에서 둘째가라면 서러워할 만큼 커다란 포구였습니다. 하루에도 수십 척의 배가 들락날락하던 포구였으니까요.

오늘날로 치면 영월·단양·제천·충주와 여주·양평·서울을 오가는 중간기착지이자, 여객터미널이었습니다. 그러다 보니 은섬포엔 사람들의 발길이 끊이지 않았습니다. 주

흥원창 표지석
강원특별자치도 원주시 부론면 흥호리의 남한강변은 옛 남한강 뱃길의 중간기착지이자, 세곡의 운송지인 은섬포와 흥원창이 있었던 곳입니다. 흥원창은 조세를 모아두었다가 수도인 개경이나 한양의 경창으로 운송하기 위하여 원주의 남한강변에 설치하였던 조창입니다.

변에는 자연스럽게 주막이나 여각 등이 생겨나 시끌벅적한 저잣거리가 형성되었습니다.

그러나 그 옛날의 영화는 온데간데없고, 지금은 '흥원창'이라 새긴 커다란 자연석비만 강가에 세워져 있습니다. 그래서인지 '흥원창은 알아도 은섬포는 모른다'는 사람이 더 많습니다. 이를 정확히 구분하면, 여객 손님과 세곡을 운반하던 포구는 은섬포였고, 조세로 거두어들인 곡식을 보관하던 창고는 흥원창이었습니다.

흥원창(興原倉)은 조세를 모아두었다가 수도인 개경이나 한양의 경창(京倉)으로 운송하기 위하여 원주의 남한강가에 설치한 창고입니다. 이를 '조창(漕倉)'이라 부릅니다. 고려시대 조운제도(漕運制度)를 정비한 것은 성종 11년(992)이었습니다. 당시 수도인 개경 이남에 12 조창을 설치합니다. 그중의 하나가 흥원창이었습니다. 그 뒤 문종 때 이르러 13 조창으로 확대됩니다.

조창은 세곡의 운반을 용이하게 하려고 수로가 발달한 강가나 해안가에 설치하였습니다. 강으로 수송하면 수운창, 해상으로 수송하면 해운창입니다. 따라서 조창은 각 지방의 조세를 모아두었다가 수로를 통하여 개경이나 한양의 경창(京倉)으로 운송하던 조세의 집산지이자, 수로 교통의 거점이었습니다.

고려 정종 때에는 흥원창에 평저선 21척을 배치하였습니다. 조창 중에서 가장 많은 조운선을 배치한 것입니다. 평저선(平底船)은 쌀 200섬을 실을 수 있는 커다란 조운선을 말합니다. 이를 통하여 당시 흥원창의 규모와 남한강의 수운이 얼마나 번성하였던가를 가늠할 수 있습니다.

조선시대로 내려오면 한강 유역의 조창이 세 군데로 확대됩니다. 북한강에는 춘천의 소양강창, 남한강에는 원주의 흥원창과 충주의 가흥창이 설치됩니다. 이때에도 흥원창은 영서 지역의 원주·횡성·평창·정

지우재 정수영의 흥원창도
조선 후기에 지우재 정수영이 1796년에 그린 것으로, 당시 흥원창의 모습을 짐작할 수 있습니다.

선·영월, 영동 지역의 강릉·삼척·울진·평해 등 아홉 고을의 조세를 수납하던 커다란 조창이었습니다.

원래 흥원창이 있던 자리는 강둑에서 바라보았을 때 동쪽의 산자락 밑으로 보이는 '창말' 지역입니다. 창말은 '창고가 있던 마을'이란 뜻입니다. 지금은 너덧 농가만 한가롭게 보이지만, 당시엔 여러 채의 창고와 수운판관이 업무를 보던 청사 등 10여 채가 넘었습니다. 이는 지우재(之又齋) 정수영(鄭遂榮, 1743~1831)이 1796년에 그린 『한임강명승도권(漢臨江名勝圖卷)』의 「흥원창」 그림을 통하여 확인할 수 있습니다.

정수영은 조선 후기 「동국지도」를 제작한 지리학자 정상기의 증손자로 본관은 하동(河東)입니다. 그는 관직에 나아가지 않고 집안의 지리학 전통을 계승하여 탐승(探勝)과 기행(紀行)으로 평생을 보낸 학자였습니다. 대표작으로는 1797년 금강산 일대를 답사하면서 그린 『해산첩(海山帖)』, 그리고 같은 시기 한강과 임진강을 돌아보며 그린 『한임강명승도권』이 국립중앙박물관에 남아있습니다.

평화로운 자전거길 그리고 강변산책로

섬강(蟾江)은 횡성 태기산에서 발원하여 감입곡류를 이루며 흐르다 문막평야를 적시면서 남한강으로 흘러드는 강입니다. 이름을 풀이하면 '두꺼비강'입니다. 섬강의 원래 이름은 '달강'이었습니다. 두꺼비 섬(蟾)자는 '달 또는 달빛'을 뜻하기도 합니다. 그래서일까요, 두 강이 합류하는 강가의 나루터 이름도 '두꺼비 섬' 자가 들어간 은섬포(銀蟾浦)입니다.

조선 전기의 정치인이자 가사문학의 대가인 송강(松江) 정철(鄭澈,

강변산책로에서 바라본 남한강 전경
강둑에 올라서면 드넓은 남한강이 그림처럼 펼쳐집니다. 섬강을 받아들인 남한강 물줄기가 강폭을 넓히면서 여주 쪽으로 포물선을 그리며 휘돌아 흘러갑니다. 그런 강둑 위로 새롭게 포장된 자전거 전용도로가 시원스레 이어집니다. 가슴이 탁 트입니다. 상쾌한 기분은 덤입니다.

1536~1593)도 「관동별곡(關東別曲)」에서 "평구역 말을 가라, 흑슈로 도라드니, 섬강은 어듸메뇨, 티악이 여긔로다."라고 섬강의 아름다움을 노래하였습니다. 여기서 평구역(平丘驛)은 지금의 남양주시 삼패동에 있었던 조선시대 평구도 소속의 역입니다. 흑슈는 흑수(黑水)로 지금의 여주를 일컫습니다. 섬강은 섬강, 티악은 치악산(雉嶽山)을 가리킵니다.

홍원창 표지석이 있는 강둑으로 올라서면 드넓은 남한강이 한눈에 들어옵니다. 섬강을 받아들인 남한강 물줄기가 강폭을 넓히면서 여주 쪽으로 포물선을 그리며 휘돌아 흘러갑니다. 강 건너엔 모래톱이 그림같이 펼쳐지고요. 강가엔 이름 모를 들꽃이 지천으로 피어났습니다.

그런 강둑 위로 새롭게 포장된 자전거 전용도로가 시원스레 펼쳐지니다. 가슴이 탁 트입니다. 상쾌한 기분은 덤입니다. 교통수단 중에서 가장 자연 친화적인 이동 수단은 자전거입니다. 유럽은 물론이고 대부분의 선진 국가들은 자전거를 도심의 교통수단으로 적극 활용하고 있습니다. 저도 중학교 시절엔 자전거로 통학하였습니다. 물론 지금도 자전거 마니아입니다.

요즘엔 우리나라도 생활 수준이 향상되어 체력 운동과 취미생활로 자전거를 즐겨 타고 있습니다. 지난 2017년 조사에서 자전거 이용 인구가 무려 1,340만 명을 넘어섰습니다. 전체 인구의 약 35%에 이릅니다.

앞으로 자전거 도로는 더욱 늘어나고 또 개선되어야 합니다. 그것이 친환경 운동이자, 지구 온난화 예방에 적극 대처하는 것이니까요. 자전거를 타고 국토 종주 길을 달리다 보면, 세상이 밝고 아름답게 보입니다. 호연지기(浩然之氣)가 따로 없습니다. 긍정적 에너지가 솟구칩니다. 가슴이 뻥 뚫립니다.

이제 남한강 산책로를 걸으며 상상의 나래를 펼쳐볼까요. 은섬포 홍호리 마을은 각처에서 세곡을 싣고 오는 우마차로 연일 북적거리고, 술한 잔에 피로를 달래주던 주막집은 밤이 깊도록 흥청거립니다.

은섬나루엔 21척의 평저선이 떠 있고, 크고 작은 상선들이 들락날락하며 소금, 자반, 건어물 같은 생필품을 부리느라 북새통을 이룹니다. 때마침 이때다 싶어 흥정하는 장사꾼들 목청소리 더욱 요란합니다. 은섬포구는 그렇게 문전성시로 시끌벅적했을 겁니다. 상상만 해도 가슴이 뜁니다.

그래서일까요, 조선 후기의 실학자 청화산인(靑華山人) 이중환(李重煥, 1690~1756)은 『택리지(擇里志)』에서 강원도 원주와 흥원창을 이렇게 기록하였습니다.

경기도와 영남(嶺南, 경상도) 사이에 끼어서 동해로 수운(輸運, 물건을 운반하는 일)하는 생선·소금·인삼과 관곽(棺槨, 속널과 겉널) 및 궁궐에서 소용되는 재목 등이 모여들어서 하나의 도회가 되었다. …… 오대산 서쪽 물이 서남쪽으로 흐르면서 원주에 이르러 섬강이 되고, 흥원창 남쪽으로 흘러들어 충강(忠江, 남한강) 하류와 합친다. …… 여기가 강원도에서 서울로 통하는 모든 물자가 모여드는 곳이며, 대를 이어 사는 사대부가 많다. 또 배를 가지고 장사하여 부자가 된 자가 많다.

예전에는 흥원창비 옆으로 육각정 쉼터가 있었습니다. 그런데 지금은 그 자리에 '흥원창 조운선 전망대'를 새로 설치해 놓았습니다. 그리고 벽

흥원창 조운선 전망대
흥원창비 옆에는 강물을 조망할 수 있는 '흥원창 조운선 전망대'를 새로 설치해 놓았습니다. 전망대에 오르면 남한강의 아름다운 전경이 그림같이 펼쳐집니다. 참으로 평화롭고 서정성 있는 강변 풍경입니다.

면에는 정수영의 「홍원창」 옛 그림과 함께 19세기 후반의 세곡 운반선 사진을 나란히 전시해 놓았습니다. 그 옆에도 조선 후기에 그린 각선도본(各線圖本) 선박도에 등장하는 옛 조운선 그림을 전시하였습니다.

강물을 바라보는 조운선 전망대에 오르면 남한강의 아름다운 전경이 그림같이 펼쳐집니다. 참으로 평화롭고 서정적입니다. 가슴이 탁 트입니다. 문득 홍원창을 노래한 한시(漢詩) 한 수가 떠오릅니다. 조선 선조 때 영의정을 지낸 노수신(盧守愼, 1515~1590)이 손곡 이달(李達, 1539~1612)에게 준 홍원창을 읊은 시입니다.

흥원 배 안에서 이달에게 주다(興原舟中贈李達)

먼 산엔 아름다운 기운 감돌고	遠岫轉佳氣
긴 물굽이에 햇빛이 걷히누나.	長灣收日華
친한 벗 하나 눈에 보이는데	親朋眼中一
향기로운 풀 주변에 충만하네.	芳草席邊多
시모임에 그의 시 당할 자 없고	文會詩無敵
맑은 이야기엔 술이 멀지 않네	淸談酒不賖
어찌 벼슬을 근심하리오!	如何憂患仕
온종일 일렁이는 윤슬과 함께하는데.	終日在風波

이 길은 햇볕이 따사로운 늦가을 오후, 저녁노을이 곱게 물들 때가 가장 아름답습니다. 강둑을 걷다 보면 기분이 상쾌해지고 일상에서 느끼지 못한 마음의 여백이 생겨납니다. 도심에선 결코 찾을 수 없는 작지만, 행복한 아름다움이 거기에 있습니다. 저만이 느낄 수 있는 소소한

조운선
조선 후기에 세곡을 운반하던 조운선으로, 약 800
석에서 1,200석 정도를 실을 수 있는 선박이었습
니다.

행복이, 강가엔 그렇게 노을이 집니다.

원주 일대에는 무려 일백여 개가 넘는 절터가 곳곳에 있을 정도로 불교문화가 융성하였던 곳입니다. 그중에서 수운 교통이 발달하였던 은섬포를 중심으로 남한강변에는 일천 년의 역사를

간직한 법천사지와 거돈사지가 자리 잡고 있습니다. 고즈넉한 폐사지에서 석조미술의 미학을 맛볼 수 있는 최적의 답사처입니다. 그 행복한 여정을 위하여 우린 지금 그곳을 찾아갑니다.

진리가 샘솟는 법천사지

원주 법천사지(法泉寺址)는 강원특별자치도 원주시 부론면 법천리 629번지 일대 명봉산(鳴鳳山) 자락에 널찍하게 자리 잡고 있습니다. 남한강의 흥원창 표지석에서 부론면 소재지 방향으로 조금 가다 왼쪽으로 난 지방도로를 따라 1.2킬로미터쯤 가면 도시랑 마을이 나옵니다. 길가엔 '법천사지'를 알리는 표지판도 보입니다. 여기서 오른쪽으로 꺾어 들어 300미터 정도 가면 절터가 시작됩니다.

2001년 발굴 조사 작업을 실시하기 전에는 앞에 보이는 수령 천년을 자랑하는 커다란 느티나무 밑에 주차하고, 동쪽으로 난 산길로 70미터

발굴 전, 법천사지 지광국사 현묘탑비 전경
전면적인 발굴 전에는 동쪽 아늑한 산기슭에 지광국사 현묘탑비만 세워져 있었습니다.
건물터 가장자리엔 1965년 발굴 때 출토된 불상 광배, 연꽃 배례석, 용두, 탑 부재 등의
석물들이 깨진 채 가지런히 놓여있었고요. 지금은 모두 법천사지유적전시관으로 옮겨
전시하고 있습니다.

쯤 올라가면 아늑한 산기슭에 지광국사 현묘탑비가 웅장한 자태를 뽐내
며 답사객을 반겨주었습니다. 건물터 가장자리엔 1965년 발굴 때 출토
된 불상 광배, 연꽃 배례석, 용두, 탑 부재 등의 석물들이 깨진 채 가지런
히 놓여있었고요. 지금은 모두 법천사지유적전시관으로 옮겨 전시해 놓
았습니다.

　옛 마을 앞 느티나무 밑에는 '서원'마을 표지석이 세워져 있습니다. 당
시 절터에는 30여 가구의 서원마을이 오순도순 보금자리를 틀고 있었고
요. 이는 임진왜란 이후 폐허가 된 절터 위로 사람들이 들어와 살기 시

발굴 후, 법천사지 전경
사적. 법천사지는 2001년부터 2021년까지 총 12차례의 발굴 조사가 시행되었습니다.
출토된 유물만 2,600여 점에 달합니다. 약 5만 평에 이르는 대규모의 절터로, 경주 황룡
사지와 익산 미륵사지에 버금가는 엄청난 크기입니다.

작하면서 새로운 마을이 형성되었기 때문입니다.

그 뒤 조선 후기에 유학자 우담(愚潭) 정시한(丁時翰, 1625~1707)을 모신
광암사(廣巖祠)와 도동서원(道東書院)이 절터 동쪽 기슭에 세워졌습니다.
그리하여 땅속에 묻힌 법천사는 잊혀갔고, 새로 들어선 도동서원은 남
아있게 된 것입니다. 그래서 서원마을이 되었습니다. 실제로 법천사지
를 발굴 조사하기 위하여 5만여 평에 이르는 절터를 매입할 때, 상당 부
분의 땅은 우담의 후손으로부터 매입한 것으로 알려져 있습니다.

그랬던 절터에 지난 2001년부터 제1차 발굴 조사를 시작으로 2021년
까지 총 12차례의 발굴 조사가 실시되었습니다. 그동안 출토된 유물이
약 2,600점에 이릅니다. 절터의 규모도 어마어마합니다. 약 5만 평에 이

르는 대규모의 사찰 터로 경주 황룡사지와 익산 미륵사지에 버금가는 엄청난 규모입니다. 법천사지는 지난 2005년 8월 31일 사적으로 지정되었습니다.

발굴 조사 결과, 법천사는 전체 절 구역을 계획적으로 나눈 다원식 (多院式) 가람배치 구조를 갖추고 있습니다. 법천사의 중심 구역은 남북 72.6미터, 동서 52.5미터의 직사각형 회랑 안에 금당과 강당을 남북 일직선상에 놓고, 금당 앞에 두 기의 탑이 배치된 1금당 2석탑 형태의 가람배치로 확인되었습니다. 금당(金堂)은 절의 본존불을 모신 본당을 이르는 말입니다. 강당(講堂)은 강의나 의식을 행할 때 쓰는 큰 건물을 가리킵니다.

현재 절터에는 오른쪽 산기슭에 지광국사 현묘탑비가 남아있고, 거기서 남서쪽으로 약 500미터 지점에 당간지주가 세워져 있습니다. 그 옛날 법천사로 들어오는 절 입구가 북쪽의 도시랑 마을 쪽이 아닌, 당간지주가 서 있는 남서쪽임을 알 수 있습니다.

이렇게 엄청난 규모의 대찰이었으나 현재 남아있는 유물로는 지광국사 현묘탑비와 당간지주 둘뿐입니다. 그 허허로운 절터에 지난 2022년 12월 28일 '법천사지유적전시관'이 개관되었습니다. 전시관에는 절터에서 발굴 조사를 통하여 출토된 유물 2,600여 점을 전시하고 있습니다.

진리가 샘솟는 절, 법천사(法泉寺)는 통일신라 성덕왕 24년(725)에 창건되어 법고사(法皐寺)로 불리던 절이었다고 전해집니다. 다만 지광국사탑 비문에 지광국사의 어릴 적 이름이 수몽(水夢)이고, 수몽이 서둘러 법고사(法皐寺) 관웅대사(寬雄大師)의 처소로 찾아가 수학하였다는 기록이 있어, 이때까지도 법고사로 불리고 있었음을 알 수 있습니다.

따라서 통일 신라 시대인 8세기 전반에 창건되어, 법등을 이어오다 고

법천사지유적전시관
법천사지유적전시관은 지난 2022년 12월 28일 개관되어, 발굴 조사를 통하여 출토된 유물 2,600여 점을 전시하고 있습니다. 최근엔 보존처리 작업을 마친 지광국사 현묘탑을 전시실 1층에 안치·복원하여 놓았습니다.

려 중기에 이르면, 지광국사 해린(海麟)에 의하여 왕실의 비호 아래 당대 최고의 법상종 사찰로 거듭납니다.

조선 초기에는 여말선초의 문신 태재(泰齋) 유방선(柳方善, 1388~1443)이 법천사 밑에 법천촌사(法泉村숨)를 짓고 은거합니다. 그러자 서거정, 한명회, 권람, 강효문 등이 찾아와 법천사에서 태재로부터 유학과 문장을 배웠다고 전해집니다.

그랬던 법천사가 언제 폐사되었을까요? 정답은 교산(蛟山) 허균(許筠, 1569~1618)의 『성소부부고(惺所覆瓿藁)』 제6권, 「유원주법천사기(遊原州法泉寺記)」에 이렇게 쓰여 있습니다.

그 산 아래 절이 있어 법천사라 하는데 신라의 옛 사찰이다. 나는 일찍이 듣기를 태재 유방선 선생이 그 절 밑에 살자, 권람, 한명회, 서거정, 이승소, 성간이 모두 쫓아와 배워 이 절에서 업을 익혀 문장으로 세상을 울리고 혹은 공을 세워 나라를 안정시켰으므로, 절의 명성이 이로 말미암아 드러나서 지금까지도 사람들이 그곳을 말하고 있다. …… 마침, 지관이란 승려가 묘암으로 나를 찾아왔다. 인하여 기축년(1589)에 일찍이 법천사에서 1년간 지낸 적이 있다고 하였다. 그래서 유흥이 솟아나 지관을 이끌고 새벽밥 먹고 일찍 길을 나섰다. 험준한 두멧길을 따라 고개를 넘어 소위 명봉산에 이르니 …… 절은 바로 그 한가운데 처하여 남쪽을 향해 있었다. 그러나 난리에 불타서 겨우 터만 남았으며 무너진 주춧돌은 토끼나 사슴 등이 다니는 길에 여기저기 흩어져 있고, 비석은 반동강 난 채 잡초 사이에 묻혀있었다. 살펴보니 고려의 승려 지광의 탑비였다. 문장이 심오하고 필치는 굳셌으나 누가 짓고 쓴 것인지 알 수 없었으며 실로 오래되고 기이한 것이었다. …… 중은 "이 절이 대단히 커서 당시엔 상주한 이가 수백이었지만 제가 일찍이 살던 소위 선당이란 곳을 지금 찾으려 해도 가려낼 수가 없습니다." 하였다. 이에 서로 한참을 탄식하였다.

…… 기유년(1609) 9월 28일에 쓰다.

이를 간단히 정리하면, 함께 간 지관 스님이 기축년(1589, 선조 22)에 1년간 선당에서 수행하였던 법천사를 기유년(1609, 광해군 1) 9월에 다시 가 보니, 이미 난리에 불타서 폐허가 되었다는 내용입니다. 여기서 '난리(亂離)'는 1589년 이후에 일어난 것으로, 임진왜란(1592년)을 의미합니다. 결국 법천사는 임진왜란 때 왜구의 말발굽에 그렇게 쓰러져갔습니다.

바다의 기린, 지광국사 해린

지광국사(智光國師, 984~1070)는 고려 성종 3년(984)에 원주에서 태어났습니다. 성은 원(元) 씨이고 이름은 수몽(水夢)입니다. 여덟 살에 출가하여 법고사(지금의 법천사)의 관웅대사(寬雄大師)를 찾아가 수학하던 중에 개경의 해안사로 가서 스님이 되었습니다. 이때 관웅대사로부터 해린(海麟)이란 법명을 받았습니다. 열여섯 살인 목종 2년(999)에 용흥사(龍興寺)에서 구족계를 받아 정식 승려가 됩니다.

스물한 살인 목종 7년(1004)에 왕륜사에서 실시된 승과 시험에 응시하여 대선에 급제합니다. 대선(大選)은 고려시대 승과에 합격한 사람에게 주던 법계입니다. 이때 "스님께서 법상에 앉아 불자(拂子)를 잡고 좌우로 한번 휘두르니, 가히 청중들이 많이 모여 앉은 걸상이 부러진 것과 같았다"고 비문에 쓰여 있습니다. 법상(法床)은 설법하는 승려가 올라앉는 상을 말합니다. 이에 목종(穆宗)은 해린의 도덕을 찬양하고 대덕(大德)의 법계를 내립니다. 이때 스님은 자신의 법명인 해린(海麟)의 '기린 린(麟)' 자를 '비늘 린(鱗)' 자로 고쳤습니다.

현종 1년(1010) 해린은 법천사로 돌아가는 길에 도강 진조(眞肇)스님을 만나 동행하면서 역산법(曆算法)을 배웠습니다. 이어 현종 5년(1014)에 대사(大師)의 법계를 받습니다. 현종 12년(1021) 중흥사에서 중대사(重大師)가 되었습니다. 이어 수다사의 주지를 거쳐 현종 21년(1030)에 개경 해안사의 주지가 됩니다. 그 뒤 정종 11년(1045)에 승통(僧統)이 되었습니다.

문종이 즉위하자 궁궐로 초빙되어 유심묘의(唯心妙義)를 강의합니다. 유심(唯心)이란, 마음은 만물의 본체로서 오직 단 하나의 실재(實在)라는 화엄경의 중심사상입니다. 즉 모든 존재는 마음에서 비롯된 것으로, 마음을 떠나서는 아무것도 존재하지 않는다고 보는 것입니다.

문종 8년(1054)에 법상종의 총본산인 현화사(玄化寺)에 주석하면서 절을 크게 중수하고 법상종 교단을 이끌었습니다. 이에 문종은 해린을 스승으로 모시고 사자의 연을 맺습니다. 이어 문종 10년(1056) 11월 4일, 대가를 타고 내제석원에 행차하여 예를 갖추어 왕사로 추대합니다. 여기서 사자(師資)는 스승과 제자의 관계를, 대가(大駕)는 임금이 타는 수레를,

법천사지 지광국사 현묘탑비 전경
법천사 절터에서 동쪽 산기슭을 쳐다보면 번듯하게 다듬은 장대석으로 높게 쌓은, 여러 단의 계단식 축대가 보입니다. 그 동쪽 영당 정상부 탑지에 지광국사 현묘탑비가 오롯이 세워져 있습니다.

왕사(王師)는 임금의 스승을 이르는 말입니다.

문종 12년(1058) 5월 19일, 왕이 금가(金駕)를 준비하고 친히 개경 봉은
사(奉恩寺)로 행차하여 스님을 나라의 스승인 국사(國師)로 봉하였습니다.
그리하여 국사 해린은 임금과 함께 어가(御駕)를 타고 다니며 부처에 버
금가는 예우를 받았습니다.

지광국사 해린. 부처에 버금가는 천품과 그릇을 가진 큰 인물. 성
종·목종·현종·덕종·정종·문종에 이르는 여섯 왕으로부터 무려 12차례
에 걸쳐 법호와 법계를 받은 고승. 실로 부처에 버금가는 위대한 '나라의
스승'이었습니다.

마침내 문종 21년(1067) 9월 27일, 국사 해린은 임금의 성대한 전송을
받으며 개경의 현화사를 떠나 자신의 고향인 원주의 법천사로 돌아옵니
다. 법천사에 머무른 지 3년 만인 문종 24년(1070) 5월, 문종은 자신의 넷
째 왕자를 출가시켜 해린이 주석하던 현화사에 머물게 합니다. 그가 바
로 천태종을 개창한 대각국사 의천입니다.

그해 10월 23일 초저녁, 이슬비가 부슬부슬 내리고 있었습니다. 오른
쪽으로 편히 누워 주무시던 국사께서 일어나시더니, 가부좌를 틀고 앉
아 제자들에게 이르기를,

"바깥 날씨가 어떠냐?"
"예, 이슬비가 내리고 있습니다."

대답을 들으신 후 곧 열반에 드셨습니다.
오호(嗚呼) 애재(哀哉)라! 향년 87세요, 승랍 72세였습니다.

천하의 걸작, 지광국사 현묘탑비

법천사 절터에서 동쪽 산기슭을 쳐다보면 번듯하게 다듬은 장대석으로 높게 쌓은, 여러 단의 계단식 축대가 보입니다. 그 동쪽 영당(靈堂) 정상부 탑지에 지광국사 현묘탑비(智光國師玄妙塔碑)가 세워져 있습니다.

문종 24년(1070) 10월 23일 국사 해린(海鱗)이 입적하자, 임금은 부음을 듣고 크게 슬퍼하며 특사를 보내 빈소에 조문하도록 합니다. 이어서 시호를 지광(智光), 탑호를 현묘(玄妙)라고 내립니다. 아울러 다향(茶香)과 유촉을 하사합니다. 그리고 원주 창고의 곡식으로 장례비용을 충당토록 명하였습니다.

그리고 11월 9일, 법천사 명봉산 동쪽의 승지(勝地)를 골라 다비(茶毗)의 예를 거행하였습니다. 이때 사람들과 신령이 슬퍼하고, 천지가 어두워지며 새와 짐승이 슬피 울고, 산이 찢어지는 소리가 났습니다. 정(情)이 들었던, 들지 않았던 모두 지광국사의 열반에 감응한 슬픈 탄식이었습니다.

그럼, 지금부터 지광국사 탑비를 감상해 보겠습니다.

먼저 탑비의 비문은 왕명을 받들어 당대의 문장가 정유산(鄭惟産)이 짓고, 명필 안민후(安民厚)가 구양순의 해서체로 단아하게 썼습니다. 신 이영보(李英輔)와 대장(大匠) 장자춘(張子春) 등이 글자를 새겼습니다.

그렇다면 탑비는 언제 세웠을까요?

비문의 이면(裏面) 마지막에 "대안원년세재을축중추월(大安元年歲在乙丑仲秋月)"이라고 쓰여 있습니다. 대안은 거란의 연호, 원년은 연호를 정한 첫해, 을축은 1085년, 중추월은 8월을 뜻합니다. 따라서 고려 선종 2년(1085) 8월에 탑비를 건립하였음을 알 수 있습니다. 지광국사가 입적한

법천사지 지광국사 현묘탑비
국보. 넓은 지대석 위에 유려하고 당당한 거북받침, 훤칠한 비신, 화려하기
이를 데 없는 갓머리 지붕돌, 정교하고 섬세한 조각, 현란한 운룡무늬, 어디
하나 흠잡을 데 없는 천하의 걸작입니다. 우리나라 탑비 중에서 가장 화려
하고 정교한 디테일의 명작입니다.

지 15년 만의 일입니다. 또한, 비문 이면엔 지광국사의 제자 이름과 인원 등이 자세히 새겨져 있는데, 그 숫자가 무려 1,370명에 이릅니다.

넓은 지대석 위에 유려하고 당당한 귀부, 훤칠한 비신, 화려하기 이를 데 없는 갓머리 지붕돌, 정교하고 섬세한 조각, 현란한 운룡무늬, 어디 하나 흠잡을 데 없는 천하의 걸작입니다. 우리나라 탑비 중에서 가장 화려하고 정교한 디테일의 명작입니다.

지대석 위의 거북받침은 마치 구름 물결을 타고 가듯 유연합니다. 발톱도 땅을 딛고 힘차게 내딛는 것이 아닌, 풍랑이 일렁이는 구름 속을 유유히 헤쳐 갑니다. 오른발은 뒤로 헤치고, 왼발은 살짝 들어 올려 앞으로 헤치려는 자세입니다. 용머리는 당당하게 곧추세웠고 입은 꽉 다문 채 정면을 응시합니다. 입술 옆엔 물갈퀴가 선명합니다. 그런데 입에는 여의주를

현묘탑비의 측면 쌍룡무늬
양 측면은 뭉게뭉게 피어오르는 구름 속에 여의주를 희롱하는 두 마리의 용을 입체적으로 조각하여 생동감이 넘칩니다. 참으로 화려하고 현란한 조각 기법에 탄성이 절로 나옵니다.

현묘탑비의 비신 상단부

비신 맨 위엔 반원형의 기다란 안상을 선으로 구획하고, 그 안에 천상의 세계를 표현했습니다. 아랫부분은 수미산을, 가운데는 용화수를 중심으로 오른쪽 동그라미는 해를 상징하는 삼족오(세발까마귀)를, 왼쪽 동그라미는 달을 상징하는 토끼·거북·계수나무를 새겼습니다. 그 좌우엔 향로를 받쳐 들고 천의 자락을 휘날리며 구름 위를 날고 있는 환상의 비천상을 화려하게 조각하였습니다.

물지 않았네요. 대신 굵은 수염이 턱을 받치고 있는 특이한 구조입니다. 목덜미는 용 비늘을 조각하였고, 얼굴은 점잖게 생겼습니다.

거북 등은 가로 11줄, 세로 10줄을 그어 110개의 정사각형을 만들고, 칸마다 6각의 귀갑문을 마련한 후, 귀갑문마다 임금 '왕(王)' 자를 새겼습니다. 다른 거북 등에서는 찾아보기 힘든 사례입니다. 그만큼 임금에 버금가는 예우를 받았다는 상징이겠지요. 거북 등 가운데에 복련 연꽃을 두른 직사각형의 낮은 비신대좌를 마련하고 늘씬한 비신을 세웠습니다.

비신은 너비 1.42미터, 높이 2.95미터, 두께 30센티미터의 훤칠한 규모로 검은 점판암을 사용하였습니다. 비신의 테두리는 섬세하고 화려한 보상당초문을 빙 둘러 새겼습니다. 양 측면은 뭉게뭉게 피어오르는 구름 속에 여의주를 희롱하는 두 마리의 용을 입체적으로 조각하여 생동감이 넘칩니다. 참으로 화려하고 현란한 조각 기법에 탄성이 절로 나옵니다.

비신 맨 위에는 반원형의 기다란 안상을 두 줄의 선으로 구획하고, 그 안에 천상의 세계를 표현하였습니다. 안상 아랫부분은 수미산을, 가운데는 용화수를 중심으로 오른쪽 동그라미는 해를 상징하는 삼족오(세발까마귀)를, 왼쪽 동그라미는 달을 상징하는 토끼와 거북, 계수나무를 새겼습니다. 그 좌우로는 향로를 받쳐 들고 천의 자락을 휘날리며 구름 위를 날고 있는 환상의 비천상을 조각하여 화려하기 이를 데 없습니다.

천상의 세계 밖으로도 온통 섬세한 보상당초문을 조각하고, 그 좌우에 각각 한 쌍의 어여쁜 원앙을 새겨 놓았습니다. 참으로 현란하면서도 정교하고 화려하면서도 섬세한 환상의 세계를 조각하였습니다. 마치 우리가 박물관에서나 볼 수 있는 고려시대 청동 은입사 기술, 그리고 고려 불화에서나 볼 수 있는 화려하고 세련된 조형 기법(技法)을 그대로 차용한 듯합니다. 한마디로 석조예술의 극치를 이룹니다. 그저 황홀할 뿐입니다.

그 천상의 세계 바로 밑에 직사각형의 전액을 선으로 구획하고, 가운데에 「증시지광국사현묘지탑비명(贈諡智光國師玄妙之塔碑銘)」이란 제액을 두 줄로 새겼습니다. 그 좌우에는 정사각형 틀 속에 각각 화려한 봉황을 새겨 서로 대칭을 이루고 있습니다.

그 밑으로 사방 3센티미터 크기의 정사각형 격자(格子) 선을 그어놓고, 그 안에 한 자, 한 자 정성껏 글자를 새겨 넣었습니다. 실로 엄청난 공력과 장인의 혼이 서린 대역사(大役事)였습니다.

이수는 네 귀에 전각이 뚜렷하고 귀꽃을 추켜올렸습니다. 윗변이 넓

은 사다리꼴 아랫부분은 앙련의 연꽃을 두르고, 위로는 구름무늬 등이
오밀조밀하게 조각되어 있어 섬세하고 화려합니다. 겉모양은 선비의 갓
처럼 생겼으나, 화려한 조각 수법은 왕관(王冠)의 형태입니다.

이수의 꼭대기에는 상륜부를 두어 노반, 연꽃 보륜, 연꽃 보주를 차례
로 얹어 놓았습니다. 이러한 갓머리 형태의 왕관 이수는 지광국사 탑비
가 유일합니다. 탑비의 전체 높이는 4.55미터입니다. 1962년 12월 20일
대한민국의 국보로 지정되었습니다.

너무나 아름다워서 슬픈 승탑이여!

지금 살펴보았던 지광국사 현묘탑비 바로 앞에는 짝꿍인 '지광국사 현
묘탑'이 나란히 세워져 있었습니다. 그랬던 것이 일제강점기에 접어들
자마자 저 탐욕스러운 일본인들의 소행으로, 현묘탑은 실로 엄청난 수
난을 겪게 됩니다. 사람들은 이를 미인박명(美人薄命)이라 부르곤 한답니
다. 단지 아름답다는 이유만으로, 현묘탑은 한국 근현대사의 아픈 역사
를 함께한 우리의 소중한 문화유산입니다.

지광국사 현묘탑은 탑비와 함께 고려 중기에 조성된 우리나라 승탑
중에서 가장 뛰어난 걸작으로 평가받고 있습니다. 당시 11세기 후반의
고려 사회는 왕권과 문벌귀족의 후원 아래, 법상종과 화엄종의 발달로
고려 불교 문화의 전성기였습니다. 그런 정치·사회적 바탕 위에서 문화
적 융성기를 맞이한 문종 연간에 고려시대 최고의 걸작이 탄생한 것입
니다.

그렇게 너무나도 아름다운 걸작인지라, 정든 고향을 떠나 이리저리

유랑하면서 무려 열한 번의 이사를 거듭하였습니다. 잘생긴 게 무슨 죄라고, 참으로 기구한 운명이었습니다.

자, 이제 지광국사 현묘탑, 그 수난사(受難史)의 베일을 하나하나 벗겨 보겠습니다.

지광국사 승탑의 반출 경위는 1927년 후지무라 토쿠이치(藤村德一誌)가 편찬한 『거류민지석물어(居留民之昔物語)』, 「관헌의 횡포와 관리의 비상식」, '현묘탑 강탈시말'에 구체적으로 나와 있습니다. 이를 토대로 재구성하여 보겠습니다.

일제강점기인 1911년 9월, 일본인 골동품상 모리무라 타로(森村太郎)가 원주군 부론면 법천리 원촌마을 정주섭 소유지에서 현묘탑을 매수하여 남한강 뱃길을 통해 경성(서울)으로 밀반출합니다. 모리무라는 이를 일본인 실업가 와다 쓰네이치(和田常市)에게 매각합니다.

와다는 이를 명치정(명동)의 무라카미 병원에 두었다가, 1912년 초 남미창정(남창동)의 자기 집 정원으로 옮깁니다. 그 뒤 일본 오사카에 사는 남작 후지타 헤이타로(藤田平太郎)는 에무라(江村)를 대리인으로 내세워 1912년 5월 31일 와다로부터 3만 1천5백 원에 사들입니다. 그렇게 현묘탑은 대한해협을 건너 일본 오사카로 반출됩니다.

그런데 이에 대한 비판 여론이 거세지자, 조선총독부에서 이 사실을 알고 그해 10월경 현묘탑 반출 경위를 수사하기 시작합니다. 총독부는 관련자들에게 현묘탑은 국유지에 있는 폐사지의 유물이기에 반드시 반환해야 한다고 강경한 태도를 보입니다.

결국 테라우치(寺內) 총독의 위신을 세워주고 와다의 체면을 구기지 않는 선에서, 와다가 현묘탑을 조선총독부에 기증하는 형식으로 마무리합니다. 이에 따라 와다는 후지타가 부담하였던 모든 금액을 물어주고, 현

법천사지 금당 및 강당 터

법천사의 가람 영역은 계획적으로 나눈 다원식 가람 배치 구조입니다. 사찰의 중심 구역은 남북 72.6m, 동서 52.5m의 직사각형 회랑 안에 금당과 강당을 남북 일직선상에 놓고, 금당 앞에 두 기의 탑이 배치된 1금당 2석탑 형태의 가람배치로 확인되었습니다.

묘탑을 1912년 12월 6일 자로 총독부에 인계하면서 지광국사 현묘탑 반출 사건은 종결되었습니다.

그렇게 다시 대한해협을 건너온 지광국사 현묘탑은 조선총독부가 1915년 9월 조선물산공진회를 개최하면서 경복궁 뜰에 장식용으로 세워놓았습니다. 이어 1923년 다시 경복궁 경회루 앞 정원으로 이전되었다가, 1932년 해체 수리 후 재건되었습니다.

1950년 6·25전쟁이 발발하면서 전쟁의 포화 속에 포탄을 맞은 현묘탑은 지붕돌과 탑신부가 쓰러지면서 무려 12,000여 개의 파편(破片)으로 산산조각 났습니다. 그렇게 박살 난 탑은 그대로 방치되었습니다. 6·25전쟁 후 우리나라는 세계에서 가장 못사는 나라 중의 하나였습니다. 맨 꼴찌에서 두 번째였으니까요. 당시에는 문화재 관련 위원회 같은 것도 없었습니다. 복원은 엄두도 내기 힘든 어려운 처지였습니다.

그러나 절망 속에서도 한 줄기 희망은 있는 법이지요. 1957년 9월 월남(현 베트남) 응오딘지엠 대통령이 방한하여 이승만 대통령과 정상회담이 열렸습니다. 이때 두 정상이 경회루 산책길에 나섰다가 쓰러진 채 방치된 현묘탑의 처참한 모습을 본 것입니다. 당시 이승만 대통령이 격노하면서 특별 지시로 서둘러 복원 공사가 시작됩니다.

1957년 현묘탑 복원 공사는 당시 국립박물관 학예사 임천(林泉), 석조문화재 기술자 양철수 씨가 맡아서 진행하였습니다. 현묘탑과 가장 가까운 석질의 돌을 찾아 강화도와 익산에서 조달한 석재를 가루로 빻아 시멘트를 사용하여 복원하였습니다. 당시로서는 시멘트 접착이 최선이었다고 그럽니다. 지금의 잣대로 당시의 상황을 쉽게 판단하면 안 될 것 같습니다.

1983년 해체 후 보수하였다가, 1990년 경복궁 국립고궁박물관 뜰 정원 잔디밭으로 이전하였습니다. 그 뒤 2005년 10월 용산 국립중앙박물관을 개관하면서, 국립고궁박물관 뜰에 있던 다른 석조물들은 모두 국립중앙박물관의 옥외 전시장으로 이전되었습니다. 오직 지광국사 현묘탑만 국립고궁박물관 뜰에 그대로 남았습니다. 당시 안전상의 문제로 혼자 남게 된 것입니다.

그렇게 국립고궁박물관 뜰 잔디밭에 홀로 남았던 지광국사 현묘탑이 마침내 대수술을 받게 되었습니다. 이를 위해 2016년 3월, 대전광역시 국립문화유산연구원(옛 국립문화재연구소)으로 옮겨졌습니다. 이제 우리나라의 문화유산 복원 기술이 세계적인 선진국 수준이 되었잖아요.

이제 고향으로 돌아가렵니다.

지난 2023년 8월 1일, 원주시 부론면 법천사지유적전시관에 너무 아름답다는 이유 하나만으로 제자리를 떠나야 했던 슬픈 탑, 국보 '법천사지 지광국사 현묘탑'이 돌아왔습니다. 실로 고향 떠난 지 112년 만의 귀향이었습니다. 돌고 돌아온 거리가 직선거리로 무려 1,975킬로미터에 달합니다. 참으로 길고 긴 여정이었습니다.

지광국사 현묘탑은 2016년 3월부터 대전 국립문화유산연구원으로 옮겨져 보존·복원 작업이 이루어졌습니다. 각종 관련 자료를 철저히 분석하고 정확한 고증을 거쳐 복원처리 작업이 하나하나 진행되었습니다. 필요한 석재를 찾기 위한 노력도 집요했습니다.

처음부터 보존·복원 작업에 참여했던 국립문화유산연구원 문화유산보존과학센터 이태종 학예연구사는 '강원도민일보'와의 인터뷰에서 "지광국사탑에 사용된 화강암은 굉장히 특이한 암종입니다. 일반적인 화강암으로는 이렇게 섬세한 조각을 할 수 없지요. 사람으로 치면 RH-혈액형과 같습니다. 복원에 알맞은 돌을 찾으려고 1년 7개월 정도 남한 전체를 돌아다니기도 했습니다. 여러 조사를 거친 결과 같은 돌은 아니었지만 공교롭게도 원주 귀래석이 가장 매칭률이 높았습니다."

이런 온갖 정성과 심혈을 기울여 석장의 전통 기술과 레이저클리닝 같은 첨단 융복합 기술을 총동원하여 보존·복원처리 작업을 진행하였습니다. 그렇게 5년간 보존·복원처리 작업이 완료된 31점의 부재가 2023년 8월 1일 오후 고향으로 돌아온 것입니다.

원래 현묘탑의 부재는 총 33점입니다. 그중에서 파손이 심한 몸돌과 지붕돌은 아직도 보존·복원처리 작업을 진행 중입니다. 이 두 점이 모

법천사지 지광국사 현묘탑(국립고궁박물관 뜰)
국보. 현묘탑은 6·25전쟁 때 포탄을 맞아 지붕돌과 탑신부가 쓰러지면서 무려 12,000여 개의 파편으로 산산조각 난 것을 어렵게 복원하였습니다. 사진은 국립고궁박물관 뜰로 이전하여 복원한 모습입니다.

두 돌아와야 완전체가 되는 것입니다. 참, 이날 국립중앙박물관 수장고에 보관 중이던 사자 네 마리도 함께 돌아왔습니다. 원래 기단 갑석 네 모서리 위에 앉아 있었던 네 마리 사자상입니다. 그동안 수장고에 보관

중인 것을 모르고 잃어버린 줄 알고 있었습니다.

한편, 현묘탑이 완전히 해체되어 전통과 최첨단 융복합 기술이 총동원된 보존·복원처리 작업이 진행되는 과정에서 새로운 논의가 시작되었습니다. 논의 안건은, 앞으로 보존·복원처리 작업이 마무리되면 현묘탑을 어디에 세울 것인가? 하는 문제 제기였습니다.

당시 국가유산청과 원주시 측은 신중한 논의를 거듭한 끝에, 원래의 고향인 원주시 부론면 법천사지로 돌려보낼 것을 결정합니다. 실로 문화유산 복원의 모범사례가 될 수 있는 위대한 결정이었습니다. 문화유산은 제자리에 있을 때 가장 아름다운 법이지요.

그렇다면 고향으로 돌아왔을 때, 본래의 탑 자리에 설치할 것인지, 아니면 보존상의 문제를 들어 실내 전시관에 설치할 것인지의 문제가 남았습니다. 이에 2023년 12월 28일, 국가유산청은 오랜 논의를 거듭한 끝에 지광국사 현묘탑을 절터에 건립한 법천사지유적전시관 안에 복원하기로 결정하였습니다.

그동안 문화유산위원회 건축문화유산분과는 현묘탑을 본래 있던 자리에 탑비와 마주 보게 세워놓고 보호각을 설치하는 안과 전시관 내부에 세우는 안으로 압축하고 논의를 거듭했습니다. 보존·복원처리 작업을 진행한 국립문화유산연구원 문화유산보존과학센터는 "밖에서 계속 비바람을 맞으면 훼손될 우려가 커서 보호각 없는 옥외 전시는 위험하다"는 입장이었습니다. 결국 실내 전시관 설치로 결론을 내린 것입니다.

2024년 하반기, 국립문화유산연구원은 법천사지유적전시관 안에 탑의 하중을 지탱하고, 진도 7 규모의 지진 충격을 버틸 수 있는 면진대를 설치한 후 탑을 정성껏 안치·복원하였습니다. 마지막으로 돌아온 몸돌과 지붕돌까지, 실로 113년 만의 완전 귀향이었습니다.

이를 기념하기 위하여 2024년 11월 12일, 원주시와 국립문화유산연구원은 법천사지유적전시관 앞 광장에서 지광국사탑 복원 기념식을 성대하게 열었습니다. 이는 일제강점기인 1911년 법천사지를 떠나 약 1천975킬로미터의 유랑 생활을 마친 지광국사 현묘탑이 마침내 113년 만에 고향에 안착하는 역사적인 선언식이었습니다.

지광국사 현묘탑

그랬습니다. 그렇게 온갖 수난과 슬픈 상처를 딛고, 우리의 기술로 대수술을 마치고 다시 돌아온 국보, 법천사지 지광국사 현묘탑(智光國師玄妙塔)입니다. 고려시대 승탑의 백미(白眉), 워낙 뛰어난 걸작이라 유명세를 톡톡히 치른 셈이지요. 현묘탑도 영원한 단짝, 탑비와 같은 시기인 1070년에서 1085년 사이에 세워진 것으로 추정됩니다.

현묘탑은 신라하대부터 유행한 승탑의 전형인 팔각원당형을 벗어나, 사각 방형의 석탑처럼 생긴 매우 특이한 구조입니다. 언 듯 보면 사각 방형의 2층탑처럼 보입니다. 그러나 자세히 살펴보면 넓은 탑구석과 지대석 위에 2층 기단, 몸돌, 지붕돌, 상륜부를 차례로 얹은 방형의 단층 승탑입니다. 부재마다 정교하고 섬세한 조각이 빈틈없이 새겨져 있어 화려하고 현란하기 이를 데 없습니다. 참 잘생겼지요.

기단부의 탑구석은 2단으로 윗단은 낮은 높이로 각 면에 우주·탱주·안상·귀꽃 등을 새겼습니다. 네 모서리 위로는 용의 발톱 같은 우석(隅石)이 지대석 앞까지 단단히 누르고 있어 안정감을 더해 줍니다. 우석은 지대나 축대 등의 '귀퉁이 돌'을 뜻합니다. 그런데 이게 용의 발톱인

법천사지 지광국사 현묘탑(법천사지유적전시관 내)
국보. 법천사지유적전시관은 진도 7의 지진 충격을 버틸 수 있는 면진대를 설치한 후 탑을 정성껏 안치·복원하였습니다. 2024년 11월 12일 지광국사탑 복원 기념식이 열렸습니다. 이는 일제강점기인 1911년 법천사지를 떠난 현묘탑이 마침내 113년 만에 고향으로 돌아왔다는 역사적인 선언식이었습니다.

지 아니면 꼬리를 서린 용머리인지 잘 모르겠네요. 지대석은 귀꽃이 솟은 연꽃을 돋을새김한 여의두문을 빙 둘러놓았습니다.

하층기단석 아랫단은 각 면에 우주와 탱주를 모각하고 국화무늬 등을 새겼습니다. 윗단은 기둥과 기둥 사이에 구름 속의 화염에 둘러싸인 보주를 섬세하게 조각하였습니다. 하층기단 갑석 측면엔 격자 모양의 커튼 장막을 표현하였고, 위로는 세 겹의 연판복련(蓮瓣覆蓮)을 아주 섬세하고 정갈하게 둘러놓았습니다. 그 위로는 얇은 상층기단 받침을 마련했습니다. 그리고 각 모서리엔 네 마리의 사자가 각각 둘러앉아 사방을 지켜주고 있습니다. 참 귀엽지요. 이번에 새로 온 친구들입니다.

높은 상층기단석은 각 면마다 2개의 직사각형 곽을 마련하고, 앞쪽은 가마를 멘 사리 봉송 장면을, 뒤쪽은 산수무늬를, 양옆은 운룡무늬와 신선무늬를 각각 새겨 넣었습니다. 상층기단 갑석은 상단 모서리 네 곳을 살짝 반전시킨 후 연꽃으로 장엄하고, 아래는 2단으로 페르시아풍의 화려한 커튼 장막을 설치하였습니다. 이는 장막을 두른 가마를 표현한 것으로 짐작됩니다. 커튼을 살짝 들어 올려 끈으로 예쁘게 묶은 모습이 퍽 이국적입니다.

따라서 이 현묘탑은 지광국사의 다비식 때 사리를 운반했던 가마를 본떠서 만든 것이 아닌가, 추정해 봅니다. 그땐 거란족이 세운 요나라와 교류했던 시기입니다. 거란의 황제가 인도나 서역의 페르시아 영향을 받은 화려한 가마를 우리 고려에 하사하였다는 기록도 있습니다. 당시에는 아직 원나라가 건국되기 전입니다.

탑신석 몸돌 아래에는 탑신 받침을 조성하였습니다. 각 면에 12개의 작은 안상을 마련하고 그 안에 작디작은 귀꽃을 새겼습니다. 위로는 세 겹의 연꽃을 2중으로 둘러 새겼습니다. 몸돌 면석은 좌우에 3개의 대나무를 표현한 모서리기둥을 새겼습니다. 앞·뒷면은 문과 자물쇠를 조각하고, 양 옆면은 페르시아풍의 창문과 주렴 등을 아주 섬세하고 정교하게 새겨 화려하게 장식하였습니다.

지붕돌 처마 끝 네 모서리엔 천상의 세계를 나는 환상의 가릉빈가를 화려하게 조각하여 처마를 살짝 반전시켰습니다. 반전된 처마 끝으로는 화염보주, 화불, 비천 등을 정교하고 섬세하게 조각하였습니다. 그 아래로 구슬 무늬의 가림 장막이 드리워져 있습니다.

상륜부는 지붕돌 위로 앙화·보륜·보개·보주가 차례로 얹혀있습니다. 보개의 각 모서리엔 극락정토에 사는 극락조를 아주 섬세하고 화려하게 조각하였습니다. 그 위로 연꽃에 둘러싸인 보배로운 구슬, 보주가 화룡점정(畵龍點睛)으로 올려져 있습니다. 전체 높이 5.2미터로, 우리나라의 승탑 중에서 가장 크고 화려한 걸작으로 평가받고 있습니다. 1962년 12월 20일 대한민국의 국보로 지정되었습니다.

지금까지 지광국사 현묘탑을 감상하였습니다. 그렇다면 전형적인 팔각원당형의 틀을 과감히 혁파한 현묘탑은 어디에서 모티브를 얻었을까요? 여러 학자와 미술사가들은 다양한 견해를 주장하고 있습니다. 참고로, 그중에서 국립중앙박물관 명품선집 14, 진정환·강삼혜의 『조형미의 극치 석조미술』, 「법천사 지광국사 현묘탑의 모델은?」 편에서는 이렇게 주장하고 있습니다.

팔각 탑신을 가진 승탑은 팔각당 건물에서 그 유래를 찾았는데, 이 지광국사탑은 과연 어떤 성물(聖物) 조형에서 착안된 것일까? 그 답은 맨 아래 대각선 방향으로 뻗은 용머리 장식에 숨어있었다. 이 용머리 장식은 가마를 들쳐 멜 때 사용하는 들채를 형상화한 것이다. 일반적으로 왕실에서 사용하는 전통 보여(寶輿)는 앞뒤의 들채에 용머리 장식이 되어 있는 경우가 많았다. 이것으로 볼 때 지광국사 현묘탑은 사리 운반용 보여(寶輿)를 모델로 하여 제작된 것으로 당시 최첨단의 원나라 가마를 참조하였을 것으로 생각된다. 이 승탑에 표현된 장막이나 치레, 드림 장식 등도 보여에서 차용한 듯한 표현으로 생각된다.

실제로 고려가 거란과 화친외교를 시작한 이후 1043년(정종 9)에 거란주가 왕여(王輿)를 하사한 것을 시초로 11세기에 수차례에 걸쳐 거란으로부터 왕과 왕세자가 타는 보여를 하사받았다고 한다. 거란을 통하여 첨단 장식의 보여를 접하고 지광국사탑과 같은 신선한 양식의 탑을 만들어 냈던 듯하다.

당간지주

지광국사 현묘탑비에서 남쪽을 쳐다보면 저 멀리 왼쪽으로는 법천사지유적전시관이 보이고, 오른쪽으로는 거무스레한 당간지주가 보입니다. 발굴 조사 전에는 마을 민가 옆, 밭 가장자리 토단 위에 있었습니다. 한눈에 보아도 당당하고 튼실하게 보입니다. 흙으로 둥그렇게 둔덕을 쌓고 그 중앙에 한 쌍의 돌기둥을 세웠습니다. 1,300여 년의 세월을 지켜왔음인지 세월의 더께인 검푸른 이끼가 역사의 체취를 느끼게 합니다.

그 옛날엔 당간지주가 세워져 있는 이곳이 법천사로 들어오는 큰길이었습니다. 요즘으로 치자면 사찰의 정문 쪽이겠지요. 지금은 돌기둥인 지주 한 쌍만 남아 있지만, 사세가 당당하였을 당시에는 큰 깃발을 드날

법천사지 당간지주
강원특별자치도 문화유산자료. 별다른 조식이 없고 맨 위에는 U자형의 홈을 파서 당간
을 고정하였던 것으로 짐작됩니다. 높이가 3.9m로 통일신라시대에 세워진 것으로 추정
됩니다.

리며 법천사의 위용을 한껏 자랑했을 것입니다.

법천사지 당간지주에는 별다른 조식이 없고 맨 위에는 U자형의 홈을 파서 당간을 고정하였던 것으로 생각됩니다. 높이가 3.9미터로, 통일신라시대에 세워진 것으로 추정됩니다. 1984년 6월 2일 강원특별자치도 문화유산자료로 지정되었습니다.

큰 사찰에서는 의식이나 행사가 있을 때 또는 부처와 보살의 공덕을 기릴 때 당(幢)이라는 깃발을 달았습니다. 이때 깃발을 걸 수 있도록 당간(장대)을 지탱해 주는 두 돌기둥을 당간지주(幢竿支柱)라고 부릅니다. 즉 깃발을 거는 길쭉한 장대를 '당간(幢竿)'이라 하고, 이 당간을 지탱하고 고정하는 두 돌기둥을 '지주(支柱)'라고 합니다. 이를 합하여 당간지주라고 부릅니다.

법천사지 주변 이야기

진리(法)가 샘물(泉)처럼 솟아나는 절(寺), 법천사(法泉寺)! 그 이름답게 법천사 주변에는 명성깨나 있는 사람들의 발길이 끊이지 않았습니다. 앞에서 언급했듯이 조선 초기에는 태재 유방선이 법천사에서 유교의 강학(講學)을 열었습니다. 이때 서거정, 권람, 한명회, 강효문 등이 찾아와 가르침을 받았습니다.

『신증동국여지승람』 권46, 강원도 원주목 불우(佛宇) 조에, 서거정이 그 당시를 회상하면서, 임지로 부임하는 민정(閔貞)을 떠나보내며 이렇게 읊조렸습니다.

치악산 속의 글 읽던 절

젊을 때 노닐던 지난 때의 일 역력히 기억나네.

법천사의 뜰 아래서는 탑에 시를 써 놓았고

흥법사의 대 앞에는 먹으로 비를 탁본하였지.

그때의 행장은 나귀 한 마리에 실을 만한 것도 못 되더니

지금은 돌아가는 길을 꿈이 먼저 아는구나.

머리가 하얘지도록 다시 놀러 가려는 흥을 이루지 못하였으니

그대를 보내는 마당에 멀리 내 생각을 흔들어 놓는구려.

조선 중기에는 법천사 이웃 마을인 손곡리에 시인이자 서예가인 손곡 이달이 찾아들었습니다. 이때 손곡의 제자인 허균과 허난설헌도 이곳 법천사에 머물면서 가르침을 받았다고 전해집니다. 허균은 스승 이달이 훌륭한 재능을 지녔으나 서얼로 태어난 신분의 한계 때문에 뜻을 펼치지 못하는 것을 가슴 아파했습니다. 그래서 지은 소설이 홍길동전이었다는 설이 있습니다. 허균의 홍길동전은 우리나라 최초의 한글 소설로 더 유명하지요.

그랬던 법천사가 임진왜란으로 폐사되자, 이때부터 절터에는 사람들이 들어와 살기 시작합니다. 조선 후기에는 유학자 우담 정시한을 모신 광암사와 도동서원(道東書院)이 절터의 동쪽 기슭에 세워집니다. 이때부터 법천사지는 서원마을로 불리게 되었습니다.

그런가 하면 이웃 노림리와 손곡리는 왕비를 두 명이나 배출한 왕비의 고장입니다. 이 작은 지역에서 왕비와 후궁을 배출하였으니 결코 예사로운 동네가 아니었습니다. 손곡리는 광해군의 생모인 공빈 김씨, 노림리는 인조의 비 인열왕후 한씨가 태어난 마을입니다. 공빈 김씨의 차

남인 광해군은 선조의 뒤를 이어 왕위에 올랐고, 인열왕후의 차남인 봉림대군도 인조의 뒤를 이어 왕위에 올라 효종이 되었습니다.

그래서인지 조선 후기의 실학자 청화산인 이중환은 『택리지』에서 원주를 "두메와 가까워서 난리가 일어나면 숨어 피하기가 쉽고, 서울과 가까워서 세상이 편안하며 벼슬길에 나아갈 수 있는 까닭에 한양의 많은 사대부들이 여기에 살기를 좋아한다"고 언급하였습니다.

법천사터에서 되돌아 나와, 도시랑 마을 앞에서 오른쪽 도로를 따라 손곡리 쪽으로 3킬로미터쯤 가면 손곡1리 손위실 삼거리가 나옵니다. 이곳은 고려왕조의 마지막 임금인 제34대 공양왕(恭讓王, 1389~1392)이 잠시 머물렀던 첫 번째 유배지였습니다.

공양왕이 태조 이성계에게 왕위를 손위 한 후 머물렀던 마을이라 하여 '손위실(遜位室)'이라 불렀습니다. 손위(遜位)는 임금의 자리를 내어놓았다는 뜻입니다. 그랬던 것을 한자로 표기하면서 위를 빼고 '손곡(蓀谷)'이라 불렀다고 전해집니다.

당시의 상황이 『고려사(高麗史)』「연표(年表)」에는 간략해도 너무 간략하게 기록되어 있습니다.

공양왕 4년, 7월 왕을 폐위하여 원주로 추방하였다.

그럴 수밖에 없었겠지요. 고려사는 조선 초기의 집권 세력에 의해 기록되었으니까요. 그것도 왕에 대한 기록인 세가(世家) 편에는 아예 언급조차 없고, 연표(年表) 편에다 겨우 한 줄로 짧게 언급한 것입니다. 철저히 승자의 편에서 기록한 역사이니까요.

또한, 『고려사절요(高麗史節要)』 권35, 「공양왕 4년」 조에도 이렇게 기록되어 있습니다.

1392년 7월 12일 신묘(辛卯)
왕이 손위하고 원주로 물러났다. 얼마 후 간성군(杆城郡)으로 옮겨 공양군(恭讓君)에 봉하였다. 3년 후 갑술(1395)에 삼척부(三陟府)에서 흥서하니, 후에 공양왕으로 추봉하였다.

흥서(薨逝)란 '죽을 흥(薨)' 자에 '갈 서(逝)' 자를 써서 왕이나 왕족, 귀족 등의 죽음을 높여 이르는 말입니다. 그렇게 공양왕은 손위실에서 잠시 머물면서 배향산에 올라 개성을 향해 향을 피우고 큰절을 올렸다고 전해집니다. 그때부터 이 산의 이름을 배향산으로 불렀다고 전합니다.

손위실 삼거리에서 왼쪽 문막방향으로 조금 가면 '손곡교'라는 작은 다리가 나옵니다. 이 손곡교를 지나자마자 오른쪽 길섶에 손곡(蓀谷) 이달(李達)의 시비(詩碑)가 세워져 있습니다. 이 시비는 1983년 11월 전국시가비건립동호회에서 세운 것으로, 손곡의 한시 한 수를 이가원(李家源)의 번역과 글씨로 새겨 놓았습니다.

시골 밭집 젊은 아낙네
저녁거리 떨어져서
비 맞으며 보리 베어
숲속으로 돌아오네.
생나무에 습기 짙어
불길마저 꺼지는데
문에 들어서자 어린아이들

옷자락 잡고 다니며 울부짖네.

가난한 시골 아낙의 생활상을 그린 작품으로, 당시 서민들의 애환과 굶주림을 생생하게 떠올려주는 눈물겨운 시입니다. 눈시울이 뜨거워집니다. 이 시비가 바라보고 있는 산 아랫마을이 손곡 이달이 살았던 양지 마을입니다.

손곡 이달은 조선 중기 당대 최고의 시인이었습니다. 원래 충남 홍성 출신입니다. 기생의 몸에서 태어난 서출(庶出)로 한리학관(漢吏學官)을 지냈으나 신분의 한계 때문에 오래 있지 못합니다. 그 뒤 손곡리로 들어와 평생을 시문(詩文)으로 살았습니다. 손곡이란 호도 동네 이름에서 유래한 것으로 알려져 있습니다. 그의 제자인 허균이 「홍길동전」에서 주인공을 서출로 설정한 것도, 스승 이달의 신분적인 한계에 대한 불만을 간접적으로 표현한 것입니다.

온 나라를 떠돌아다니며 시문으로 여생을 보낸 손곡 이달의 『손곡시집』에는 한시 330여 수가 실려 있습니다. 서포(西浦) 김만중(金萬重, 1637~1692)은 『서포만필』에서 오언절구 중에서 이달이 지은 별이예장(別李禮長)을 조선 최고의 대표작으로 꼽았습니다. 당시 최경창, 백광훈과 더불어 삼당시인(三唐詩人)으로 불렸습니다. 그의 전기인 「손곡산인전(蓀谷山人傳)」은 말년의 제자였던 허균이 지었습니다.

허균은 「손곡산인전」에서 "이달의 시는 맑고도 새롭고 아담하면서도 고왔다"고 하면서 "왕유·맹호연·고적·잠삼 등의 경지에 드나들면서 유우석·전기의 기풍을 잃지 않았다. 신라·고려 때부터 당나라의 시를 배운 이들이 모두 그를 따르지 못하였다"고 평가하였습니다.

손곡쌈지공원, 손곡 시비 옆에는 '임경업장군추모비(林慶業將軍追慕碑)'

손곡 이달의 시비
손곡 이달은 조선 중기 삼당시인으로,
손곡리에 들어와 평생을 시문으로 살았
습니다. 이 시비는 1983년 11월 전국시
가비건립동호회에서 세운 것으로, 손곡
의 한시 한 수를 이가원의 번역과 글씨
로 새겨 놓았습니다.

임경업 장군 추모비
임경업은 충주 출신으로 알려져 있으나, 이
곳 평촌마을에서 태어나 여섯 살 때까지 손
곡리에서 살았다고 전해집니다. 추모비 옆
엔 「비운의 명장, 임경업 장군 추모비」란,
작은 안내문이 세워져 있습니다.

가 세워져 있습니다. 임경업(林慶業, 1594~1646)은 충주 출신으로 알려져
있으나, 이곳 평촌마을에서 태어나 여섯 살 때까지 손곡리에서 살았다
고 전해집니다. 추모비 옆에 있는 「비운의 명장, 임경업 장군 추모비」 안
내문에는 이렇게 쓰여 있습니다.

1616 광해 10년에 무과에 급제한 임경업 문헌에 의하면 충주 달천 태생으로 되어있으나 그것은 6세 때에 이사하였기 때문이고 출생지는 원성군(원주시) 부론면 손곡리이다.

임경업은 어려서부터 언제나 전쟁놀이가 아니면 힘겨루기를 했고 항상 이겨서 두각을 나타냈다. 전쟁놀이할 때 군율을 어겼다고 해서 낫으로 어린 부하를 찍어 그것이 문제가 되어 마을에서 쫓겨나기도 했다. 충주의 달천으로 이사를 하게 된 것도 소년 임경업의 심한 장난 때문이라고 한다.

전쟁놀이하던 소년 임경업이 자신의 진영이라 해서 원님의 행차를 막아서서, "여기는 전쟁터요. 이 새끼줄 친 곳은 우리의 성이니 누구도 못 지나가오. 만약 지금 지나가면 목을 베겠소." 이 깜찍한 소년을 보고, 원님은 후일 그가 크게 될 인물임을 알고 도리어 "대단한 소년이군 그래" 하고 밭둑길로 행차를 돌아가게 했다는 일화가 있다.

조선 중기의 명장으로, 훗날 국법을 어겼다는 죄를 뒤집어쓴 채 형리(刑吏)의 모진 매를 이기지 못하여 마침내 숨졌다. 1697년(숙종 23) 12월 숙종의 특명으로 복관(復官)되었고, 충주 충렬사(忠烈祠) 등에 제향 되었다.

원주시 부론면 손곡리에 그의 추모비가 건립되었는데, 이 비는 임경업 장군의 뜻을 기리기 위하여 1968년 8월 원주문화원에서 고증을 찾아 장군의 출생지인 생가터에 세운 것이다.

이렇게 원주 시민과 손곡리 주민들은 고향에 대한 자긍심과 애향심이 정말 대단합니다. 이처럼 손곡리 마을은 문(文)은 손곡 이달이요, 무(武)

는 충민공 임경업이니, 문무를 겸비한 선인들의 얼이 자랑스럽게 서려 있는 마을입니다.

그렇기에 법천사지 주변은 그냥 스쳐 지나가기에는 너무나 아쉬운 고장입니다. 딱히 손에 잡히는 것은 없으나, 알고 나면 보이고, 보고 나면 감흥이 새로우니, 한가로운 농촌 풍경의 서정(抒情)에서 찾는 고즈넉한 행복감이 더없이 흔연(欣然)합니다.

원주 거돈사지

서편 하늘을 붉게 물들인
저녁노을은 서산으로 기울고

고즈넉한 거돈사지

원주 거돈사지(居頓寺址)는 강원특별자치도 원주시 부론면 정산리 189번지, 현계산(玄溪山)자락의 양지바른 축대 위에 넓게 자리 잡고 있습니다. 참으로 아늑하면서도, 하늘이 시원하게 열려있는 형국입니다. 산자락 경사면을 계단식으로 쌓아 올린 지형덕분이겠지요. 이런 사찰 터를 경영한 옛 선조들의 지혜가 그저 경이롭습니다.

거돈사 절터에서 만나는 첫 번째 주인은 천년 수령을 자랑하는 거대한 느티나무입니다. 높이 20.8미터, 둘레 7.5미터에 이르는 어마어마한 크기입니다. 보는 순간 신령스러운 기운이 감돕니다. 그 밑으로는 커다란 돌들로 가지런히 쌓아 올린 축대가 마치 긴 성벽처럼 쭉 이어집니다.

커다란 자연석 돌로 자연스럽게 쌓아 올린 석축 가운데로 난 돌계단을 밟고 오르면, 계단을 한단, 한단 오를 때마다 3층 지붕돌부터 한층,

천년 수령의 느티나무
높이 20.8m, 둘레 7.5m에 이르는 천년 수령의 느티나무입니다. 보는 순간 신령스러운
기운이 감돕니다. 그 밑으로는 커다란 돌들로 가지런히 쌓아 올린 축대가 마치 긴 성벽
처럼 쭉 이어집니다.

한층 내려가면서 삼층석탑이 나타납니다. 그렇게 삼층석탑의 환영을 받
으며 절터로 올라서면 약 7천5백 평에 이르는 장대한 스케일의 폐사지
가 시원하게 펼쳐집니다. 이런 아름다운 절터가 존재한다는 자체가 신
기할 정도입니다. 인위적으로 설치한 야외무대도 이렇게 아름다울 수는
없을 것 같습니다. 절터 자체가 국보급이지요.

한림대학교 박물관에서 1989년부터 1992년까지 4차례에 걸쳐 발굴
조사를 시행하였습니다. 그 결과 신라 하대인 9세기경에 처음 지어졌
고, 고려 초기에 확장·보수하여 조선 전기까지 이어진 것으로 확인되었
습니다. 절터는 중문터, 삼층석탑, 금당터, 강당터, 승방터, 회랑 등으로

구성되어 있습니다.

거돈사의 가람양식은 탑 하나에 금당 하나를 배치한 1탑 1금당 식입니다. 나말여초의 절터로서는 보기 드문 가람배치 형태입니다. 1탑 1금당 식 가람배치란, 남북축선상에 중문, 탑, 금당, 강당을 나란히 배치한 형태를 말합니다. 거돈사는 높은 축대 위에 중문을 세운 자리가 남아 있고, 그 뒤로 삼층석탑, 금당터, 강당터가 남북 일직선상에 나란히 배치되어 있습니다.

절의 본당인 금당(金堂) 터에는 정면 6줄, 측면 4줄의 주춧돌이 남아 있습니다. 이를 토대로 재구성하면 정면 5칸, 측면 3칸의 대법당이었을 것으로 추정됩니다. 주춧돌의 배치를 살펴보면, 금당 내부는 통층으로 되어 있고, 외부는 2층으로 된 장중한 전각이었을 것으로 추정됩니다.

금당터 중앙에는 부처님을 모셨던 불상대좌(佛像臺座)가 남아있습니다. 그런데 그 높이가 무려 2미터에 달하는 엄청난 크기입니다. 화강석을 마치 시루떡을 켜켜이 쌓은 것처럼 올려놓았습니다. 저 위에 올라앉았을 불상은 또 얼마나 컸을까요.

현재 이 너른 절터에 남아 있는 조형물은 삼층석탑과 금당터 위에 놓인 거대한 불상대좌 그리고 원공국사 승묘탑비가 전부입니다. 서쪽 끝으로는 발굴 조사 후 나온 각종 석재를 가지런히 모아 놓았습니다. 그리고 북쪽 맨 끝자락 산기슭엔 원공국사 승묘탑의 복제품이 세워져 있습니다. 거돈사지는 1968년 12월 19일 사적으로 지정되었습니다.

문경 봉암사 지증대사(智證大師) 적조탑비(寂照塔碑)의 비문에 의하면, 지증대사 도헌(道憲, 824~882)이 "통일신라 경문왕 4년(864) 겨울, 단의장옹주(端儀長翁主)가 현계산(賢溪山) 안락사(安樂寺)의 주인이 되어 달라고 간청하자, 그곳으로 옮겨 머무르며 교화하였다"고 기록되어 있습니다. 또한

절터로 오르는 석축 돌계단
커다란 돌로 쌓아 올린 석축 가운데의 돌계단을 밟고 천천히 오르면, 계단을 한단, 한단
오를 때마다 3층 지붕돌부터 한층, 한층 내려가면서 삼층석탑이 나타납니다. 그렇게 절
터로 올라서면 약 7천5백 평에 이르는 장대한 스케일의 폐사지가 시원스레 펼쳐집니다.

헌강왕 8년(882) 12월 18일 "현계산 안락사에서 입적하였다"고 새겨져 있
습니다.

　이 시기에 안락사의 사명을 거돈사로 개명하고, 삼층석탑을 건립하였
다고 전해집니다. 하지만 확실하지는 않습니다. 앞으로 이를 뒷받침할
만한 정확한 문헌 고증이 나오기를 기대해 봅니다.

　자, 그럼 삼층석탑을 답사하기 전에 우리나라의 석탑에 대하여 개략
적으로 알아보겠습니다.

석탑의 나라

탑은 어떻게 만들어졌을까요?

부처님이 열반(涅槃)에 드셨습니다. 장례를 치르기 위하여 화장(火葬)하였습니다. 불교에서는 이를 다비(茶毘)라고 부릅니다. 다비식이 끝나면 사리(舍利, Sarira=유골)를 수습합니다. 이제 수습한 사리를 모실 무덤을 만들어야 하겠지요. 그 무덤이 바로 탑(塔婆=Stupa)입니다.

처음에는 흙이나 벽돌로 탑을 쌓아 올렸으나 차츰 돌로 만들게 되었습니다. 현존하는 가장 대표적인 탑으로는 인도의 산치대탑(Sanchi)이 있습니다. 처음 탑을 만들 때는 부처님의 사리를 봉안하면 되었기에 외형을 간단하게 만들었습니다. 먼저 둥근 모양으로 기단을 만들고, 그 위에 사발을 엎어놓은 듯한 모습으로 탑을 쌓아 올렸습니다. 그러다 점차 후대로 내려오면서 탑을 장엄하게 하려고 난간을 만들기도 하고, 사방으로 문을 세우기도 하였습니다. 그랬던 것이 간다라 지방에 이르면 기단부가 몇 층으로 높아지고, 각 면마다 불상을 조각하기에 이릅니다.

한편, 불교가 전래하면서 탑을 쌓는 재료도 그 나라의 실정에 알맞은 것으로 대체됩니다. 중국은 주로 흙으로 구워 만든 벽돌을 사용하여 탑을 쌓았습니다. 그래서 '벽돌 전(塼)' 자를 써서 전탑(塼塔)이라 부릅니다. 해양성 기후인 일본은 나무가 잘 자라는 특성을 살려서 목탑(木塔)을 건립

인도의 산치대탑
인도 중부에 있는 불교 유적으로 현존하는 가장 오래된 불탑의 하나입니다.

익산 미륵사지 석탑
국보. 목탑의 세부 양식을 모방하여 탑
의 부재를 목재에서 석재로 대체시킨
최초의 석탑입니다.

부여 정림사지 5층 석탑
국보. 목탑 양식을 모방하여 석탑으로 대체
시킨 미륵사지 석탑을 좀 더 간소화시킨 석
탑입니다.

하였습니다. 우리나라는 질 좋은 화강암을 잘 다듬어 아름다운 석탑(石塔)을 만들었습니다. 따라서 우리나라는 '석탑의 나라'입니다.

기원전 483년 무렵 부처님이 입적하자 숭배할 대상이 사라졌습니다. 이에 부처님을 대신하여 그의 유골을 안치한 탑을 예배의 대상으로 삼았습니다. 그래서 불상이 만들어지기 전까지는 탑이 가장 중요한 예배 대상이었습니다. 그러다 서기 1세기에서 2세기 초에 이르면, 부처를 형상화한 불상이 만들어집니다.

따라서 부처가 입적한 이후 약 5백 년 동안은 불상이 없는 무불상 시대였습니다. 하지만 불상이 출현하자 상황이 크게 달라집니다. 이제 예배 대상의 중심축이 탑에서 불상으로 바뀐 것입니다.

이때부터 사찰의 중심에는 불상을 모신 금당(金堂)이 자리 잡았고, 탑

경주 분황사 모전석탑

국보. 신라에서 가장 오래된 탑으로, 돌을 벽돌모양으로 다듬어 쌓은 석탑입니다. 그래서 '전탑을 모방한 석탑'이라 하여 모전석탑이라 부릅니다.

감은사지 동·서 3층 석탑

국보. 삼국통일과 함께 백제와 신라의 각기 다른 석탑 양식을 하나로 융합시켜 한국 석탑의 전형을 제시한 3층 석탑입니다. 실로 위대한 3층 석탑의 탄생입니다.

은 금당 앞마당에 세워지게 됩니다. 그러나 둘 다 그 격의 차이를 따질 수 없을 만큼 아주 중요한 예배의 대상이지요. 그리하여 불상과 탑이 사찰의 중심부에 자리 잡게 된 것이고요.

그럼, 이번에는 목탑에서 석탑으로 전환되어 '2중 기단 위에 3층 석탑'이라는 통일신라시대의 석탑 전형의 흐름을 알아보겠습니다. 불교가 전래된 4세기 후반부터 6세기 후반까지 약 2백 년간은 중국의 영향으로 목탑이 건립됩니다. 그 대표적인 것이 '경주 황룡사지 9층 목탑'입니다.

이런 목탑이 7세기 초에 오면, 백제에서 '익산 미륵사지 석탑'으로 전환됩니다. 즉 목탑에서 석탑으로 대체된 것입니다. 이 미륵사지 석탑을 좀 더 간소화시킨 것이 '부여 정림사지 5층 석탑'이고요.

한편, 신라는 백제와 달리 전탑을 모방합니다. '경주 분황사 모전석탑'이 그것입니다. 모전석탑은 돌을 벽돌 모양으로 다듬어 쌓은 탑입니다. 즉 전탑을 모방한 석탑이란 뜻입니다. 다시 말해 백제가 목탑을 변형시켜 석탑을 완성했다면, 신라는 전탑을 모방하여 석탑으로 전환한 것입니다.

이 둘을 융합시킨 과도기적 형태의 탑이 경북 '의성 탑리 5층 석탑'입니다. 이 탑은 기단·몸돌·지붕돌의 경사면은 백제 양식을 따랐고, 지붕돌의 층급받침은 신라 전탑 양식을 갖추고 있습니다. 따라서 의성 탑리 5층 석탑은 백제와 신라의 석탑 양식이 처음으로 융합하는 과도기적 모습을 보여주고 있습니다.

문무왕 16년(676) 신라가 삼국을 통일합니다. 통일을 이룩한 신라는 강력한 전제왕권의 확립과 국력의 결집을 위해 사찰 건립에 박차를 가합니다. 신문왕 2년(682) 문무왕을 기리기 위하여 감은사(感恩寺)를 창건합니다. 이곳에 통일국가를 이룩한 강력한 힘을 상징하는 '감은사 동·서

불국사 3층 석탑
국보. '2중 기단 위에 3층 석탑'이라는 통일신라의 석탑 전형을 완
성시킨, 완벽한 균형미와 정제미를 갖춘 3층 석탑입니다. 일명 '석
가탑'이라 부릅니다.

3층 석탑'이 세워집니다. 이 탑은 삼국통일과 함께 신라와 백제의 각기
다른 석탑 양식을 하나로 융합시켜 우리나라 석탑의 전형을 제시한 걸
작입니다. 실로 위대한 3층 석탑의 탄생이었습니다.

8세기에 이르면 통일신라의 문화가 절정에 달합니다. 이를 뒷받침하
는 것이 불국사와 석굴암입니다. 7세기 후반에 탄생한 감은사지 3층 석
탑의 원형은, 8세기 중엽(751)에 이르러 '불국사 3층 석탑(석가탑)'에서 완
벽한 정제미와 조형미를 갖추게 됨으로써 완성됩니다. 그리하여 '2중 기

단 위에 3층 석탑'이라는 통일신라 석탑의 전형을 완성한 것입니다. 오직 우리나라에만 존재하는 위대한 삼층석탑은 이렇게 탄생하였습니다.

그러나 신라 하대에 이르면 왕위쟁탈전이 심화하고, 중앙 진골 귀족들의 사치와 향락으로 사회 기강이 무너지면서 새로운 지방호족 세력이 등장합니다. 이때 선종이 유행합니다. 이러한 지방 분권적 시대 분위기에 발맞추어 3층 석탑도 새로운 모습으로 조성됩니다. 그 시작이 '양양 진전사지 3

양양 진전사지 3층 석탑
국보. 선종의 유행과 함께 나타난 신라 하대의 석탑으로, 석가탑에 비하여 규모는 작아지고 기단과 몸돌에 불상을 조각하는 등 기교미가 새롭게 나타납니다.

층 석탑'입니다. 진전사는 선종의 시조인 도의선사가 심산유곡인 설악산으로 찾아들어 선종의 씨앗을 뿌린 선찰입니다.

이렇게 선종의 유행과 더불어 나타난 신라 하대의 석탑은 5미터 내외의 크기로 작아집니다. 기단과 몸돌엔 불상을 돋을새김 하는 새로운 양식이 나타납니다. 규모가 작아 아담하면서도 불상 등을 예쁘게 조각하는 기교미(技巧美)가 넘칩니다. 하지만 그 전체적인 모습은 석가탑의 전형을 그대로 따르고 있습니다.

지금까지 우리나라 석탑의 전형이 어떤 흐름 속에서 변천되어 왔는가를 시대순으로 정리하여 보았습니다. 그렇다면, 당시 신라에는 얼마나 많은 절집과 석탑이 세워져 있었을까요?

일연의 『삼국유사(三國遺事)』 권3, 홍법 제3(興法第三) 편에 이렇게 기록되어 있습니다.

> 절들은 별처럼 늘어서 있고, 탑들은 기러기가 날아가듯 줄지어 솟아 있었다.
>
> [寺寺星張, 塔塔鴈行]

석탑의 구조

석탑을 감상하려면 먼저 석탑의 구조와 명칭을 알아야겠지요. 석탑의 구조는 크게 기단부·탑신부·상륜부로 구성되어 있습니다. 기단부(基壇部)는 탑의 기초가 되는 부분입니다. 먼저 맨 밑바닥에 넓적한 판석을 깐 것이 지대석(地臺石)입니다. 그 지대석 위에 기단석을 얹어 놓습니다. 기단석이 2단일 때에는 아래를 하대석, 위를 상대석이라 부릅니다. 이 둘을 합쳐서 2중 기단이라고 부르는 것이고요. 그리고 하대석과 상대석의 각 모서리기둥을 우주(隅柱), 가운데기둥을 탱주(撐柱)라고 합니다.

기단부인 하대석과 상대석 위에는 각각 뚜껑돌을 덮습니다. 이를 갑석(甲石)이라고 부릅니다. 그런데 탑을 잘 모르는 분들은 이 갑석을 지붕돌로 착각하고 층수를 셈합니다. 그러다 보니 3층탑이 4층탑이나 5층탑이 돼버립니다. 갑석에는 지붕돌의 서까래 역할을 하는 층급받침이 없

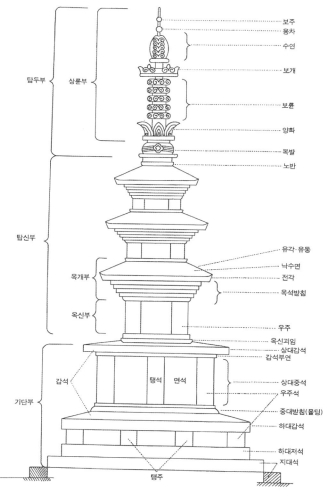

석탑의 세부 명칭

습니다. 탑의 층수는 지붕돌의 숫자만으로 셈하는 것입니다.

 탑신부(塔身部)는 탑신석인 몸돌과 옥개석인 지붕돌을 합친 부분입니다. 대부분 3·5·7·9·11층 등 홀수로 구성되어 있습니다. 몸돌에는 모서리기둥인 우주가 조각되어 있습니다. 지붕돌은 위쪽은 낙수면, 아래쪽은 목조건축의 서까래를 나타내는 층급받침을 4단 또는 5단의 역 계단식으로 조성하였습니다. 특히, 지붕돌의 처마 끝을 하늘로 살짝 반전시켜 놓아 전통 한옥건축의 아름다움을 극대화하였습니다. 가히 석탑의 백미(白眉)이지요.

상륜부(相輪部)는 탑의 맨 꼭대기 부분을 총칭합니다. 방형의 노반 위에 둥근 복발과 앙화를 얹고 그 위에 찰주를 세웠습니다. 이 찰주에 보륜·보개·수연·용차·보주를 차례로 꽂아 아름답게 장식하였습니다. 찰주(擦柱)는 탑 꼭대기에 세우는 장대를 말합니다. 그런데 상륜부를 구성하는 부재가 너무 많다고요. 걱정하지 마세요. 그냥 통틀어서 상륜부라고 하면 그만입니다. 실제로 현존하는 탑 중에서 상륜부가 온전히 남아있는 경우는 매우 드뭅니다.

그렇다면 어떻게 시대를 구분할까요?

우선 현존하는 삼국시대의 석탑은 몇 기밖에 없습니다. 고구려는 현존하는 탑이 아예 없고요. 백제는 익산 미륵사지 석탑과 정림사지 5층 석탑 정도입니다. 신라는 분황사 모전석탑과 의성 탑리 5층 석탑 정도입니다. 물론 안동 지역을 중심으로 여러 기의 전탑이 남아있습니다.

통일신라의 석탑은 많습니다. 하지만 걱정할 필요가 없습니다. 앞에서 다 언급했잖아요. 감은사지 3층 석탑에서 시작하여 불국사 3층 석탑(석가탑)에서 완성된 '2중 기단 위에 3층 석탑'이 통일신라시대의 석탑 전형이라고요. 따라서 2중 기단 위에 3층으로 되어 있으면, "아, 그래 맞아, 통일신라 석탑이야!" 하면 모범정답입니다.

고려시대는 자유분방합니다. 저마다 제멋에 겨워 각기 다른 모습을 하고 있습니다. 따라서 일정한 양식이 없습니다. 그런데 한 가지 공통점은 대부분의 탑이 5층 이상의 다층(多層)으로 구성되어 있습니다. 예컨대 월정사 팔각 9층 석탑, 경천사지 10층 석탑같이 층수가 많습니다.

그런데 이런 경우가 종종 있습니다. 분명 '2중 기단 위에 3층 석탑'의 통일신라 양식인데, 어딘지 모르게 조형 수법이 다소 떨어지거나 매너리즘에 빠진 것처럼 나른한 감이 오면, 거의 고려시대에 조성된 석탑으로 분류하면 됩니다.

이제 삼층석탑부터 차례대로 하나하나 답사하겠습니다.

폐사지의 지킴이, 삼층석탑

거돈사지 삼층석탑은 단아하고 참하게 생겼습니다. 친근하면서도 안정감이 돋보입니다. 저 홀로 외롭게 서서 폐사지를 지켜주고 있어서일까요, 괜스레 다정스럽게 다가가서 말이라도 걸고 싶은 아담한 탑입니다.

언젠가 늦가을 오후, 해 질 무렵 혼자 왔을 때였습니다. 때마침 저녁 노을빛에 곱게 물든 환상적인 삼층석탑을 바라보며, 얼마나 행복해했는지, 그때 가진 사색의 시간이 그렇게 좋을 수가 없었습니다. 저에겐 그런 사랑스러운 탑이지요.

보통은 금당 앞마당 바닥에 탑을 세우는 것이 일반적인데, 거돈사지 삼층석탑은 흙으로 쌓은 네 면을 4단의 장대석으로 방단(方壇)을 마련하고, 그 위에 탑을 세운 것이 특이합니다. 방단의 남쪽 면 가운데에 돌계단을 만들었고, 그 앞으로는 직사각형의 배례석을 놓았습니다. 그런데 배례석 한가운데에 새긴 팔엽 연꽃이 어찌나 아름다운지, 그저 한참을 바라봅니다. 단출하면서도 어여쁩니다. 여백의 미가 돋보이는 배례석입니다.

맨 밑에 한 단의 지대석을 마련하고, 그 위에 하대석을 얹어놓았습니다. 하대석 각 면에는 모서리기둥과 가운데기둥을 새겼습니다. 그 위로 하대 갑석을 덮고, 갑석 위에 얇은 몰딩과 굄을 마련한 후 상대석을 받쳤습니다. 상대석의 남·북면은 양쪽의 모서리기둥과 가운데기둥을 조각한 장석을 세우고, 동·서면은 가운데기둥만 조각한 면석을 끼워 맞췄습니다. 완만한 상대 갑석 위에는 얇은 몰딩과 몸돌 굄을 마련하였습니다.

탑신부는 3층으로 구성되었습니다. 층마다 몸돌과 지붕돌을 각각 한 개의 돌로 조성하였습니다. 각층 몸돌에는 모서리기둥을 새겼습니다.

거돈사지 삼층석탑
보물. 거돈사지 삼층석탑은 참 단아하고 여백의 미가 있습니다. 친근하면서도 안정감이 돋보입니다. 저 홀로 외롭게 서서 폐사지를 지켜주고 있어서인지, 괜스레 다정스럽게 다가가서 말이라도 걸고 싶은 아담한 석탑입니다.

연꽃이 활짝 핀 배례석
삼층석탑 앞에 놓인 배례석인데, 한가운데에 새긴 팔엽 연꽃이 어찌나 아름다운지, 그저
한참을 바라봅니다. 단출하면서도 어여쁩니다. 여백의 미가 돋보이는 배례석입니다.

지붕돌은 부드러운 낙수면 처마 끝을 하늘로 살짝 반전시켜 놓아, 경쾌
하기 이를 데 없습니다. 상큼합니다. 지붕돌 아래에는 5단의 층급받침
을 마련하였습니다.

각층의 지붕돌 위에는 아주 낮은 사각의 2단 굄을 마련하고 몸돌을 받
쳤습니다. 그리고 지붕돌마다 모서리 처마 끝에 풍경(風磬)을 달았던 작
은 구멍이 뚫려 있습니다. 댕그랑~! 댕그랑~! 금방이라도 청아한 풍경
소리가 들릴 것만 같습니다. 그런데 안타깝게도 매달린 풍경이 하나도
없네요.

상륜부는 현재 사각의 노반 위에 연꽃 모양의 보주(寶珠)가 얹혀있습니
다. 전체적으로 별다른 장식이 없어 여백의 미가 돋보입니다. 층급받침
이 5단인 점, 지붕돌의 처마가 살짝 반전된 것 등으로 볼 때 통일신라 하
대에 조성된 것으로 추정됩니다. 높이는 5.44미터입니다. 1983년 12월
27일 보물로 지정되었습니다.

나만의 루틴

저는 여길 오면 항상 일정한 패턴이 있습니다. 저 혼자만의 루틴이지요. 먼저 삼층석탑을 한참 동안 감상합니다. 그런 다음 남서쪽 귀퉁이에 있는 천년수령의 느티나무 밑으로 가서 안부를 묻습니다. 느티나무의 상태를 파악하는 것이지요. 그러곤 벤치나 그늘 밑에 적당히 앉아 멍하니 절터를 바라봅니다. 사실 거돈사지에서 나무 그늘에 앉아 유일하게 쉴 수 있는 공간이 여기밖에 없어요. 나머지 절터는 다 햇빛 쨍쨍 이거든요.

이제 좀 쉬었다 싶으면 계단을 밟고 금당터로 오릅니다. 주춧돌 따라 한 바퀴 빙 둘러본 후 불상좌대를 마주하고 "아무 일 없었지요?"라고, 혼자 묻고는 하이파이브를 합니다. 다시 뒤쪽 계단으로 내려가서 이번엔 강당터의 계단을 밟고 올라갑니다. 강당(講堂)은 경전을 강의하거나 큰스님이 설법하는 큰방입니다. 사찰에서 규모가 가장 큰 건물이지요. 학교의 강당과 같은 역할을 한다고 생각하면 됩니다. 사찰에서 강당은 거의 금당 뒤에 배치합니다.

강당터 위에서 사방을 둘러본 후 다시 뒤쪽 계단으로 내려와서, 우물터와 승방터를 거쳐, 저 산기슭의 축대 위에 있는 원공국사 승묘탑지를 향하여 축대를 오릅니다. 그렇게 설렁설렁 오르다 보면 원공국사 승묘탑의 복제품이 절터를 지키고 서 있습니다.

여기가 절터에서 가장 높은 북쪽 경사지입니다. 저 아래로 시원스러운 절터가 그림같이 펼쳐집니다. 가히 장관입니다. 눈 맛이 이보다 좋을 순 없습니다. 아울러 복제 승묘탑도 함께 감상하면서, 그림 같은 절터를 한동안 바라봅니다. 멋진 절터의 파노라마가 고즈넉하게 펼쳐집니다.

느티나무 아래에서 바라본 거돈사지 전경
삼층 석탑 뒤로 금당터가 있고, 금당터 중앙엔 커다란 불상대좌가 우뚝합니다. 왼쪽으로 눈을 돌리면 높직한 세 번째 축대 위로 복제 원공국사 승묘탑이 조그마하게 보입니다. 오른쪽 끝으로는 저 멀리 원공국사 승묘탑비가 세워져 있습니다.

    그렇게 눈 호강을 하고 난 뒤 내려가면 축대 위에 감나무 한 그루가 오롯이 서 있습니다. 이파리를 떨군 감나무에 주렁주렁 매달린 붉은 홍시가 참 소담스럽고 예쁩니다. 그런데 어쩌죠. 홍시를 보자마자 하늘나라에 계신 어머니가 떠오릅니다. 하늘 향해 눈길을 돌립니다. 가슴속이 갑자기 뜨거워지는 건 왜일까요. 먹먹해집니다. 잠시 숨을 고른 후 가황 나훈아의 홍시를 나지막이 불러봅니다.

승묘탑지에서 내려다본 거돈사지 풍경
저 아래로 시원스러운 절터가 그림같이 펼쳐집니다. 꼭 넓은 초원에 마련된 야외무대처럼 보입니다. 눈 맛이 이보다 좋을 순 없습니다. 고즈넉한 절터에서 맛보는 소소한 행복입니다.

홍 시

작사·작곡·노래 나훈아

생각이 난다 홍시가 열리면 울 엄마가 생각이 난다

자장가 대신 젖가슴을 내주던 울 엄마가 생각이 난다

눈이 오면 눈 맞을세라 비가 오면 비 젖을세라

험한 세상 넘어질세라 사랑땜에 울먹일세라

그리워진다 홍시가 열리면 울 엄마가 그리워진다

눈에 넣어도 아프지도 않겠다던

울 엄마가 그리워진다.

생각이 난다 홍시가 열리면 울 엄마가 생각이 난다
회초리 치고 돌아앉아 우시던 울 엄마가 생각이 난다
바람 불면 감기 들세라 안 먹어서 약해질세라
힘든 세상 뒤쳐질세라 사랑땜에 아파할세라
그리워진다 홍시가 열리면 울 엄마가 그리워진다
생각만 해도 눈물이 핑 도는 울 엄마가 그리워진다
생각만 해도 가슴이 찡하는 울 엄마가 그리워진다
울 엄마가 생각이 난다
울 엄마가 보고파진다.

아, 저도 이제 나이가 들었나 봅니다.

거기서 왼쪽의 가장자리로 내려가다 보면, 또 두 그루의 감나무를 만납니다. 그 감나무를 지나서 조금 가면 원공국사 승묘탑비가 나옵니다. 저의 거돈사지 답사는 늘 이런 순서로 진행됩니다. 사설(私說)이 너무 길었나요.

원공국사 승묘탑

이제 원공국사 승묘탑을 감상하겠습니다. 2006년까지는 승묘탑이 있던 자리에 지대석 2매만 덩그러니 남아 있었습니다. 그러다 원주 시민들의 요청으로 지난 2007년 똑같은 크기의 복제품을 만들어 세워 놓았습니다. 그러나 왠지 모르게 낯설게만 느껴집니다. 따라서 제대로 실물을 감상하려면, 우린 다시 용산 국립중앙박물관 앞 뜨락으로 가야 합니다.

이번에도 일제의 탐욕스러운 손길은 그냥 지나칠 리 없었습니다. 정규홍의 『석조문화재 그 수난의 역사』 「원주 거돈사지 원공국사 승묘탑」편에,

> 1911년 세키노 등이 촬영한 《조선고적사진목록》을 보면 목록번호 14-17이 "원공국사승묘탑(와다 츠네이치 소관(和田常市所管))"으로 기록되어 있고, 스기야마(杉山)의 기록에도 "현재 옮겨져 경성부 남미창정 와다(和田) 씨의 저(邸)에 있다"고 하여, 일본인 와다(和田)가 몰래 자신의 정원에 옮겨 놓았음을 밝혀주고 있다.
> 1939년 10월 18일에는 조선총독부 고시 제857호에 의해 보물 제314호로 지정, 소유자는 '경기도 경성부 남미창정 202번지 와다(和田)'로 기록되어 있다.

그렇게 해방 전까지는 와다의 집 정원에 있었던 것으로 보입니다. 그러나 1945년 해방 이후 집주인이 두세 번 바뀌면서 탑이 실종되는 사태가 벌어집니다. 결국 수사를 통하여 성북동 이 모 씨의 집 정원에 있던 것을 회수하여 1948년 경복궁으로 옮겨놓았습니다. 현재는 용산 국립중앙박물관 앞 뜨락 잔디밭에 전시·보존되어 있습니다.

고려 현종 9년(1018) 거돈사에서 지종대사(智宗大師)가 입적하자, 현종은 지종을 국사(國師)로 추증하고 시호를 원공(圓空), 탑호를 승묘(勝妙)라고 내립니다. 그리하여 원공국사(圓空國師) 승묘탑(勝妙塔)이 세워집니다. 이 승묘탑은 입적한 직후에 건립된 것으로 추정됩니다.

승묘탑은 통일신라의 전형적인 팔각원당형 승탑 양식을 이어받았습니다. 중대석에는 팔부중상, 몸돌에는 사천왕상을 조각하여 화려하고

거돈사지 원공국사 승묘탑
보물. 국립중앙박물관. 전체적으로 화려하고 섬세한 저부조의 입체적인 조각 수법
으로, 우아한 형태미가 돋보이는 높이 2.68m의 아담한 승탑입니다. 특히 팔각지
붕이 섬세하고 아름답습니다. 조화미와 균형미가 뛰어난 명작입니다.

섬세합니다. 그리고 몸돌 앞면 문짝 위에 탑 이름을 새기고, 꽃무늬로 장식한 모서리기둥을 조각한 것은 고려 전기에 나타나는 새로운 특징입니다.

기단부의 하대석은 각 면에 안상을 조각하고, 그 안에 고사리 모양의 꽃무늬를 새겼습니다. 하대 윗면은 16개의 복련을 빙 둘러 새겼고, 낮은 3단의 중대석 굄을 마련하였습니다. 팔각의 중대석 각 면에는 세로로 긴 안상을 구획하고, 그 안에 팔부중상을 정교하고 섬세한 저부조로 새겨 넣었습니다. 그런데 팔부중상의 조각에서 특이한 점은 하나같이 발목을 X자로 겹치고 있습니다. 상대석은 16개의 탐스러운 세 겹의 연꽃을 앙련으로 둘러 새겨, 하대석과 대칭을 이루고 있습니다. 연판 안에는 화려한 꽃무늬를 새겼습니다. 상대 윗면에는 3단의 몸돌 굄을 마련하고, 팔각의 몸돌을 받치고 있습니다.

중대석에 새긴 팔부중상(八部衆像)은 불법을 수호하는 여덟 수호신으로, 부처의 설법을 듣기 위하여 모여든 신을 말합니다. 즉, 천(天)·용(龍)·야차(夜叉)·건달바(乾達婆)·아수라(阿修羅)·가루라(迦樓羅)·긴나라(緊那羅)·마후라가(摩睺羅伽) 등을 일컫습니다. 그 형상은 고대 인도의 신들 모습이고요. 긴나라는 사람의 머리에 새의 몸과 날개를 가진 모습입니다.

탑신부의 몸돌은 앞면과 뒷면에 자물통이 달린 문짝을 새겼습니다. 특히, 앞면의 문짝 위로는 '圓空國師勝妙之塔(원공국사승묘지탑)'이라는 탑호를 두 줄로 새겨놓았습니다. 문짝의 좌·우측면에는 사천왕상을 입상으로 조각하였고요. 나머지 2면에는 살창을 설치하였습니다. 그리고 각 모서리에 꽃무늬로 장식한 기둥을 새겼습니다.

사천왕상(四天王像)이란, 수미산 중턱에 살면서 불법을 수호하며 사방(四方)을 지키는 동방 지국천왕, 서방 광목천왕, 남방 증장천왕, 북방 다

문천왕을 가리킵니다. 우리가 큰 절에 갔을 때, 첫 번째 일주문을 지나서 두 번째 또는 세 번째로 마주하는 문이 바로 천왕문(天王門)입니다. 문 안으로 들어서면 좌우에 각각 2구씩 험상궂게 생긴 무시무시한 왕들이 사천왕입니다. 여기서는 동서남북에서 원공국사의 사리를 잘 수호하고 있다는 의미입니다.

지붕돌은 전형적인 팔각지붕으로 기왓골과 서까래가 사실적이고 뚜렷합니다. 처마 끝으로는 암막새와 수막새를 앙증맞게 새기고, 지붕마루 끝자락엔 망새를 조각하였습니다. 그런 다음 처마 모서리 끝을 살포시 반전시켜 놓아 경쾌하기 이를 데 없습니다. 아주 상큼합니다. 지붕돌 아래로는 4단의 층급받침이 조성되어 있고요.

상륜부는 지붕돌 위로 팔각의 보개가 얹혀있고, 그 위로 연꽃으로 둘러싸인 보주가 올려져 있습니다. 높이가 2.68미터로 아담한 승탑이지요. 전체적으로 화려하고 섬세한 저부조의 입체적인 조각 수법으로 우아한 형태미가 돋보입니다. 특히 팔각지붕이 섬세하고 아름답습니다. 조화미와 균형미가 뛰어난 명작입니다. 1963년 1월 21일 보물로 지정되었습니다.

원공국사 승묘탑비

원래는 원공국사 승묘탑비도 영원한 단짝, 승묘탑과 같은 곳에 서로 마주 보고 나란히 세워져 있지 않았을까요? 옛 동네 주민들의 말에 의하면 지금의 위치가 아닌 다른 곳에 있었다고 전해집니다. 아무튼 지금의 위치로 옮겨진 내막을 현재로서는 알 수 없습니다.

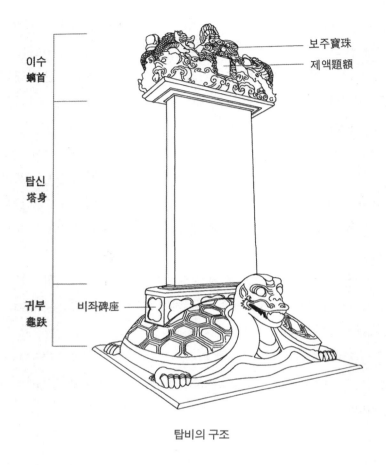

이수
螭首

탑신
塔身

귀부
龜趺

보주寶珠
제액題額

비좌碑座

탑비의 구조

「원공국사 승묘탑비」의 비문 맨 마지막에 건립 연대가 이렇게 기록되어 있습니다.

태평기력(太平紀曆), 세재(歲在) 전몽적분약(旃蒙赤奮若), 추(秋) 7월 27일에 세우고, 신승(臣僧) 정원(貞元), 계상(契相), 혜명(惠明), 혜보(惠保), 득래(得來) 등은 글자를 새기다.

거돈사지 원공국사 승묘탑비

보물. 비문은 왕명으로 당대의 명문장가인 최충(崔沖)이 짓고, 서예가 김거웅(金巨雄)이 비문과 전액을 썼습니다. 글씨는 구양순의 해서체로 결구가 방정하고 필획이 힘차고 아름답다는 평가를 받습니다. 고려시대의 비문 중에서 가장 뛰어난 글씨라는 평을 듣는 명작입니다.

여기서 태평은 요(遼, 거란)의 연호입니다. 전몽적분약이란, 고대(古代)에 사용하던 육갑(六甲)의 초기 이름으로 고갑자(古甲子)라고 합니다. 전몽(旃蒙)은 '을(乙)'을 뜻하고, 적분약(赤奮若)은 '축(丑)'을 가리킵니다. 이 둘을 합하면 을축년(乙丑年)이 됩니다. 이를 재해석하면, "태평 연간의 해로, 옛날 갑자로는 전몽적분약인 을축년(1025) 가을 7월 27일에 세우고, 승려인 정원·계상·혜명·혜보·득래 등이 글자를 새겼다"는 내용입니다. 따라서 원공국사가 입적한 1018년으로부터 7년 뒤인 현종 16년(1025)에 건립하였음을 알 수 있습니다.

귀부의 거북받침 등에는 겹 테두리의 육각 귀갑문을 정연하게 구획하고, 그 안에 만(卍)자와 연꽃무늬를 교대로 돌려가며 새겼습니다. 특이한 것은 비신대좌 뒤쪽 좌·우 육각 귀갑문 안에만 '임금 왕(王)' 자가 새겨져 있다는 점입니다. 다부진 발가락엔 마디 주름이 선명합니다.

거북의 머리는 용머리를 형상화했는데 옆에서 보면 순한 양머리처럼 생겼습니다. 목을 잔뜩 움츠리고 입은 꽉 다물었습니다. 입 양옆으론 부챗살 같은 물갈퀴가 큼지막하게 달렸습니다. 목덜미엔 목주름이 뚜렷하고요. 고달사지 원종대사 승탑비와 홍법사지 진공대사 승탑비의 험상궂은 용머리에 비하면, 이건 그냥 순한 양머리같이 생겼습니다.

비신대좌는 각 면마다 안상을 새기고, 안상 안으로 고사리 모양의 예쁜 꽃봉오리를 조각하여 아름답게 장식하였습니다. 안상 위로는 한 단의 받침대를 마련하고 직사각형의 홈을 판 다음 가늘고 날씬한 비신을 꽂아놓았습니다. 비문에는 원공국사의 생애와 행적, 그리고 국사의 덕을 기리는 명(銘)이 새겨져 있습니다.

비문은 왕명을 받들어 당대의 명문장가인 최충(崔沖)이 짓고, 고려 중기의 서예가 김거웅(金巨雄)이 비문과 전액을 썼습니다. 글씨는 구양순의

해서체로 결구가 방정하고 필획이 힘차고 아름답다는 평가를 받습니다. 고려시대의 비문 중에서 가장 뛰어난 글씨라는 평을 듣는 명작입니다. 글자는 앞에서 언급했듯이 승려인 정원·계상·혜명·혜보·득래 등이 새겼습니다.

비신의 맨 위에는 두 줄로 '贈諡圓空國師勝妙之塔碑銘(증시원공국사승묘지탑비명)'이라고 쓴 전액이 있습니다. 전액(篆額)은 '전서체로 쓴 비석의 이름'입니다. 그래서인지, 머릿돌의 중앙에는 네모난 제액(題額)이 마련되어 있는데, 빈칸으로 남아있습니다. 아마도 비신 맨 위에 이미 전액을 새겼기 때문에 그냥 빈칸으로 두지 않았을까요.

이수의 머릿돌은 정연하고 정교하고 화려합니다. 무려 아홉 마리의 용들이 구름 속을 노닐며 저마다 용틀임하느라 바쁩니다. 앞면에는 제액을 가운데 두고 두 마리의 용이 구름 속을 꿈틀대며 화염에 휩싸인 여의주를 희롱합니다. 머릿돌 꼭대기에도 두 마리의 용이 화염 속의 보주를 두고 서로 으르렁댑니다. 양 측면에도 각각 한 마리의 용이 똬리를 틀고 앞쪽을 응시합니다. 뒷면은 구름 속에서 세 마리의 용이 꿈틀댑니다.

그런데 이수의 조각 기법이 고달사지 원종대사 혜진탑비나 흥법사지 진공대사 탑비처럼 우락부락한 것이 아니라, 정연한 직사각형의 틀 안에서 매우 정교하면서도 세련되게 표현하였습니다. 사실적이고 평면적이면서도 입체감을 살렸습니다.

비신의 높이는 2.6미터, 폭은 1.26미터, 두께 28센티미터로 고려시대 비석 양식의 시원(始原)이 되는 매우 우수한 명작입니다. 전체적으로 잘 정돈되고 보존 상태도 양호합니다. 1963년 1월 21일 보물로 지정되었습니다.

원공국사 지종

　이제 「원공국사 승묘탑비」의 비문을 통하여 스님의 일대기를 알아보
겠습니다.

　원공국사의 속성은 전주 이(李)씨, 법호는 지종(智宗)입니다. 고려 태조
13년(930)에 태어나서 여덟 살에 출가합니다. 사나사(舍那寺)의 인도 승려
홍범삼장(弘梵三藏)에게 간청하여 제자가 되었고, 광화사(廣化寺)의 경철
(景哲) 스님에게 수학합니다. 17세인 정종 1년(946)에 영통사(靈通寺)에서
구족계를 받아 정식 승려가 됩니다. 광종 4년(953)에 희양산(曦陽山) 혜초
의 문하에서 공부하고, 이듬해 승과(僧科)에 합격합니다.

　광종 6년(955) 중국 오월(吳越)로 유학을 떠나 영명사(永明寺)의 연수(延
壽)선사에게 수학합니다. 광종 12년(961) 천태산 국청사(國淸寺)의 정광대
사(淨光大師)로부터 대정혜론(大定慧論)을 배우고 천태교(天台敎)를 전수하
였습니다. 국청사는 중국 천태종의 근본 도량입니다. 광종 19년(968) 그
곳 전교원에서 대정혜론과 법화경을 강설합니다.

　지종 스님은 증진대사(證眞大師, 원종대사 찬유)의 선몽으로 광종 21년
(970)에 귀국합니다. 광종은 지종에게 대사(大師)라는 법계를 내리고 금강
선원에 주석하게 합니다. 광종 말년에는 중대사(重大師), 경종은 삼중대
사(三重大師), 현종은 대선사(大禪師)의 법계를 제수하고 광명사(廣明寺)에
주석하게 합니다.

　현종 4년(1013)에는 임금이 직접 찾아가서 왕사(王師)로 추대합니다. 이
렇게 지종 스님은 광종부터 경종, 성종, 목종, 현종에 이르기까지 역대
왕들의 신임이 두터웠습니다. 현종 9년(1018) 4월, 풍병(風病)을 앓고 있던
스님은 궁궐에 들어가 왕에게 하직 인사를 하고 원주의 거돈사로 돌아

옵니다.

비문에는 이때의 모습을 "장삼을 떨치면서 걸어가니, 모래 언덕의 한 마리 백로가 높이 날아 흰 구름으로 들어가 푸른 하늘로 사라지는 듯하였고, 외로운 구름 저 멀리 흘러가 골짜기로 찾아드는 듯하였다"라고 쓰여 있습니다.

그해 4월 17일 병세가 더욱 뚜렷해지자, 스님께서 조용하면서도 맑은 목소리로 대중에게 이르기를,

> "옛날 여래께서는 대법안(大法眼)으로 제자들에게 당부하셨다. 이
> 와 같이 사자상승하여 돌고 돌아 지금에 이르렀다. 이제 이 법을
> 너희에게 맡기니, 너희는 잘 지켜서 끊어지지 않도록 하라. 또한
> 상을 당했다는 소식을 임금께 아뢰어서 나라의 의전 규정을 어렵
> 게 하지 말라."

임종게(臨終偈)를 마치자마자 열반에 드니, 세수 89세요, 법랍은 72세였습니다.

비문엔 그날의 슬픔을 "아침 해는 처참하게 안개로 뒤덮였고, 구름은 시름에 젖어 어두웠으며, 짐승의 무리는 산중에서 울부짖고, 새들은 바위틈에서 슬피 우니, 모두가 세차게 불어온 바람으로 인한 변화이며, 스님의 서거(逝去)로 인한 슬픔이 나타난 것이다."

또한, "조용한 숲속에 푸른 까마귀가 비상하는 지세를 골라 비궁(閟宮)을 조성하고, 그달 22일 거돈사 동남방(東南方)에 장사 지냈다." 여기서 비궁은 '신주를 봉안한 사당'을 이르는 말입니다.

뒤늦게 부음을 들은 현종은 신임하는 신하에게 예를 갖추어 조문토록

합니다. 이어서 스님을 국사(國師)로 추증하고, 시호는 원공(圓空), 탑호를 승묘(勝妙)라고 내립니다. 그리하여 원공국사 승묘지탑(勝妙之塔)이 세워집니다.

남한강변의 여주 고달사 원종대사 찬유의 영향을 받은 원공국사는 선종 불교를 배척하지 않으면서 고려 초기의 천태학을 계승·발전시켰습니다. 그 뒤에 대각국사 의천이 고려 중기에 천태종을 창시했을 때 거돈사는 천태종의 기반 사원이 되었습니다. 그랬던 거돈사가 언제 어떻게 폐사되었는지는 정확한 기록이 없어 알 수 없습니다. 다만 임진왜란 때 소실된 것으로 추측할 뿐입니다.

이제 고즈넉한 절터에서 찾는 폐사지의 미학을 갈무리할 시간입니다. 서편 하늘을 붉게 물들인 저녁노을은 서산으로 기울고, 절터에 부는 한 점의 바람결이 긴 여운의 그림자를 남기며 그렇게 스쳐 갑니다.

거돈사지전시관

거돈사지를 둘러본 후 되돌아 나오다 보면, 중문 앞으로 개울을 건널 수 있는 나무데크가 조성되어 있습니다. 이 탐방로를 따라 들어가면 옛 정산초등학교 분교가 나옵니다. 지난 1995년에 폐교된 것을 원주시에서 매입하여 2023년 1월 '거돈사지전시관'으로 개관하였습니다.

앞 건물은 전시관으로, 뒤 건물은 북(책)카페로 리모델링하였습니다. 참으로 참신한 발상입니다. 폐사지 관리·홍보의 모범사례입니다. 전시관 안으로 들어서면 벽에 칠판이 걸려있어, 그 옛날 초등학교 시절이 떠오릅니다. "그 시절이 참 좋았는데."

전시실 앞엔 「전시를 열며」란 머리글에서 "거돈사지전시관은 거돈사지를 방문하는 모든 관광객과 순례자, 옛 마을 주민들이 거돈사지에 대한 다양한 정보를 얻고 과거를 회상하며 쉬어갈 수 있도록 조성한 복합 문화공간입니다. 거돈사가 가진 찬란했던 역사는 물론 발굴된 유구와 조사된 연구의 성과를 토대로 거돈사를 둘러싼 다양한 정보를 공유할 수 있도록 하였습니다."라고 그 취지를 설명해 놓았습니다.

제1 전시실은 고려불교가 품은 거돈사의 역사적 배경과 다양한 이야기를 관련 유물과 패널을 통해 확인해 볼 수 있는 공간입니다. 제2 전시실은 옛 거돈사의 모습을 1/30 비율로 축소한 모형을 만들어 놓았습니다. 제3 전시실은 순례자를 비롯하여 마음의 평온을 찾고 싶은 분들을 위한 명상의 공간입니다. 마지막으로 복도의 갤러리 공간은 거돈사지의 발굴 이전, 절터를 마당삼아 살았던 옛 마을 사람들의 흔적과 발굴 과정을 엿볼 수 있는 화랑으로 꾸몄습니다.

여기서 잠깐, 전시실 벽면에 마련된 승계 단계인 법계(法階)에 대하여 간단히 설명하겠습니다. 법계란 '불도(佛道)를 닦는 승려의 수행 계급'을 말합니다. 먼저 과거시험인 승과에 합격하면 대선(大選)이라는 초급 법계를 받습니다. 여기서 차례로 승진하면 대덕(大德)→ 대사(大師)→ 중대사(重大師)→ 삼중대사(三重大師)가 됩니다.

그 이상의 법계는 선종(禪宗)과 교종(敎宗)에 따라 달라집니다. 선종에서는 선사(禪師)→ 대선사(大禪師), 교종에서는 수좌(首座)→ 승통(僧統)의 칭호를 주었습니다. 그리고 그보다 높은 법계가 왕사(王師)→ 국사(國師)입니다.

당대 최고의 고승에게 내린 왕사와 국사도 승직의 하나였습니다. 물론 명예직이었고요. 승계 및 승직을 제수할 때는 대간(臺諫)의 서경(署經)

거돈사지전시관
1995년 폐교한 정산초등학교 분교를 원주시가 매입하여 2023년 1월 '거돈사지전시관'으로 개관하였습니다. 앞 건물은 전시관, 뒤 건물은 북카페로 리모델링하였습니다. 운동장 왼쪽 가장자리엔 가슴 아픈 설화를 간직한 당간지주가 외롭게 누워있습니다.

을 거쳐 왕명에 따라 예부에서 임명장을 발급하였습니다. 즉, 일반 관리들의 관직 임명 절차와 같았습니다.

고려시대의 대간은 어사대와 중서문하성의 낭사들로 구성되었는데, 간쟁·봉박·서경·감찰의 임무를 수행하였습니다. 서경이란, 왕의 관리 임명 및 법령의 개폐(改廢) 때에 신하들인 대간의 동의를 받는 절차입니다. 서(署)는 서명, 경(經)은 거친다는 뜻입니다. 즉, 서경에서 동의해야 비로소 왕이 임명할 수 있는 제도입니다.

뒤 건물의 북카페는 주로 고서와 연구 학술서 등이 비치되어 있습니다. 조용히 책장을 돌아보며 쉬어가기에 딱 알맞은 곳입니다. 다행인 것은 옛날이나 지금이나 교실에서 책을 볼 수 있는 공간으로 꾸몄다는 것이 마음에 드네요.

전시관과 북카페를 둘러본 후 작은 운동장으로 나오면 새로 지은 화장실이 보입니다. 운동장 한옆으로는 당간지주 한 개가 외롭게 누워있습니다. 폐교되기 전에는 우리 학생들의 벤치 역할을 톡톡히 해주던 돌의자였습니다.

여기에는 가슴 아픈 설화가 전해지고 있습니다.

당간지주를 세우는 일을 맡았던 한 남매가 있었다. 누나는 법천사 당간지주를, 남동생은 거돈사 당간지주를 세우게 되었다. 옛 속담에 사촌이 땅을 사면 배가 아프다고 하는 말이 있듯이 누나는 요령을 부렸다.

남동생이 당간지주를 옮기려면 어떻게 해야 하는지 묻자, 누나는 힘이 센 장정을 많이 구하여 힘쓰는 음식을 잔뜩 먹어야 하는데 콩을 볶아서 먹이면 된다고 하였다. 남동생은 누나의 말을 듣고 시키는 대로 하였다. 장정들은 볶은 콩을 많이 먹고 목이 말라 물을 마시니 모두 배탈이 나 기운이 빠지고 말았다.

그래서 당간지주를 다 옮기지 못하고 한 개만 옮겨오고, 다른 한 개는 사기막이라는 동네의 뒷산에 남아 있다.

개울가 당산나무 아래에는 돌장승 2기가 서로 마주 보고 세워져 있습니다. 특이한 건 머리 위에 솟대를 이고 있습니다. 친절하게도 천하대장

전시관 옆 돌장승

거돈사지전시관 개울가에는 돌장승 2기가 서로 마주보고 세워져 있습니다. 특이한 건 머리 위에 솟대를 이고 있습니다. 그리고 지하여장군 옆으론 심플한 도로 표지판이 세워져 있고요.

군 다리 부분엔 '서울 220리, 원주 70리'라고 이정표를 붙여 놓았습니다. 지하여장군 옆으론 심플한 도로 표지판이 세워져 있고요. 자, 이제 우린 충주의 청룡사지로 갑니다.

충주 청룡사지

왕명으로 비어 글을 새기나니,
무궁한 버레어 모두 **보각**(普覺)을 스승 삼으리.

청룡사지 가는 길

원주 거돈사지에서 충주 청룡사지로 가는 길은 남한강을 따라가는 환
상의 드라이브 코스입니다. 거돈사지에서 약 3킬로미터 정도 가면, 왼
쪽으로 폐교된 단강초등학교가 나옵니다. 운동장 한쪽에 커다란 느티나
무가 서 있습니다. 수령 700년이 훨씬 넘는 느티나무입니다.

지금으로부터 570여 년 전으로 거슬러 올라갑니다. 조선 세조 때인
1457년 음력 6월 하순이었습니다. 찌는 듯한 무더위에 유배 길에 오른
어린 단종이 잠시 들러 휴식을 취한 곳이 바로 이 느티나무 정자였습니
다. 그래서 '단정지(端亭址)'라고 부릅니다.

어린 단종은 작은아버지인 수양대군에게 사실상 왕위를 찬탈당합니
다. 그 뒤 사육신이 도모하다 발각된 '단종 복위' 사건을 계기로, 단종은
상왕에서 노산군(魯山君)으로 강등됩니다. 그리고 1457년 6월 22일 창덕

궁 돈화문을 나와, 강원도 영월의 청령포로 유배 길에 오릅니다. 그 유배 길에 잠시 쉬어간 곳이 이 느티나무 그늘이었습니다.

그런데 지난가을 이곳을 지나가다, 느티나무의 안부를 확인하려고 교문을 들어섰습니다. 그런데 웬걸, 운동장을 다 갈아엎어 놓은 것입니다. 더 이상 들어갈 수가 없었습니다. 하는 수 없이 먼발치에서 그냥 바라만 볼 수밖에 없었습니다. 세월의 무상함이 바로 이런 것일까요.

아쉬움이 묻어나는 단정지를 뒤로하고 다시 가다 보면 오른쪽으로 유유히 흐르는 남한강이 따라붙습니다. 남한강 폐사지의 답사 여행 코스에서 유일하게 남한강 옆으로 달릴 수 있는 한적한 길입니다. 참으로 고즈넉하고 여유로운 길입니다.

특히 억새가 햇빛에 반짝이며 은빛 물결을 이루는 가을날 오후의 이

느티나무 단정지
조선 세조 때인 1457년 음력 6월 하순, 찌는 듯한 무더위에 유배 길에 오른 어린 단종이 잠시 들러 휴식을 취했던 느티나무입니다. 그래서 '단정지'라 부릅니다. 지금은 폐교된 단강초등학교 교정에 있습니다.

길은 환상의 여로입니다. 이따금 강변마을의 서정이 아름답게 펼쳐집니다. 때때로 강변 둔치엔 갈대가 군락을 이루고 서걱서걱합니다. 소소한 내 마음속 행복은 그렇게 예쁜 풍경이 되어 강변길을 달려갑니다.

그렇게 달리다가 복탄삼거리가 나오면 왼쪽 길로 꺾어 들어 소태면 소재지를 지나 오량마을을 거쳐 청룡사지 주차장에 이릅니다. 조금 전까지 남한강을 거슬러 오다가 왼쪽으로 꺾어 들자, 참으로 한적하고 아름다운 산골 풍경이 그림같이 펼쳐집니다. 그 풍요롭고 예쁜 오량마을 뒤쪽 청계산 자락 참나무 숲속에 청룡사지가 오롯이 숨어 있습니다.

청룡사지

충주 청룡사지(靑龍寺址)는 충청북도 충주시 소태면 오량리 산 32번지, 청계산(靑溪山) 남쪽 기슭에 자리 잡은 옛 절터입니다. 청룡사는 언제 누가 창건했는지 정확한 기록이 없어 알 수가 없습니다. 다만 이정의『한국불교 사찰사전』에 다음과 같은 창건 설화가 전해집니다.

어느 화창한 봄날 한 도승이 이 근처를 지날 때 갑자기 소나기가 쏟아져 급히 나무 밑으로 비를 피했다. 그때 공중에서 두 마리의 용이 여의주를 희롱하다가 땅에 떨어뜨렸다. 그러자 한 마리의 용이 날쌔게 여의주를 향하여 내려오다가 청계산 위로 올라갔으며, 여의주는 큰 빛을 내다가 사라졌다. 이어 용도 사라졌으며 비도 멈추었다.

이를 이상히 여겨 산세를 두루 살핀 도승은 그곳이 길지임을 깨

달았다. 용의 힘이 꼬리에 있다는 것을 상기한 그는 용의 꼬리에 해당하는 곳에 암자를 짓고 청룡사라 하였다고 한다.

이는 한 도승이 비룡상천형(飛龍上天形)의 길지에 청룡사를 창건하였다는 설화입니다. 그렇지만 이를 뒷받침할 만한 타당한 근거는 아직 나오지 않았습니다.

고려 후기의 대사성·정당문학·판삼사사 등을 역임한 문신이자 학자인 목은(牧隱) 이색(李穡, 1328~1396)의『목은집』「발 호법론(跋護法論)」편에,

송나라 승상 장천각이 호법론이라는 한 편의 글을 지었는데, 그 문자가 거의 1만여 자에 이른다. 승려 승준(僧俊)이 환암 보제 대선사(幻庵普濟大禪師)의 명을 받들어 충주 청룡사(靑龍寺)에서 중간(重刊)을 하고 나서, 묵본(墨本)을 싸 들고 나를 찾아와서는 끝에다 발문(跋文)을 써 달라고 요청하였다.

이때가 고려 우왕 5년(1379)이었습니다. 여기서 중간(重刊)이란, 책을 거듭 간행하였다는 뜻입니다. 그렇다면 적어도 고려 후기에는 청룡사가 이미 서적을 판각할 만큼 큰 사찰이었음을 추정할 수 있습니다.

『호법론(護法論)』은 중국 송(宋)나라 때에 불교 배척론이 일어나자, 천각 장상영이 유교·불교·도교의 학설을 내세워 불법을 지키기 위해 편찬한 책입니다. 이『호법론』을 1379년에 고승 환암(幻庵) 혼수(混修, 1320~1392)의 명으로 승려인 승준과 만회(萬煃)가 충주의 청룡사에서 판각하여 간행하였다는 내용입니다.

그 외에도 고려 후기 충주 청룡사에서는 여러 불교 서적이 계속 간행

되었습니다. 우왕 4년(1378)에 간행한 『선림보훈(禪林寶訓)』은 환암 혼수가 쓴 발문에, "요암행제공(了庵行齊公)이 선림보훈을 얻어 읽고 감탄하여 상위선사(尙偉禪師)에게 판각하여 널리 알릴 것을 부탁하자, 승려 만회와 함께 충주 청룡사에서 고식기(高息機)와 최성록(崔星錄)의 도움을 얻어 간행하였다"라고 밝히고 있습니다. 충주박물관 소장의 선림보훈은 2017년 10월 31일 보물로 지정되었습니다.

『선림보훈』은 송나라의 묘희(妙喜) 종고(宗杲)와 죽암(竹庵) 사규(士珪)가 선림의 도덕이 타락해 가는 것을 걱정하여 학덕이 높은 스님들의 좋은 말씀이나 행동에 대한 것을 모아 편찬한 것입니다. 그 뒤 남송의 승려 정선(淨善)이 다른 어록과 전기를 첨가하여 선(禪)을 수련하는 스님들에게 교훈이 되도록 편찬한 책입니다.

우왕 4년(1378)에 간행한 『금강반야경소론찬요조현록(金剛般若經疏論纂要助顯錄)』은 금강반야경의 주석서입니다. 당(唐)나라 종밀(宗密)이 찬술한 금강반야경소론찬요에 따라 혜정(慧定)이 그 뜻을 알기 쉽게 설명한 책입니다. 1981년 7월 15일 보물로 지정되었습니다.

우왕 7년(1381)에는 선(禪) 수행의 지침서인 『선종영가집(禪宗永嘉集)』을 청룡선사(靑龍禪寺)에서 승려 담여(淡如)·각눌(覺訥)과 이인린(李仁隣)이 간행하였다고 기록되어 있습니다. 1999년 12월 15일 보물로 지정되었습니다.

이렇게 여러 차례 사찰본이 환암 혼수의 노력으로 충주 청룡사에서 간행되었습니다. 이는 혼수가 선종을 널리 펴 교훈으로 삼고, 불교에 대한 이해가 부족한 사람들에게 불교의 참뜻을 전하고자 간행한 것입니다. 그렇게 혼수 스님은 교양적인 불교 서적의 간행 작업에 온갖 정성을 다하였음을 알 수 있습니다. 그런 혼수 스님에, 그런 청룡사였습니다.

선림보훈과 선종영가집
보물. 충주 청룡사는 고려 후기 환암 혼수의 노력으로 선종과 관련한 여러 사찰본을 간행
하였습니다. 그중에서 충주박물관 소장 자료인 '선림보훈'과 '선종영가집'의 표지입니다.

　조선 태조 1년(1392) 환암 혼수가 청룡사에서 입적하자, 태조는 스님에
게 보각(普覺)이라는 시호를 내리고 절을 크게 중창하였습니다. 이렇게
조선시대에도 고려시대에 간행된 선종 불교 서적을 다시 목판에 새겨
인출, 간행하였던 청룡사가 언제 어떻게 폐사되었는지는 정확히 알 수
없습니다. 대략 조선 말기인 19세기에 폐사된 것으로 추정할 뿐입니다.
　다만, 사찰문화연구원에서 편찬한 『전통사찰총서10』 '청룡사' 편에는
폐사와 관련된 이야기를 다음과 같이 전하고 있습니다.

　　조선 말기 민씨들이 세도를 부릴 때 당시 판서로 있던 민대룡(閔大
　　龍)이 소실(小室, 첩)의 묘를 쓰려고 머슴을 시켜 이 절에 불을 지르
　　게 하여 소실되었다고 한다. 당시 불을 지른 머슴은 인다락 고개를
　　넘어가다가 고개에서 피를 토하고 죽었다고 한다.
　　그 뒤 민 대감 집에서는 소실의 묘를 절터 위편에다 썼는데 그 후
　　손들이 산소를 찾아 묘역을 돌보면 해를 입어 지금까지도 벌초를
　　제대로 하지 못한다고 한다.

민 대감 후손들은 지금 서울에 살고 있는데, 이곳에 와서 절도 하지 못하고 먼발치로 산소만 바라보고 지금의 청룡사에 참배하고는 올라가고, 묘에 잡초가 무성해지면 절의 주지가 풀을 베어 준다고 한다.

또한, 조선 말기에 판서를 지낸 민대룡이 소실의 묘를 쓰려고 승려에게 많은 돈을 주고 절을 불사르게 하였는데, 그 승려가 불을 지르고 도망치다가 벼락을 맞아 죽었다는 이야기도 전해지고 있습니다. 다 같은 내용인데 머슴이 승려로 바뀌었을 뿐입니다.

청룡사 위전비와 석종형 승탑

청룡사지 주차장에서 계곡의 조붓한 도랑 곁으로 난 산길로 오르면 참으로 신비한 오솔길이 나타납니다. 참나무 활엽수로 그늘져 어두컴컴한데, 바닥은 예쁜 초록색 이끼로 뒤덮여 있어 신비스럽습니다. 마치 초록 원단의 양탄자를 깔아놓은 듯한 오솔길입니다. 괜스레 지르밟고 가기가 미안해집니다.

그 길을 밟고 조금 오르면 초록 이끼에 뒤덮인 거북받침이 무거운 비신과 이수를 짊어지고 세워져 있습니다. 조선 숙종 18년(1692)에 건립한 청룡사 위전비(位田碑)입니다. 조선 후기에 청룡사를 중창하고 경영하기 위하여 신도들이 기증한 전답(田畓) 내용을 상세히 기록한 비석입니다. 시주한 신도들의 이름과 품목·수량 등을 적어놓아, 당시 사찰의 경영 상황을 파악할 수 있는 중요한 자료로 평가받고 있습니다.

또한, 절 부근의 토지를 청룡사에 귀속시켜 절을 운영하는 데 사용할 수 있도록 하였습니다. 그리고 이러한 토지를 절에 귀속시키기 위하여 숭엄(崇嚴) 스님을 비롯한 이현(梨玄), 현등(玄等), 극술(克述) 스님 등이 다 함께 노력하였음을 밝히고 있습니다.

한편, 비문에는 두세 차례 추가로 기록한 부분도 있어, 보수공사가 있을 때마다 덧새긴 것으로 추정됩니다. 이 청룡사 위전비는 비신 높이 140센티미터, 너비 69센티미터, 두께 23센티미터로 1978년 11월 보수했습니다. 2004년 9월 27일 충청북도 유형문화유산으로 지정되었습니다.

초록색 이끼 오솔길
청룡사지 승탑전으로 오르는 산길은 참으로 신비한 길입니다. 바닥이 예쁜 초록색 이끼로 뒤덮여 있어 신비스럽습니다. 마치 초록 원단의 양탄자를 깔아놓은 듯한 오솔길입니다.

이제 청룡사 위전비를 감상해 볼까요.

거북받침은 온통 초록색 이끼로 뒤덮여 있어 귀갑문을 파악하기가 쉽지 않습니다. 거북의 등딱지가 매우 두껍게 표현되어 있습니다. 발가락

청룡사 위전비

충청북도 유형문화유산. 조선 후기에 청룡사를 중창하고 경영하기 위하여 신도들이 기증한 전답 내용을 상세히 기록한 비석입니다. 시주한 신도들의 이름과 품목·수량 등을 적어놓아, 당시 사찰의 경영 상황을 파악할 수 있는 중요한 자료입니다.

은 두루뭉술합니다. 짧은 목은 잔뜩 웅크리고 있습니다. 얼굴 역시 이목구비를 두리뭉실하게 조각하였습니다. 그래서인지 용머리가 물개 머리처럼 보입니다. 육각의 귀갑문은 도드라진 선으로 반복해서 표현하였으나 이끼가 덮고 있어 제대로 볼 수가 없습니다.

거북 등 위로는 직사각형의 홈을 파서 비신좌대를 만들고, 그 안에 비신을 꽂았습니다. 비신에는 네 면 모두 글자를 새겼습니다. 글자는 세로쓰기로 새겼으며, 앞면 오른쪽 첫머리에 「청룡사위전비기(靑龍寺位田碑記)」라는 비명을 큰 글씨로 새겼습니다.

지붕돌은 우진각 지붕 형태로, 모서리마다 처마 끝을 살짝 반전시켰습니다. 추녀마루 끝에는 각각 한 마리의 용을 새겼습니다. 지붕돌 맨

청룡사지 석종형 승탑
충청북도 문화유산자료. 탑신부에 오목새김으로 글자를 새긴 흔적이 희미하게 엿보이나, 마모가 심해 판독이 불가능합니다. 그동안 '적운당' 승탑으로 불리다가, 최근 '고운당' 승탑이라는 주장이 제기되었습니다.

위의 용마루에도 양쪽 끝에 용을 새겨 서로 마주 보고 있습니다. 지붕면에는 구름 속에서 용틀임하는 운룡무늬를 새겼습니다. 이와 같이 머릿돌에 용을 조각하는 전통 기법과 조선시대의 지붕 기법을 융합시킨 것은 이 비의 독창적인 특징입니다.

여기서 다시 초록색 이끼가 깔린 오솔길을 밟고 오르면, 오른쪽 등성이에 2기의 승탑이 보입니다. 앞쪽으로는 넓은 판석의 지대석 위에 연꽃무늬가 조각된 팔각의 하대석과 상대석이 놓여 있고, 그 위로 몸돌을 잃어버린 채 지붕돌만 얹혀있습니다. 원래는 팔각원당형의 승탑이었는데, 언젠가 도괴(倒壞) 과정에서 중대석과 몸돌을 잃어버린 것으로 추정됩니다. 바로 옆엔 커다란 방형의 석재가 놓여 있습니다.

위쪽으로는 조선시대에 유행한 전형적인 석종형 승탑이 있습니다. 장대석을 반듯한 네모 모양으로 돌려 구획한 다음, 지대석을 깔고 2단의 정사각형 기단석 위에 화강석으로 만든 종 모양의 탑신을 얹어 놓았습니다. 탑신 윗부분은 복발 모양으로 조성하고 3단의 돌출 부분을 조각하였습니다.

탑신부에는 오목새김으로 글자를 새긴 흔적이 희미하게 엿보이는데, 마모가 심해 맨눈으로는 판독이 거의 불가능합니다. 지금까지는 이를 '적운당(跡雲堂)' 사리탑으로 불렀습니다. 그런데 최근에는 '고운당(孤雲堂)' 사리탑이라고 주장하는 견해도 있습니다. 전체 높이가 1.98미터의 대형 크기로, 미술사적 가치를 인정받아, 2006년 3월 3일 충청북도 문화유산 자료로 지정되었습니다.

보각국사탑 앞 사자석등

석종형 승탑에서 조금 더 오르면 보각국사 승탑전이 나옵니다. 맨 앞쪽으로는 사자석등, 중간에는 보각국사 정혜원융탑, 뒤쪽으로는 보각국사 탑비가 거의 일렬로 나란히 세워져 있습니다. 이렇게 일렬로 배치하는 구조는 여말선초(麗末鮮初)의 배치 방식입니다.

보각국사탑 앞 사자석등(獅子石燈)은 보각국사의 명복을 빌기 위하여 만들어진 석등입니다. 고려시대에 유행한 전형적인 방형등의 형태를 갖추고 있습니다. 석등의 하대석 대신 사자 한 마리가 받치고 있어 사자석등이라고 부릅니다. 보통은 사자 두 마리가 받치고 있는 것이 일반적인데, 여긴 한 마리가 엎드려서 받치고 있는 것이 특이합니다.

청룡사지 보각국사 승탑전
보각국사 승탑전(僧塔田)에는 사자석등, 정혜원융탑, 정혜원융탑비가 거의 일렬로 나란히 세워져 있습니다. 이는 여말선초의 배치방식을 따른 것입니다.

맨 아래에 1매로 된 사각의 지대석을 놓고 윗면에 사자상을 안치할 1.5센티미터 정도의 홈을 판 다음, 하대석으로 한 마리의 사자상을 얹어 놓았습니다. 정면을 향한 얼굴은 우락부락합니다. 눈은 툭 튀어나오고, 코는 뭉실뭉실 생겼습니다. 입술 밖으로 튀어나온 송곳니는 날카롭고요. 근육질은 울퉁불퉁합니다. 그런데 제 눈에는 사자 얼굴이라기보다는 두꺼비 얼굴처럼 보입니다.

암팡지게 누르고 있는 앞다리는 발가락 마디와 발톱이 매섭습니다. 튼실한 엉덩이와 뒷다리는 힘이 넘칩니다. 옆으로 구부린 꼬리는 유려합니다. 웅크리고 엎드린 사자의 등에는 초화문(草花文)이 새겨진 네모난 장식이 덮여 있는데, 그 모양이 마치 말안장처럼 생겼습니다. 그 위에는 중대석인 간주석을 받칠 수 있도록 1단의 낮은 사각형 굄을 조성하였습니다.

간주석은 면마다 2겹의 선으로 안상을 구획하고, 그 안에 삼각형을 이루는 3개의 둥근 무늬와 불꽃무늬를 조각하였습니다. 언뜻 보면 연꽃무늬처럼 보입니다. 상대석은 아랫부분에 1단의 낮은 사각 받침을 마련하고, 8엽의 복판앙련을 돋을새김으로 빙 둘렀습니다. 앙련 위로는 화사석을 받칠 2단의 각형 받침대를 마련하였습니다.

방형의 화사석은 앞·뒤 두 군데만 화창을 뚫고, 모서리마다 둥근 기둥을 조각하였습니다. 그런데 특이한 것은 화창의

청룡사지 사자석등
보물. 고려시대에 유행한 전형적인 방형등의 형태입니다. 석등을 사자 한 마리가 엎드려서 받치고 있어 사자석등이라 부릅니다. 대부분 사자 두 마리가 받치고 있으나, 이 석등은 한 마리가 받치고 있어 특이합니다.

아랫부분에 창틀 벽이 없습니다. 지붕돌은 밑으로 1단의 사각 받침이 있고, 네 모서리마다 목조건축의 추녀와 사래를 조각하여 추켜올렸습니다. 지붕돌 윗면은 합각마루를 표현하였고 두툼하면서 완만하게 표현하였습니다. 마치 한껏 부풀린 두툼한 방석처럼 보입니다.

원래는 지붕돌 위로 둥근 모양의 복련과 구슬무늬 띠, 구름무늬를 새긴 꽃잎과 보주를 조각한 상륜부가 있었습니다. 아쉽게도 지금은 모두 없어졌습니다. 이 석등은 한때 절터 북쪽 위에 있는 지금의 청룡사 뜰에

있었던 것을, 1977년 현재의 위치로 옮겨 복원한 것입니다.

이 사자석등은 보각국사탑 및 탑비와 함께 조선 태조 3년(1394)에 세워졌습니다. 1979년 5월 22일 보물로 지정되었습니다.

보각국사 정혜원융탑

사자석등 바로 뒤에는 직사각형의 배례석과 함께 보각국사(普覺國師) 정혜원융탑(定慧圓融塔)이 세워져 있습니다. 조선 태조 이성계(李成桂, 1335~1408)의 스승이었던 보각국사의 묘탑입니다. 전체적으로 팔각원당형의 승탑을 기본으로 하면서도, 유독 탑신부의 몸돌을 크게 부풀린 것이 특이합니다. 높이는 2.63미터로 기단부, 탑신부, 상륜부로 구성되었습니다.

기단부는 높직한 팔각의 지대석 윗면에 홈을 파서 하대석을 딱 맞도록 얹어놓았습니다. 하대석은 옆면에는 아무런 장식이 없으나 윗면엔 열여섯 엽의 복련을 빙 둘러 탐스럽게 조각하였습니다. 꽃잎마다 화판(花瓣)을 도드라지게 새겼습니다.

중대석은 엔타시스형의 팔각으로 각 면마다 안상을 조각하였습니다. 안상 안에는 사자상과 운룡문을 번갈아 새겨 넣었습니다. 사자상의 모습은 다 제각각입니다. 그런데 그중에서 앞발을 들어 아기 사자와 놀아주는 어미 사자가 있어 정말 다정스럽습니다. 참 귀엽네요. 어떤 것인지 한번 찾아보세요.

상대석은 1단의 각형 받침 위에 열여섯 엽의 앙련을 돋을새김으로 빙둘러 새겨, 하대석의 복련과 대칭을 이루고 있습니다. 앙련 위의 면석에

청룡사지 보각국사 정혜원융탑
국보. 여말선초 석종형 승탑이 유행하던 시기에, 나말여초에 유행한 팔각원당형
의 전통을 계승한 마지막 승탑입니다. 그런데, 팔각원당형의 마지막 작품이면서
도 모방이 아닌 자신만의 독창성과 창의성을 발휘한 명작입니다.

는 아무런 장식이 없고, 윗면엔 홈을 파서 몸돌을 꼭 맞도록 얹어놓았습니다.

탑신부의 팔각 몸돌은 각 면마다 장방형 안상을 마련하고, 그 안에 무기를 든 신장상을 돋을새김의 고부조로 정교하게 새겼습니다. 각 모서리에는 반룡이 휘감긴 배흘림기둥을 고부조의 돋을새김으로 섬세하게 조각하였습니다. 기둥 위에는 목조건축에서 볼 수 있는 창방을 설치하였습니다.

이렇게 신장상과 배흘림기둥을 고부조의 돋을새김으로 조각함으로써 몸돌이 전체적으로 부풀려진 모습입니다. 그래서인지 팔각의 몸돌이 엔타시스 양식처럼 둥그렇게 보입니다. 하지만 다른 승탑에서는 찾아볼 수 없는, 아주 독특하면서도 화려한 창의적인 조형기법입니다.

신장상(神將像)이란, 무력으로 불법을 옹호하며 불경을 독송하는 사람들을 수호하는 신장의 조각상입니다. 신장은 불교의 많은 호법신 중에서 무장형의 신들을 일컫습니다. 우리나라에서는 주로 제석천(帝釋天), 인왕(仁王), 사천왕, 팔부중 등이 조성되었습니다. 신장 중에서 최고의 신은 제석천입니다. 신장상은 주로 사리 등을 봉안하는 외호상으로 조형화되었습니다. 고려시대까지는 신장상이 유행하였으나 조선시대로 내려오면 현저히 줄어듭니다.

지붕돌은 두툼하면서도 유려한 곡선으로 처리하였습니다. 지붕의 낙수면은 경사가 급하고, 합각마루의 아래쪽에는 봉황과 용머리를 차례로 조각하였습니다. 처마 밑으로는 배흘림기둥의 창방과 연결되는 목조건축의 추녀와 사래를 돋을새김으로 뚜렷하게 조각하였고, 열여섯 엽의 연꽃을 예쁘게 장식하였습니다. 처마 끝은 호선(弧線)을 그렸고, 추녀가 들려있어 경쾌합니다. 지붕돌 꼭대기는 팔 엽의 복련을 조각하여 상륜부를 받치고 있습니다.

상륜부는 둥근 복발, 보륜, 보주가 차례로 얹혀 있습니다. 맨 위의 보주는 삼각 면으로, 각 면마다 태극무늬를 조각하였습니다. 이 승탑은 현 위치에 도괴되어 무너져 있던 것을 1977년에 복원한 것입니다. 한편, 지대석 아래와 몸돌 윗면에는 각각 사리공이 있어서 보각국사의 사리, 옥촛대, 금망아지, 금잔 등의 장엄구가 있었으나, 일제강점기에 도난당했다고 전해집니다.

이 보각국사 정혜원융탑은 조선 태조 3년(1394)에 건립된 승탑입니다. 석종형 승탑이 유행하던 시기에 신라하대 9세기부터 유행한 팔각원당형의 전통을 계승한 마지막 작품입니다.

그러나 여기서 정말 중요한 것은, 팔각원당형의 마지막 작품이면서도 모방이 아닌 자신만의 독창성과 창의성을 발휘한 명작이란 점입니다. 비록 조선 초기에 건립된 승탑이지만, 사실상 고려시대의 마지막 팔각원당형의 승탑이기에, 1979년 5월 22일 국보로 지정되었습니다.

보각국사 정혜원융탑비

조선 태조 3년(1394)에 보각국사 환암 혼수를 기리기 위하여 세운 탑비입니다. 높직한 직사각형의 비신 받침대를 조성하고, 그 윗면에 아주 낮은 2단의 굄을 마련한 후 직사각형의 홈을 파고 비신을 꽂았습니다. 비신 받침대의 각 면에는 아무런 장식이 없으며, 각 면의 윗부분을 사선으로 접은 단순한 형태로 조성하였습니다.

비신은 높이 2.5미터, 너비 1.15미터, 두께 20.5센티미터로, 전체 높이가 3미터에 이릅니다. 비신의 맨 위쪽 양 모서리 끝부분을 사선으로 깎은 귀접이 양식을 취하고 있습니다. 머릿돌은 아예 조성하지 않았습니다. 이와 같이 머릿돌을 생략하고 귀접이 형태로 탑비를 간소화시킨 것은, 고려 후기에서 조선시대에 걸쳐 나타나는 사례입니다.

비신의 앞면은 보각국사 혼수의 생애와 탑비의 건립 과정 등에 대한 내용이 단정한 글씨체로 새겨져 있습니다. 뒷면은 혼수의 제자와 문도들의 명단을 새겼는데, 그 숫자가 2백여 명에 이릅니다. 비문은 태조의 명을 받들어 양촌(陽村) 권근(權近)이 짓고, 글씨는 승려 천택(天澤)이 썼습니다. 탑비의 건립은 태조의 명으로 국사 희달(希達)이 1394년에 세웠습니다.

비석 맨 위에는 가로쓰기의 커다란 글씨로 「普覺國師之碑(보각국사지비)」라고 쓴 제액이 전서체로 새겨져 있습니다. 그리고 오른쪽 첫머리에 세로쓰기로 '有明朝鮮國普覺國師碑銘幷書(유명 조선국 보각국사 비명 병서)'라는 제목을 새겼습니다. 그런 다음 비문의 내용을 정성껏 한자 한자 오목새김으로 새겼습니다. 글씨가 아주 정연하고, 단정하면서도 필력이 뛰어나 높은 서예의 품격을 갖추고 있습니다. 1979년 5월 22일 보물로 지정되었습니다.

이제 지금부터 「보각국사 정혜원융탑비의 비문」을 간략히 살펴보겠습니다.

보각국사는 고려 충숙왕 7년(1320)에 경기도 광주 풍양현(豊壤縣)에서 태어났습니다. 법명은 혼수(混脩), 자는 무작(無作), 호는 환암(幻庵), 성은 조씨(趙氏)입니다. 12세에 어머니의 권유로 대선사인 계송(繼松)을 찾아가서 출가하였습니다. 충혜왕 2년(1341)에 승려들의 과거시험인 선과(禪科)에 응시하여 장원인 상상과(上上科)에 급제합니다. 충목왕 4년(1348)에

청룡사지 보각국사 정혜원융탑비
보물. 비문은 조선 태조의 명으로 양촌(陽村) 권근(權近)이 짓고, 글씨는 승려 천택(天澤)이 썼습니다. 글씨가 정연하고 단정하면서도 필력이 뛰어나 높은 서예의 품격을 갖추고 있습니다.

금강산으로 들어가 공부에 정진합니다.

그 뒤 강화도 선원사(禪源寺)에서 능엄경(楞嚴經)을 배우고, 3년간 휴휴암(休休菴)에서 능엄경을 강의하였습니다. 이후 충주 청룡사(靑龍寺)의 서쪽 산기슭에 연회암(宴晦菴)이란 암자를 짓고 머물렀습니다.

공민왕이 회암사(檜巖寺)에 머물기를 청하였으나 가지 않고, 금오산을 거쳐 오대산의 신성암(神聖菴)에서 거처하였습니다. 이때 고운암(孤雲菴)에 있던 나옹(懶翁) 혜근화상을 찾아가 공부하면서, 나옹으로부터 그 법을 전수하였습니다.

공민왕 19년(1370), 임금은 나옹스님을 시험관으로 삼고 선교 양종의 스님들을 모아 공부선장(功夫選場)을 열었습니다. 이때 혼수는 최고의 성적을 받았습니다. 그 뒤 임금이 스님을 중용하려 하자 숨어 지내다, 1374년에 왕의 청으로 궁전의 내불당에서 법요를 가르쳤습니다.

우왕 9년(1383)에 국사로 책봉되었으며 '정변지웅존자(正偏智雄尊者)'라는 존호를 받고, 충주의 개천사(開天寺)에 상주합니다. 여기서 개천사는 정토사(淨土寺)를 지칭하는 것입니다. 우왕 14년(1388) 여름, 왕이 외지에서 손위하고 어린 창왕이 계승하자, 선사께서 개천사로 돌아갔습니다. 그 이듬해 겨울, 공양왕이 즉위하자 치악산으로 들어갔으나, 왕이 다시 국사로 봉하고 개천사로 모셔 오게 합니다.

이성계가 잠저(潛邸)에 있을 때 선사와 함께 대장경의 완성을 염원하였는데, 공양왕 3년(1391) 가을에 장정과 교정의 일이 끝났습니다. 이에 대장경을 서운사(瑞雲寺)에 두고 크게 경회(慶會)를 베풀었습니다. 이때 공양왕은 신하에게 명하여 향(香)을 내리고 선사를 맞아 증사(證師)로 삼았습니다. 증사는 법회를 증명할 임무를 맡은 법사(法師)를 이르는 말입니다.

1392년 7월, 태조 이성계가 역성혁명으로 조선을 건국하자, 스님은 곧바로 표문을 올려 축하합니다. 얼마 뒤 노병(老病)으로 물러날 것을 청하여 청룡사로 돌아왔습니다.

그해 9월 18일, 유서를 쓰게 하면서 제자에게 이르기를 "내가 갈 때가 오늘 저녁이라, 고을의 관원을 불러 인(印)을 봉해야 하겠다."라고 하더니, 저녁때가 되자 앉아서 말하기를,

"지금 죽을 때가 되었다. 나는 운명하겠노라."

하고는, 곧 게(偈)를 베푼 다음 묵묵히 입적하였습니다. 춘추는 73세, 하랍은 60세였습니다. 하랍(夏臘)이란, 승려가 된 해부터 세는 나이를 말

합니다. 납(臘)은 세말(歲末)을 뜻합니다. 비구는 해마다 여름 90일 동안 한곳에 머물러 수행하는데, 이것을 하안거(夏安居)라 하여 나이를 세기 때문에 하랍이라고 부릅니다.

9월 25일, 문도들이 청룡사 연회암 북쪽 산기슭에 섶을 쌓고 다비를 하였습니다. 그런데 전날 밤부터 비가 내리더니 아침까지 그치지 않다가 다비를 시작할 무렵에야 구름이 걷히고 맑게 갰습니다. 다음 날 새벽에 뼈를 모으니 그 빛이 눈과 같이 희고, 정수리뼈가 더욱 두껍고 정결하였습니다.

이렇게 혼수 선사가 입적하자, 태조는 시호를 보각(普覺), 탑호를 정혜원융(定慧圓融)이라 하사합니다. 이어 신하를 보내 그의 유골을 수장(收藏)하는 일을 감독하도록 합니다. 그리고 나라의 공인들에게 명하여 승탑과 탑비를 만들게 하였습니다.

비문에 따르면, "그해 연말 12월 갑신일(甲申日), 청룡사 북쪽 봉우리에 하관하는데, 전날 밤엔 청명하여 별빛이 빛나더니, 계명(鷄鳴) 때부터 비가 내리다가 돌을 쌓아 올릴 무렵에 이르러서야 그치므로 뭇사람들은 기이한 일이라고 말하였다."

계명이란, '닭 계(鷄)' 자에 '울 명(鳴)' 자를 써서 첫닭이 울 무렵인 축시(丑時)를 이르는 말입니다. 축시는 새벽 1시에서 3시 사이를 가리킵니다. 즉, 계명축시의 준말입니다.

태조의 명으로 비문을 지은 양촌 권근은 보각국사를 추모하는 명(銘)을 지으면서 이렇게 끝을 맺었습니다.

왕명으로 비(碑)를 만들어 거기에 이 글을 새기나니,
무궁한 내세(來世)에 모두 보각(普覺)을 스승 삼으리.

충주 정토사지

가고 머무는 것은 때가 있으나,
오고 가는 것은 머무름이 없으니

충주호에 잠긴 정토사지

충주에서 532번 지방도로인 호반로를 따라 정토사지로 가는 길은 참으로 한적하면서도 정겨운 길입니다. 길 양옆으로는 사과밭이 지천으로 펼쳐집니다. 특히 벚꽃과 사과나무 꽃이 만발하는 4월의 호반로는 환상의 드라이브 코스입니다. 충주호를 따라 이어지는 호반로는 시나브로 벚꽃 명소로 알려져 있습니다.

가을날의 이 길은 주렁주렁 탐스럽게 매달린 빨간 사과밭이 장관입니다. 충주의 특산물이 왜, 사과인지 단박에 알아볼 수 있는 풍요로운 길입니다. 붉게 익은 사과밭이 가장 아름다울 땐 10월보다 오히려 11월이 더 아름답습니다. 이파리를 떨군 채 울퉁불퉁한 근육질 나뭇가지에 매달린 사과밭은 그 자체가 한 폭의 풍경화입니다. 늦가을의 호반로는 그렇게 사과밭의 파노라마가 펼쳐지는 구절양장의 아름다운 길입니다.

법경대사 자등탑비와 충주 개천안 솟대
충주댐 건설로 옮겨진 법경대사 자등탑비와 충주 개천안 솟대입니다. 맨 앞은 홍법국사
실상탑의 복제품, 뒤는 법경대사 자등탑비, 오른쪽은 개천안 솟대, 솟대 밑으로 보이는
호수 아래가 정토사의 옛 절터였습니다.

하천대교를 건너 충주호를 끼고 굽이굽이 돌아 약 4킬로미터 정도 가
면, 오른쪽으로 솟대정원과 주차장이 나옵니다. 언덕 위로는 커다란 느
티나무가 어서 오라고 손짓합니다. 행정구역은 충청북도 충주시 동량
면 하천리 177-6번지입니다. 정토사지의 맨 윗자락입니다. 느티나무가
있는 언덕배기에 위풍당당한 법경대사 자등탑비가 오롯이 세워져 있습
니다.

1980년대 초 충주다목적댐 건설공사를 시작하면서 수몰 예정지구 안
에 포함된 정토사지 법경대사 자등탑비와 석조물 부재들을 수몰 지역
밖으로 옮겨놓은 곳입니다. 지난 1983년~1984년 정토사지 발굴 조사 과

정에서 확인된 홍법국사 실상탑과 탑비의 위치는 다행히 수몰되지 않고 마을 민가 뒤편 언덕에 그대로 남아있습니다.

따라서 정토사지의 사찰중심영역은 충주호에 잠겼으나, 홍법국사 실상탑과 탑비가 있었던 원래의 자리는 사찰 구역의 북쪽 끝자락으로 수몰 위기를 면할 수 있었습니다. 이를 정확히 말하자면, 정토사의 사찰중심영역은 물속에 잠겼으나, 사찰 구역 윗자락은 수몰되지 않고, 현재의 하곡마을과 법경대사 탑비가 세워져 있는 것입니다. 그래서인지 지금도 마을 주민들은 큰 절골, 작은 절골이라 부르고 있습니다.

현재 법경대사 자등탑비가 있는 언덕 경사면에는 '충주 개천안 솟대' 거리를 예쁘게 가꾸어 놓았습니다. 우리가 학교에서 국사 시간에 배웠던 삼한시대의 신성 구역인 소도(蘇塗)에 세웠던 솟대를 의미합니다. 솟대는 마을의 안녕과 수호, 풍요를 기원하기 위하여 마을 입구에 세우기도 하였습니다.

충주 개천안 솟대 안내문에는 "한반도의 중심이고 고대로부터 중원 문화의 꽃을 피웠던 이곳 충주의 개천안(開天安, 하늘이 열려 편안한 곳)은 열두 개천안이라 하며 1850년대까지 솟대가 이곳에 있었으나, 개화기에 이르면 솟대는 없어지고 그 명칭만 솟대 거리로 남아 오늘에 이르렀다"고 쓰여 있습니다.

이에 마을 주민들이 우리의 고유 문화유산을 되찾기 위하여 솟대 거리 복원 추진위원회를 조직하여, 충주시와 동량면의 후원을 받아 솟대를 제작하여 현 위치에 복원하여 놓았습니다.

정토사가 개천사로

충주 정토사지(淨土寺址)는 충청북도 충주시 동량면 하천리 개천산(開天山) 옥녀봉 남쪽 산기슭에 있었던 옛 절터입니다. 정토사는 언제 누가 창건하였는지 정확한 기록이 없어 알 수 없습니다.

그러나 나말여초의 승려 법경대사 현휘(玄暉, 879~941)가 당나라 유학을 마치고 귀국하자, 고려 태조 왕건이 국사로 우대하고 충주의 정토사에 머물게 합니다. 충주 지역은 태조의 세 번째 부인인 신명순성왕태후(神明順成王太后) 유씨(劉氏)의 친정으로, 호족인 충주 유씨들의 근거지였습니다. 따라서 태조와 긴밀한 관계인 충주의 정토사는 신라 하대에 창건되어, 고려 초에 왕실의 비호를 받으며 대사찰로 번창하였을 것으로 추정됩니다.

그런 대가람이었던 정토사의 이름이 언제부터 '개천산(開天山) 정토사(淨土寺)'에서 '정토산(淨土山) 개천사(開天寺)'로 바뀌었는지 궁금합니다. 그럼, 당시의 기록을 통하여 하나하나 살펴보겠습니다.

먼저 고려 태조 26년(943)에 세웠던「법경대사 자등탑비」의 기록입니다.

중원부 고 개천산 정토사 교시 법경대사 자등지탑 비명
中原府故開天山淨土寺敎諡法鏡大師慈燈之塔碑銘

이어서, 고려 현종 8년(1017)에 건립하였던「홍법국사 실상탑비」의 기록입니다.

중원부 개천산 정토사 원광편소 홍법대선사

정토사 홍법국사 실상탑
원판번호 無419-5, 일제강점기 촬영, 국립중
앙박물관 소장, 소장품번호 건판22321.

中原府開天山淨土寺圓光遍

炤弘法大禪師

위 비문의 기록을 종합하면, 적어도 고려 전기까지는 '개천산 정토사'로 사명을 유지하고 있었음을 알 수 있습니다. 그러다 고려 후기에 이르면 대부분 '정토산 개천사'로 사찰의 이름이 바뀝니다.

고려 말기의 시인이자 대학자인 도은(陶隱) 이숭인(李崇仁, 1347~1392)의 『도은집』제2권에, 이숭인이 충주로 부임하는 권사군을 전송하며 지은 시에 "고을 북쪽에 개천사가 있는데, 이곳은 내가 옛날에 노닐었던 곳이다"라고 하며 이렇게 읊조렸습니다.

정토산(淨土山)은 좋은 곳이 많지만
개천사(開天寺)는 특히 한번 가볼 만
산문에 속객은 찾아오지 않고
오직 벽을 향하고 있는 고승뿐
강물을 내려다보는 백 척의 누대
등나무 덩굴에 누워있는 천년의 고목
그대 부임하면 한가한 날 많으리니

내가 놀았던 곳 하나하나 찾아보소.

또한, 청룡사지 편에서 살펴보았듯이 여말선초의 문신 양촌(陽村) 권근(權近)이 지은 청룡사「유명 조선국 보각국사 비명」에도 '충주의 개천사(開天寺)'로 기록되어 있습니다.

그 밖에도『동문선』, 이행 등이 편찬한『신증동국여지승람』, 유형원의『동국여지지』, 안정복의『동사강목』, 이덕무의『청장관전서』, 김정호의『대동지지』에도 '충주의 개천사' 또는 '정토산의 개천사'로 기록되어 있습니다. 따라서 통일신라 하대에 창건되어 고려 전기까지는 개천산 정토사로 불리다가, 고려 중기 이후부터 조선시대에는 정토산 개천사로 불렸음을 알 수 있습니다.

고려 역대 왕조실록의 보관

조선 중종 25년(1530)에 편찬한『신증동국여지승람』제8권, 경기 죽산현 '불우' 조에, 권근이 수찬 배중원을 보내서 사적을 포쇄(曝晒)하는 서(序)에,

본조가 바다 동쪽을 차지한 지 수백 년에, 처음에는 국사(國史, 고려실록)를 가야산(伽倻山) 해인사(海印寺)에 감추었는데, 대개 후세에 난리를 만나서 잃어버릴까 염려함이다. …… 근래에 왜적을 제어함에 기율(紀律)을 잃어서, 깊이 들어와 주와 현을 도둑질하므로 가야산을 거의 지키지 못하게 되었다.

홍무 기미년(우왕 5, 1379) 가을에 그 사적을 선산(善山)의 득익사(得益寺)로 옮겼고, 신유년(우왕 7, 1381) 가을에 조령(鳥嶺, 문경새재)을 넘어 북쪽으로 와서, 충주의 개천사(開天寺)에 수운하였으며, 이번 계해년(우왕 9, 1383) 여름에 왜적이 또 충주의 옆 고을에 침입하자, 7월에 또 개천사로부터 죽주(竹州)의 칠장사(七長寺)로 옮겼으니, 땅의 험하고 먼 것도 믿을 수 없다.

이렇게 고려 말기에 이르면 왜구의 약탈로부터 고려 역대 왕조실록 등의 사적을 보전하기 위하여 여러 번 옮겨 다녔음을 알 수 있습니다. 이때 충주의 개천사도 고려 역대 왕조의 실록 및 경사(經史) 등을 보관하였습니다. 위에서 포쇄는 '쬘 포(曝)' 자에 '쬘 쇄(晒)' 자를 써서, 젖거나 축축한 것을 바람에 쐬고 햇볕에 쬐어 말린다는 뜻입니다.

그 뒤 다시 칠장사에 보관 중이던 고려 왕조실록과 경사를 다시 충주의 개천사로 옮겨왔습니다. 『신증동국여지승람』 제14권, 충청도 충주목 '불우' 조에,

개천사(開天寺), 정토산(淨土山)에 있다. 고려 역대 왕조의 실록을 …… 죽주 칠장사에 옮겼다가, 공양왕 2년(1390)에 그 땅이 바다에 가까워서 왜구가 쉽게 이를 수 있기 때문에 다시 이 절(개천사)에 간직하기에 이르렀다. 우리 세종(世宗) 때에 고려사를 편찬하기 위하여 모두 서울로 운반하였다.

이렇게 개천사는 고려 말에서 조선 초기에 고려 역대 왕조실록 등을 보관·관리하던 대사찰이었습니다.

그랬던 개천사가 언제 어떻게 폐사되었는지 정확히 알 수 없습니다. 다만 1870년에 충주목사 조병로가 충청도 충주군의 연혁, 풍속, 행정, 인문 지리 등을 수록하여 편찬한『충주군읍지』에 "개천사재정토산하금폐(開天寺在淨土山下今廢)"라고 기록되어 있어, 적어도 18세기 전반에는 폐사되었던 것으로 추정할 뿐입니다.

끝내 잃어버린 큰 알독

폐사된 절터에는 법경대사 자등탑과 탑비가, 옥녀봉 남사면 산기슭에는 홍법국사 실상탑과 탑비가 그대로 남아있었습니다. 그러다 1910년 8월 29일 경술국치(庚戌國恥)로 국권을 피탈 당하자, 일제강점기 일본인들의 탐욕으로 법경대사 자등탑비만 제자리에 남아있고, 나머지는 모두 제자리를 떠나는 수모를 겪게 됩니다.

현재 이곳 언덕에는 법경대사 지등탑비만 보호각 안에 나 홀로 세워져 있습니다. 같이 있어야 할 짝꿍 법경대사 자등탑은 현재 없습니다. 사연은 이렇습니다. 현지 주민들의 전언(傳言)에 따르면 비슷하게 생긴 둥근 알독 탑이 두 기였다고 합니다. 각각 탑비와 이웃하여 세워져 있었다고 전해집니다.

둘 다 탑의 몸돌이 둥근 원형으로 생겼기 때문에 동네 사람들은 예로부터 이 승탑을 알독이라 불렀다고 합니다. 그중에서 법경대사 자등탑이 조금 더 커서 '큰 알독'이라 불렀고, 조금 작은 홍법국사 실상탑은 '작은 알독'으로 불렀다고 전해집니다. 그리고 둘 다 남한강 뱃길을 통하여 서울로 밀반출되었다고 합니다.

일본인 다이니 세이치(谷井濟一)가 『고고학잡지』「조선통신」에, 1912년 11월 정토사지를 답사한 후 "이렇게 훌륭한 비가 마련되어 있으면, 반드시 탑도 훌륭한 조각이 있었을 것으로 믿어지는데, 지금은 매각되고 그 자리는 파헤쳐져 있다"고 기록하였습니다. 그렇다면 적어도 1912년 이전에 이미 절터에서 반출된 것으로 추정할 수 있습니다.

황수영의 『황수영 전집5』「잃어버린 국보」에서, 주민들의 전언에 따르면 "소 20마리에 인부 50명이 동원되어 선창까지 10여 일이 소요되었는데, 몇 푼의 돈을 받은 구장과 일본인 사이에 소송이 벌어져 마침내 경복궁에 있는 작은 알독은 되찾았으나, 큰 알독은 국외로 이미 반출되었다"고 합니다.

결국, 1910년대 초에 국권을 강탈하였던 일본인들에 의해 법경대사 자등탑은 쥐도 새도 모르게 일본으로 밀반출된 것으로 추측됩니다. 그나마 다행인 것은 홍법국사 실상탑과 그 탑비는 국외로 반출되지 않고 국내에 남아있는 것이 천만다행입니다.

지금까지 우리가 남한강변의 폐사지를 답사하면서 느낀 공통점은, 원래의 자리를 떠난 승탑이나 탑비들은 하나같이 남한강 뱃길을 이용하여 서울로 운반하였다는 사실입니다. 그렇게 남한강 물길을 따라 고향을 떠난 지 어언 110여 년의 세월이 흘렀습니다. 이제 하나씩 원래의 자리인 고향으로 돌아와야 하지 않을까요?

진실로 다행스러운 것은 법천사지 지광국사 현묘탑을 계기로 하나둘 고향으로 돌아올 수 있게 되었습니다. 얼마나 다행스러운 일인지 참으로 고맙고 반가운 일입니다. 앞에서 언급하였듯이 법천사지 지광국사 현묘탑은 이미 고향인 법천사지유적전시관으로 113년 만의 귀향을 마쳤습니다.

고향으로 돌아갈 날을 기다리며

이제 충주 정토사지 홍법국사 실상탑과 그의 영원한 짝꿍, 실상탑비도 고향인 충주로 돌아갈 채비를 하는 중입니다. 지난 2023년 6월 25일 국가유산청은 "최근 문화유산위원회가 회의를 열고 국보 '충주 정토사지 홍법국사탑'과 보물 '충주 정토사지 홍법국사탑비' 그리고 보물 '제천 월광사지 원랑선사탑비'를 해체하여 박물관 수장고에 넣어두는 안건을 조건부 가결하였다"고 발표하였습니다.

충주 정토사지 홍법국사탑과 그 탑비는 원래 옥녀봉 남쪽 경사면 끝자락인 마을 언덕에 약 15미터 정도 간격을 두고 이웃해 세워져 있었습니다. 그런데 어찌 된 일인지, 1910년대 전반에 충주 군청으로 옮겨져 대원사 철불과 함께 전시되어 있었습니다. 그러다 1915년 9월 일제가 조선물산공진회를 개최하면서 경복궁으로 옮겼습니다. 그리고 1915년 12월 1일 설립한 조선총독부 박물관에 인수되어 경복궁 야외 전시장에 전시되었습니다.

훗날 김영삼 정부가 역사바로세우기 정책의 하나로 조선

충주군청에 전시중인 홍법국사 실상탑
일제강점기인 1915년 충주군청 마당에 대원사 철불과 함께 전시 중인 홍법국사 실상탑의 모습입니다.

총독부 건물을 해체합니다. 이를 계기로 경복궁 복원 사업을 시작하면
서 1996년 해체되어 박물관으로 이관되었습니다. 2005년 10월 용산 국
립중앙박물관이 개관되자, 홍법국사 실상탑과 탑비는 약 10여 년의 보
존 처리 과정을 거쳐, 2016년 6월 국립중앙박물관 앞 뜨락 한가운데에
나란히 세워져 전시되었습니다.

한편, 제천 월광사지 원랑선사탑비는 통일신라 하대의 승려 원랑선사
(816~883)의 생애와 행적을 기록한 탑비입니다. 일제강점기인 1922년 조
선총독부에 의해 경복궁으로 옮겨졌다가, 2005년 10월 용산 국립중앙박
물관을 개관하면서 1층 상설전시관 내 역사의 길에 전시되었습니다.

그렇게 국립중앙박물관 앞뜰과 상설전시관 내에 전시되어 있던 승탑
과 탑비는 현재 해체되어 박물관 수장고에 보관되어 있습니다. 이 석조
유물을 옮기는 작업은 국립충주박물관이 건립되기 전에 미리 옮겨서,
2026년 개관 예정인 국립충주박물관의 상징적인 대표 유물로 첫선을 보
이려고 준비 중입니다.

참으로 길고 긴 인고의 세월을 보낸 충주 정토사지 홍법국사 실상탑
과 그 탑비는 115년 만에 고향인 국립충주박물관으로 돌아갈 날만을 학
수고대하고 있습니다. 한편, 제천 월광사지 원랑선사탑비는 제천 시민
들의 반대로 그 진행 과정을 좀 더 지켜봐야 할 것 같습니다.

홀로 절터를 지키는 법경대사 자등탑비

충주 정토사지 법경대사 자등탑비(法鏡大師慈燈塔碑)는 나말여초의 승려
현휘(玄暉)의 탑비입니다. 1980년대 초 충주다목적댐 건설로 인하여 정

토사지 영역이 수몰 예정 지구에 포함되자, 1983년 원래의 자리에서 북동쪽인 현재의 위치로 이전하였습니다.

고려 태조 24년(941)에 국사 현휘가 입적하자, 태조 왕건은 시호를 법경(法鏡), 탑호를 자등(慈燈)이라 추증합니다. 이어 태조 26년(943)에 법경대사 자등탑비를 건립합니다. 자등탑비는 귀부·비신·이수로 구성되어 있어, 나말여초의 전형적인 탑비의 모습을 갖추고 있습니다. 거북받침과 머릿돌은 화강암으로 제작되었으나, 비신은 대리석으로 제작한 것이 특이합니다. 자등탑비는 한눈에 보아도 크고 위풍당당합니다.

귀부의 거북받침 얼굴은 용머리 형상으로 눈은 툭 튀어나오고 부리부리합니다. 입은 반쯤 벌려 여의주를 물고 있으며 입술은 두껍습니다. 코는 인상을 찡그리듯 벌렁벌렁합니다. 짧은 목은 곧추세워 정면을 응시하고, 목덜미엔 목 비늘이 선명합니다. 얼굴 양옆에는 주름진 귓바퀴 밑으로 물갈퀴가 섬세하게 조각되어 있습니다. 그런데 왠지 사납지 않고 근엄한 인상을 풍깁니다. 저 혼자만의 느낌일까요.

겹 테두리의 육각형 귀갑문은 몸 전체를 정연하게 둘렀고, 그 안에 꽃무늬를 새겼습니다. 발가락엔 마디 주름이 뚜렷하고 발톱은 날카롭습니다. 꼬리는 꼭 돼지 꼬리처럼 말아놓았네요. 거북 등 위에는 직사각형의 낮은 비신대좌를 조성하고, 비좌의 옆면과 윗면에는 연꽃무늬를 조각하였습니다. 거북받침은 길이 2.97미터, 너비 2.45미터, 높이 75센티미터로 큼지막합니다.

비신은 특이하게 대리석으로 조성해서 그런지, 옅은 검은색의 돌무늬가 물결무늬처럼 옆으로 흐르는 모습입니다. 자세히 들여다보면 비신 전체를 가로세로로 선을 그어 정사각형의 칸을 만들고, 그 안에 한자 한자 정성껏 새겨 넣었습니다. 앞면에는 3,200여 자, 뒷면엔 음기 300여

정토사지 법경대사 자등탑비
보물. 비문은 왕명으로 당대 최고의 문장가인 최언위(崔彦撝)가 짓고, 글씨는 서예가인 구족달(具足達)이 해서체로 썼습니다. 40여 곳의 탄흔은 6·25전쟁 당시에 생긴 흔적으로 전해지고 있습니다.

자를 촘촘히 새겼습니다.

비문은 왕명을 받들어 당대 최고의 문장가인 최언위(崔彦撝)가 짓고, 글씨는 서예가인 구족달(具足達)이 해서체로 썼습니다. 앞면에는 법경대사 현휘의 생애와 행적에 대한 기록을 자세히 새겼습니다. 뒷면은 중원부 도속(道俗)들의 이름이 나열되어 있습니다. 여기서 도속은 도인과 속인을 아울러 이르는 말입니다.

그런데 지금은 풍화작용으로 마모가 심하여 맨눈으로 판독하기가 쉽지 않네요. 더군다나 비신 군데군데에 총탄을 맞은 자리가 움푹 파여 있

어 안타깝기 그지없
습니다. 40여 곳에
이르는 탄흔은 6·25
전쟁 당시에 생긴 흔
적으로 전해지고 있
습니다. 비신의 높이
3.15미터, 너비 1.42
미터입니다.

자등탑비의 지붕돌
앞면 중앙에는 정사각형의 제액을 구획하고, 그 안을 두 줄
의 선으로 '밭 전(田)' 자를 만든 다음, 법경대사(法鏡大師)
라는 네 글자를 한 칸에 한자씩 새겼습니다. 나머지는 온
통 아홉 마리의 용들이 용틀임하며 포효하고 있습니다.

이수의 머릿돌은
화강암으로 조성하
였습니다. 직사각형
의 형태로 너비 2.30미터, 높이 1.10미터, 두께 78센티미터 크기입니다.
아랫면에는 연꽃과 구름무늬를 조각하였습니다. 네 귀퉁이엔 각각 한
마리씩 용을 조각하였습니다. 앞면 가운데에는 정사각형의 제액을 구획
하고, 그 안을 두 줄의 선으로 '밭 전(田)' 자를 만든 다음, 법경대사(法鏡大
師)라는 네 글자를 한 칸에 한자씩 오목새김으로 새겼습니다.

그리고 제액을 향하여 두 마리의 용이 서로 마주 보고 포효하면서 대
칭을 이룹니다. 제액 바로 위로는 화염 속에 둥그런 보주가 선명합니다.
머릿돌 꼭대기에도 용 두 마리가 가운데를 향해 서로 마주 보고 있습니
다. 이렇게 모두 아홉 마리의 용을 화려하게 머릿돌에 새겨놓았습니다.
이 법경대사 자등탑비는 1963년 1월 21일 보물로 지정되었습니다.

법경대사 현휘

이제 「법경대사 자등탑비」의 비문을 통하여 스님의 일대기를 알아보
겠습니다.

스님의 법명은 현휘(玄暉), 속성은 이씨(李氏), 본관은 남원(南原)입니다.
통일신라 헌강왕 5년(879) 1월 1일 오시(午時)에 남원의 6두품 귀족 가문
에서 태어났습니다. 어려서 영동군 남쪽에 있는 영각산사(靈覺山寺) 심광
대사(深光大師)의 문하로 출가합니다. 심광대사가 성주사(聖住寺) 낭혜무
염(朗慧無染)의 제자이므로 스님은 성주산문(聖住山門)에서 선법을 공부하
였습니다.

효공왕 2년(898)에 가야산사(伽倻山寺, 해인사)에서 구족계(具足戒)를 받고,
주로 후백제 지역에서 불법을 수행하였습니다. 그 뒤 효공왕 10년(906)
에 당(唐)나라로 유학을 떠나 구봉산(九峯山)의 도건대사(道乾大師)를 친견
하고, 그의 문하에서 수행하며 법맥을 이었습니다.

그 후 중국 각지를 순례(巡禮)하며 이름난 승경(勝景)은 모두 찾아보고,
수려한 명산(名山)에선 한 철씩 지내기도 하였습니다. 천태산(天台山)의
이적(異跡)을 앙모하여 천태조사(天台祖師)의 탑에 참배한 후 호남(湖南)에
서 북쪽의 유연(幽燕)을 거쳐 서쪽의 공촉(邛蜀)을 둘러보았습니다. 당시
중국은 당 멸망(907년) 이후 5대 10국(五代十國)의 분열기였습니다.

그렇게 국경을 넘나들며 이 나라, 저 나라를 둘러본 후, 고려 태조 7년
(924)에 귀국합니다. 이에 태조는 특사를 보내 스님을 영접합니다. 다음
날 궁궐로 초대하여 나라의 스승인 국사(國師)로 추중합니다. 그리고 스
님을 자주 친견하려는 간절한 마음에서, 가까운 곳인 충주의 정토사(淨
土寺)에 주지(住持)로 명하여 머물도록 합니다.

스님이 정토사에서 선법의 교화를 편다는 소문을 듣고 찾아오는 사람이 수백에서 수천 명에 이르렀습니다. 당시의 상황을 비문에는 "마치 안개처럼 모여들어 구름같이 귀의하였다. 스님의 지도 또한 학류(學流)를 유인(誘引)한 다음 종지(宗旨)를 일러주었으니, 진리는 신묘하고, 말씀은 간결하며, 관찰력은 예리하고, 뜻이 깊어 육도(六度)의 존경받는 인물이며 세상(人天)의 바다와 산맥과 같았다"라고 쓰여 있습니다.

법경대사 자등탑비의 일부
원판번호 無1052-1, 일제강점기 때 촬영. 국립중앙박물관 소장, 소장품번호 건판29474.

특히, 정토사에 상주하면서 충주의 호족 세력인 유권열(劉權說)과 긴밀한 관계를 유지하였습니다. 그리하여 중부 내륙의 지역민들을 교화함으로써 다수의 호족 세력을 태조 왕건의 지지 세력으로 끌어들이는데 커다란 임무를 수행하였습니다.

당시 스님의 영향력이 얼마나 대단하였는지, 비문엔 이렇게 쓰여 있습니다.

조정(朝廷)의 사류(士流)들이 왕명을 받들고 왕래하되, 중부(中府)인 중원(中原)의 길을 밟는 사람이 한 해에 수천 명에 달했으며, 사류 중에는 만에 하나라도 나랏일(王事)로 바빠서 스님이 계시는 문지방을 넘지 못한 것을 큰 수치로 여기기도 하였다.

그런, 나라의 스승 현휘 스님이었습니다. 태조 24년(941) 11월 26일, 이른 아침 제자들을 모아 놓고 이르기를 "가고 머무는 것은 때가 있으나, 오고 가는 것은 머무름이 없으니, …… 너희는 남긴 계율을 봉행하여 종지(宗旨)를 무너뜨리지 말고, 나의 은혜에 보답하라"고 하였습니다.

아직 열반에 들기 전날 저녁, 제자가 묻기를,

"스님께서 세상을 떠나시려 하니, 법등(法燈)을 누구에게 부촉(付囑)해야 합니까?"
"등(燈)마다 스스로 동자(童子)가 있어, 불을 붙이는구나."
"저 동자(童子)는 어떻게 보고 펼칩니까?"
"별이 푸른 하늘에 가득 떠 있으니, 어찌 알 수 있겠는가."

선문답을 마치고 단정히 앉아서 열반에 드니, 속세는 63세요, 승랍은 41년이었습니다.

비문에는 이날의 슬픔을 "구름과 해는 처참하고, 바람과 샘물은 목메어 울고, 산천이 진동하고, 새와 짐승은 비통하게 울부짖었다. 천신이 한탄하였으며 사람들은 눈을 잃은 듯하였고, 여러 군(郡)이 슬픔을 머금으니 세상 또한 공허해졌다. 하늘과 사람의 상심을 분명히 느꼈으며, 성인과 신령이 감응하였으니 어찌 거짓이겠는가."

제자 활행(闊行) 등 300여 명이 울면서 받들어 3일 만인 그달 28일, 개천산(開天山) 북쪽 봉우리 남쪽 기슭 양지바른 곳에 장사 지냈습니다. 이는 대사의 가르침을 따른 것입니다. 여기서 개천산 '북쪽 봉우리 양지바른 곳'은 비문의 원문인 '북봉지양(北峰之陽)'을 번역한 말입니다.

현재 하천리 마을 주민들은 개천산 정상의 삼각형 모양의 뾰쪽한 봉우리를 옥녀봉이라 부릅니다. 따라서 이를 오늘날에 맞게 풀이하면, 정토사지 북쪽 봉우리는 옥녀봉이고, 그 옥녀봉의 남쪽 기슭 경사면 끝자락 양지바른 곳에 장사 지냈다는 뜻입니다.

스님께서 입적하자, 태조 왕건은 크게 슬퍼하며 시호를 법경대사(法鏡大師), 탑명을 자등지탑(慈燈之塔)이라 추증하였습니다. 이어 명을 내려 비문은 최언위가 짓고, 글씨는 구족달이 쓰고, 제액은 태조가 친히 쓰셨습니다.

그리하여 태조 26년(943) 6월 5일, 탑비를 세웠습니다. 글자는 승려인 광예(光乂), 장초(壯超), 행총(幸聰), 행초(行超) 등이 새겼습니다. 뒷면의 음기는 그 이듬해인 혜종 1년(944) 6월 1일, 일을 기록하였습니다.

홍법국사 실상탑

법경대사 자등탑비가 있는 언덕 초입에는 유난히 하얀 승탑 한기가 오롯이 세워져 있습니다. 이 탑은 현재 국립중앙박물관 수장고에 있는 정토사지 홍법국사(弘法國師) 실상탑(實相塔)의 복제품입니다.

원래 홍법국사 실상탑은 개천산 정상인 옥녀봉 아래의 남사면에 있었습니다. 1915년 일본인들에 의하여 경복궁으로 옮겨졌습니다. 지금도 원래의 자리에는 지대석 같은 석물 일부가 남아있습니다. 예로부터 동네 주민들은 이 실상탑을 '작은 알독'으로 불렀습니다.

지난 2000년대 초에 이곳 하천리 마을 주민들은 실상탑을 되돌려 달

정토사지 홍법국사 실상탑
국보. 높이 2.55m의 아담하면서도 완벽한 비율의 균형미를 자랑하는 명작입니다. 전형적인 팔각원당형을 계승하면서도 탑신부의 몸돌을 둥근 원구형으로 조성함으로써 파격적 조형미가 돋보입니다. 실로 간결하면서도 섬세하고 정교하며, 부드러운 미감을 잃지 않은 수준 높은 걸작입니다.

라고 적극적으로 환수 운동을 펼쳤습니다. 그러나 여러 사정으로 뜻을 이루지 못한 채 관련기관에서 실물 크기의 복제품을 제작하여 2005년

12월 현재의 위치에 건립한 것입니다.

따라서 홍법국사 실상탑의 실물을 감상하려면, 앞에서 언급하였듯이 2026년 국립충주박물관이 개관되어야 볼 수 있습니다. 홍법국사 실상탑은 탑비와 함께 고려 현종 8년(1017)에 건립하였습니다.

실상탑은 전체 높이 2.55미터로 아담하면서도 완벽한 비율의 균형미를 자랑합니다. 실로 명작 중의 명작입니다. 전체적으로 팔각원당형의 전형을 계승하면서도 탑신부의 몸돌을 둥근 원구형으로 조성함으로써 파격적 조형미가 돋보입니다. 실로 간결하면서도 섬세하고 정교하며, 부드러운 미감을 잃지 않은 수준 높은 걸작입니다.

지대석은 원래의 짝이 아니라 그런지, 탑과 잘 어울리지 못하고 겉도는 느낌입니다. 새로 만든 색감의 부조화도 그렇지만, 무엇보다 어울리지 못하는 가장 큰 이유는 탑 자체의 석질에서 느껴지는 자연스러운 돌무늬 때문이 아닐까요.

탑을 안정감 있게 받치고 있는 팔각의 받침돌은 특별한 장식이 없으나 석질 자체의 줄무늬가 예쁘게 어울립니다. 위에는 하대석을 받칠 굄을 마련하고, 우아한 연꽃무늬 16엽을 복련으로 새긴 하대석을 얹어 놓았습니다. 팔각의 모서리마다 예쁜 귀꽃을 도드라지게 장식하였고요. 위로는 3단의 중대석 굄을 마련하였습니다.

팔각의 중대석은 각 면마다 방형의 안상을 새기고, 그 안에 구름 속에 노니는 운룡무늬를 아주 섬세하고 세련되게 조각하였습니다. 실로 디테일한 조각 솜씨의 품격을 아낌없이 보여줍니다.

상대석은 부드러운 연꽃무늬를 앙련으로 조각하여 하대석과 대칭을 이룹니다. 연꽃잎마다 꽃술 무늬를 돋을새김으로 예쁘게 장식하였습니다. 윗면은 평평하게 다듬고 작은 연꽃무늬를 촘촘하게 아로새겼습니다.

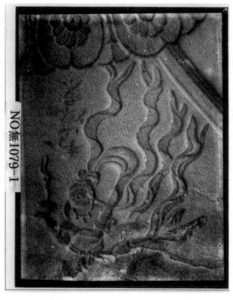

탑신부의 몸돌은 이 실상탑의 화룡점정(畵龍點睛)입니다. 여느 승탑들과 달리 파격적인 둥근 원구형으로 만들었습니다. 자칫 밋밋하게 보일 수 있는 원구에 임팩트를 준 듯, 두 줄의 띠를 가로 세로로 한 바퀴씩 둘러 십자(十字)로 교차시킨 다음, 네 군데의 교차점에 단추 같은 꽃 모양의 매듭을 예쁘게 장식하였습니다. 거기에다 석질의 타원형 돌무늬가 천연덕스럽게 조화를 이룹니다. 참신하고 독특한 아이디어가 톡톡 튑니다.

실상탑의 지붕돌 천장 비천상
지붕돌 아래의 천장에는 하늘을 훨훨 날고 있는 환상적인 비천상을 번갈아 가며 아름답게 새겨 놓았습니다. 여기가 곧 천상의 세계임을 상징적으로 표현한 것입니다.

원구형 몸돌 윗부분은 연꽃을 복련으로 돌리고 원형의 굄을 마련한 후, 작은 원통형 기둥을 올리고, 육중한 지붕돌을 받치고 있습니다. 이렇게 가느다란 원기둥으로 넓찍한 지붕돌을 받치고 있는데도 전혀 어색하지 않고, 오히려 완벽한 균형미를 자랑합니다. 아마도 지붕돌의 팔각 모서리 처마 끝을 반전시켜 귀꽃을 추켜올린 역동성 때문일 것입니다. 경쾌하기 이를 데 없습니다. 그런데 상큼한 귀꽃이 하나밖에 남지 않아, 더욱 안타깝습니다.

지붕돌 밑 천장 면에는 빙 둘러 연꽃을 새겼으며, 그 주위로 꽃무늬와 하늘을 훨훨 날고 있는 비천상을 번갈아 가며 아름답게 조각하였습니다. 여기가 천상의 세계임을 상징적으로 표현한 것입니다. 지붕돌의 낙수면은 부드러운 곡선으로 간결하게 처리하여, 마치 삿갓처럼 보입니다.

상륜부는 지붕돌 정상의 연화좌 위로 두 줄의 띠를 가로 세로로 두른 둥근 복발과, 귀꽃으로 빙 둘러싸인 보주를 올려놓았습니다. 이 실상탑 상륜부는 1961년까지 지붕돌 위에 있었습니다. 그 뒤 도난 방지를 위해 국립중앙박물관 수장고에 보관하였다가, 2018년 이후 다시 올려놓았습니다. 1962년 12월 20일 대한민국의 국보로 지정되었습니다.

홍법국사 실상탑비

홍법국사 실상탑비(弘法國師實相塔碑)는 통일신라 말에서 고려 전기에 활약한 승려 홍법국사의 탑비입니다. 그런데 탑비를 제외하면 어디에도 홍법국사에 대해서 알아볼 수 있는 기록이나 문헌자료가 없습니다. 그나마 「정토사 홍법국사 실상탑비」의 비문을 통하여 생애 일부를 확인해 볼 수 있는 정도입니다. 그 이유는 풍화작용으로 탑비의 마모가 심해서 원문의 판독이 거의 불가능하기 때문입니다.

판독할 수 있는 부분을 토대로 퍼즐을 맞춰보면 탑비의 주인공, 탑비의 명칭, 그리고 홍법국사의 생애를 대략 간추릴 수 있습니다. 홍법국사는 통일신라 말 신덕왕 때인 912에서 916년 사이에 태어난 것으로 추정됩니다. 열두 살에 출가하였으며, 고려 태조 13년(930)에 개경 오관산(五冠山)의 마하갑사(摩訶岬寺)에서 구족계(具足戒)를 받고 정식 승려가 되었습니다.

정토사지 홍법국사 실상탑비
보물. 전체 높이 3.75m, 비신의 높이 2.22m, 너비 1.04m, 두께 23cm로 크지도, 작지도 않은 아주 적당한 규모의 아담한 탑비입니다. 비문은 당대의 명필이자 문장가인 손몽주가 왕명으로 지었습니다.

태조 18년(935) 무렵, 중국 당나라로 유학을 떠납니다. 절강 지방에서 복건성 지방으로 구도 여행을 하면서 여러 선지식을 만난 후 귀국하여 크게 선풍을 일으켰습니다. 고려 성종 때 대선사(大禪師)의 법계를 받았습니다. 목종 때 국사(國師)로 책봉되어 개경의 봉은사에 머무르며 강설하였습니다.

그 뒤 충주 정토사로 돌아와 기거하다가 가부좌를 틀고 앉은 채로 입적하였다고 전해집니다. 이에 목종은 시호를 홍법(弘法), 탑호를 실상(實相)이라고 내립니다. 이어 당대의 명필이자 문장가인 손몽주(孫夢周)에게 비문을 짓도록 명합니다. 그 뒤 현종 8년(1017)에 정토사 홍법국사 실상탑과 그 탑비가 건립되었습니다.

이제 홍법국사 실상탑비를 감상하겠습니다.

실상탑비는 귀부·비신·이수로 구성되었습니다. 전체 높이는 3.75미터, 비신의 높이 2.22미터, 너비 1.04미터, 두께 23센티미터입니다. 크지도, 작지도 않은 적당한 규모의 아담한 탑비입니다.

귀부의 거북받침은 등짝에 육각형 모양의 귀갑무늬가 새겨져 있습니다. 얼굴은 용머리 형상입니다. 목은 짧게 곧추세웠으며, 눈은 정면을 응시합니다. 입은 여의주를 물고 있는데, 윗입술이 지나칠 정도로 뒤집혀 있어 특이하게 보입니다. 목덜미엔 잔주름이 가득합니다. 얼굴 양옆으로는 큼지막한 귓바퀴에 주름이 선명합니다.

등 가운데에는 직사각형의 비신대좌가 마련되어 있고, 구름무늬와 연꽃무늬를 새겨 장식하였습니다. 그런데 어쩌죠. 발가락 네 군데가 성한 곳이 한 곳도 없습니다. 아마 절터의 원래 자리에서 반출되어 여러 번 이전하는 과정에서 발가락이 파손된 것으로 짐작됩니다.

비신은 대리석으로, 석질 자체의 거무스레한 돌무늬가 마치 물결치듯

실상탑비의 지붕돌
지붕돌은 직사각형의 형태로 앞면 중앙에 네
모반듯한 제액을 마련하고, '實相之塔(실상지
탑)'이라는 탑호를 해서체로 새겨놓아, 탑호가
'실상탑'임을 알 수 있습니다.

옆으로 흘러갑니다. 앞면은 홍
법국사의 일대기가 기록되어
있습니다. 뒷면엔 홍법국사의
제자들을 열거하였습니다. 그
런데 현재 풍화작용으로 마모
가 심하여 전체적인 비문의 내
용을 파악하기가 매우 어렵습
니다. 거기에다 6·25전쟁 당시
의 총탄 자국이 남아 있어 안타
깝기 그지없습니다.

비문의 글씨는 구양순의 해서체를 따랐습니다. 비신의 맨 위에는「開
天山淨土寺故國師弘法大禪師之碑(개천산 정토사 고 국사 홍법대선사 지비)」라
고 새긴 전액이 조각되어 있습니다.

이수의 머릿돌은 직사각형의 형태로 앞면 중앙에 네모반듯한 제액
을 마련하고,「實相之塔(실상지탑)」이라는 탑호를 해서체의 오목새김으
로 새겨놓았습니다. 따라서 주인공의 승탑 명칭이 '실상탑'임을 알 수
있습니다.

머릿돌의 각 모서리와 윗부분에는 구름 속을 노닐며 용틀임하는 운룡
무늬가 생동감 있게 조각되어 있어 정교하고 화려합니다. 1963년 1월
21일 보물로 지정되었습니다.

충주 탑평리사지
및 충주 고구려비

중원(中原)의 땅,
한강을 장악한 나라가 한반도를 지배합니다.

남한강 수운 물류의 중심지, 목계나루와 가흥창

목계(牧溪)나루는 충청북도 충주시 엄정면 목계리의 남한강 강가에 있었던 옛 나루터입니다. 지리상으로 남한강의 중상류 지역에 있는 포구로, 예로부터 육로와 수로가 교차하는 교통의 요충지였습니다.

목계나루는 상류 쪽으로 충주·제천·단양·영월·정선과 연결되고, 하류 쪽은 원주·여주·양평·서울로 이어지는 남한강 수운(水運) 물류의 중심지였습니다. 그런가 하면 소백산맥의 계립령·죽령·조령을 넘어 남쪽의 영남지방과 북쪽의 한양을 연결하는 육로(陸路)의 기능까지 아우르는 사통팔달의 길목이었습니다.

특히, 조선 후기에 상품 화폐 경제가 발달하면서 목계나루는 상품유통이 활발하게 이루어지는 수운 물류의 중심지로 발전합니다. 강물이 얼어붙는 겨울 한 철을 제외하고, 늘 수많은 배들이 오르내리며 물물교

역이 이루어지던 남한강 최대의 물류 집산지였습니다.

따라서 조선 후기에 우리나라의 포구 중에서 다섯 손가락 안에 들 정도로 번성하였던 포구였습니다. 그래서 '오목계'라고 불렀습니다. 한창 전성기에는 800여 기구가 삶의 터전을 이룬 도회지로, 커다란 저잣거리를 형성하였습니다. 하루에도 백여 척의 상선이 들락날락하던 커다란 포구였습니다.

당시 한양의 마포나루에서 소금을 싣고 목계나루에 이르면 가격이 다섯 배나 뛸 정도로 성황을 이루었습니다. 한양에서 올라오는 소금, 새우젓, 건어물 같은 수산물과 각종 생활필수품이 선창(船艙)에 부려지면, 나루는 이내 갯벌장으로 난장을 이루었습니다. 이렇게 부려진 상품들은 보부상과 장꾼들에 의해 등짐, 봇짐이 되어 내륙의 장시(場市)인 5일장으로 풀려나갔습니다.

그렇게 며칠씩 갯벌장이 설라치면, 내륙 각지에서 몰려든 장사꾼과 놀이패들이 왁자하게 난장판을 벌이면서 북새통을 이루었습니다. 당시, 소금과 어물은 남한강 수운을 좌우할 만큼 아주 중요한 품목이었습니다. 이에 비하여 목계나루에서 집산된 곡물과 담배는 서울로 운송되는 대표적인 물품이었습니다.

이렇게 목계나루가 번성하자, 뱃길의 무사 안녕과 목계 마을의 발전, 그리고 포구의 번영과 장이 잘 되기를 기원하는 별신제(別神祭)가 해마다 음력 정월 5일부터 며칠씩 열렸습니다. 목계별신제는 별신굿, 줄다리기, 난장의 세 요소가 결합한 민속 축제였습니다. 이때 씨름, 윷놀이, 보부상놀이 등도 함께 펼쳐졌습니다. 그럴 때면 인근의 주민들은 물론이고 경기, 강원, 영남지방에서도 사람들이 몰려들어 신명 나게 축제를 즐겼다고 합니다.

목계나루터 전경
목계나루는 충청북도 충주시 엄정면 목계리의 남한강 강가에 있었던 옛 나루터입니다. 지리상으로 남한강의 중상류 지역에 있는 포구로, 예로부터 육로와 수로가 교차하는 교통의 요충지이자 남한강 최대의 물류 집산지였습니다.

    목계 줄다리기는 줄의 길이가 무려 100여 미터에 달하고, 수백 명의 사람들이 동편·서편으로 나뉘어 강변 모래밭에서 줄을 당겼습니다. 정월 대보름에 시작된 줄다리기는 2월 초까지 계속되었다고 전해집니다.

    그랬던 목계별신제와 줄다리기는 1930년대 충북선 철도가 개통되면서 변곡점을 맞았습니다. 즉, 육로의 발달로 수로 교통이 쇠퇴하면서 제사 비용의 염출이 어렵게 되자, 1930년대부터 유교식으로 지내는 마을의 동제(洞祭)로 바뀌었습니다. 결국, 시대의 흐름에 따라 별신제는 폐지되고 말았습니다.

    그렇게 남한강 수운은 1930년대부터 철도와 도로망이 확충되면서 대부분의 포구들은 쇠퇴의 길을 걷게 됩니다. 그런 가운데서도 목계나루는 예전만은 못하나 수운의 기능을 유지하면서 돛단배가 오르내리고 뗏목도 수시로 내려갔습니다. 그러다 1960년대 팔당댐의 건설로 한강의 뱃길이 완전히 끊겨버리자, 남한강은 수운의 기능을 상실한 채, 강변의 포구들도 하나둘 사라져 갔습니다.

이제 목계나루는 상업적 기능마저 상실하고, 나루터를 건너다니는 도선 기능만 남게 되었습니다. 그리하여 목계나루엔 트럭이나 버스를 실어 나르는 커다란 바지선과 50~60명을 태울 수 있는 큰 나룻배, 20~30명을 태울 수 있는 작은 나룻배가 함께 운행되었다고 합니다.

목계나루터 표지석
오늘날 목계나루는 한적한 시골 마을로 변한 지 오래되었습니다. 강둑엔 '목계나루터'라고 새긴 커다란 표지석만 외롭게 세워져 있어, 이곳이 옛 나루터였음을 상기시켜 주고 있습니다.

그러다 1972년 19번 국도를 이어주는 콘크리트 다리인 목계교가 건설되면서 마지막 생명줄이었던 도선 기능까지 상실합니다. 그렇게 남한강 뱃길과 목계나루의 화양연화는 역사의 뒤안길로 사라지고 말았습니다. 이런 아픔을 아는지 모르는지, 오늘도 남한강은 그렇게 흘러만 갑니다.

한편, 목계나루 건너편 하류 쪽의 넓은 둔치에는 조선 세조 11년(1465)에 설치한 가흥창(可興倉)이 있었습니다. 남한강의 수운이 편리한 충주에는 고려시대부터 세곡을 모아두었다가 경창으로 운반하기 위하여 12조창의 하나인 덕흥창(德興倉)을 설치하였습니다. 여기엔 곡식 200섬을 실어 나를 수 있는 평저선 20척을 배치하였습니다.

덕흥창은 조선 초기에 경원창으로 바뀌었으나 세조 때 불타버리자, 가흥역 부근으로 옮기면서 이때부터 가흥창이라 불렀습니다. 가흥창은 조선 전기에 충청도 동북부의 13개 고을과 경상도의 세곡을 수납하던 커다란 조창이었습니다. 조선시대 9조창 중에서 수납 범위가 가장 넓었습니다.

당시 경상도 지역의 세곡은 낙동강 상류로 거슬러 올라와 상주나 문경에서 새재(鳥嶺)를 넘어 남한강 물길을 따라 가흥창으로 집결되었습니다. 이렇게 모인 세곡은 강물이 풀리는 3월에서 5월 사이에 남한강 뱃길을 따라 한양에 있는 용산의 경창으로 운송되었습니다.

한때 가흥창의 수참선 정비와 세곡의 관리·운송을 책임졌던 수운판관의 권한이 충주목사보다도 컸었다고 합니다. 그러다 조선 후기에 이르러 충청도 북부 지역의 세곡만 수납하게 되면서, 정조 3년(1779)에 수운판관을 폐지합니다. 대신, 이를 충주목사가 관장하였습니다.

가흥창은 처음에 창고가 없었습니다. 그러다 중종 15년(1520)에 70여 칸의 창고를 짓고, 현종 때 50여 칸의 창고를 새로 지어 모두 119칸의 창고가 있었습니다. 그러나 17세기 후반부터 대동법의 시행으로 전세를 면포(무명베)나 화폐(돈)로 받으면서 전세의 수납 범위가 많이 축소됩니다. 그 뒤 19세기 후반에 이르면 조세제도의 개혁으로 조운제가 폐지되면서, 가흥창도 역사의 뒤안길로 사라져 갔습니다.

이제 가흥창과 목계나루의 영화는 흔적도 없이 사라졌습니다. 가흥창이 있던 곳은 논밭으로 바뀐 지 이미 오래되었습니다. 일제강점기에도 5일장이 섰던 가흥은 이제 조용하고 한적한 시골 마을로 그 명맥을 유지하고 있을 뿐입니다.

남한강의 목계나루 역시 그저 한적한 시골 마을로 변한 지 오래되었습니다. 강둑엔 '목계나루터'라고 새긴 커다란 표지석만 외롭게 세워져 있어, 이곳이 나루터였음을 상기(想起)시켜 줄 뿐입니다.

이곳 충주시 중앙탑면 가흥리에서 태어난 남한강 시인, 박재륜(1910~2001)은 남한강의 애환과 시대적인 아픔을 이렇게 읊었습니다.

남 한 강

박재륜

그 옛적 고려와 조선조
뱃길이 발달하였다는 이 물줄기에
오늘은 다만 글자와 화상(畵像) 뭉겨진 조상(彫像)만 남았고
곡식과 소금이 오르내리던 장삿배의 그림자는 그쳤다.
지난 한때는 공산군과 대진하여 총탄과 포화가 맞서던 곳
에 있던 집 간 곳 없이
주추만 남은 빈자리에
지금은 무, 배추꽃이 한창이다
원포(遠浦)에는 돌아오는 돛단배도 있었다면
평사(平沙)에는 기러기 짝지어 내려앉음도 있었으리.
마음에 그려보는 부조(父祖)의 멋
내가 그 멋을 아무렇지도 않게 지내듯
강물이 흐른다.

부흥당과 서낭각씨도

원래 목계나루 부둣가 벼랑에 있던 서낭당을, 1972년 목계교를 건설하면서 봉지산 중턱으로 옮겼다가, 2013년 화재로 소실되자, 2015년 현재의 위치에 새로 지었습니다. 당집 안의 가운데는 서낭각씨 그림, 왼쪽엔 용신도, 오른쪽엔 산신도를 봉안하였습니다.

내가 오늘을 목메어 하듯

흐르는 강물이 바위를 넘는다.

'목계나루터' 표지석에서 강변도로를 따라 약 450미터쯤 가면, 길 왼쪽으로 「부흥당(富興堂)」이라는 단칸짜리 기와지붕의 산신당(山神堂)이 보입니다. 그 왼쪽 앞으로는 검은색의 「부흥당 유래비」가 세워져 있고요.

부흥당은 원래 목계나루 부둣가 벼랑에 있던 서낭당이었습니다. 지난 1972년 19번 국도를 확장할 때 목계교를 건설하면서 벼랑에 있던 서낭당을 봉지산(부흥산) 중턱으로 옮겨 새로 지었습니다. 이때 당집 안의 가운데는 서낭각씨 그림을, 왼쪽엔 용신도(龍神圖), 오른쪽엔 산신도(山神圖)를 봉안하였습니다. 그동안 서낭신만 모시다가 새로 산신과 용신을 추가하면서, 서낭당 대신 부흥당(富興堂)이란 현판을 달았습니다.

그러다 지난 2013년 화재로 소실된 것을, 2015년 4월 24일 충주시의 도움으로 현재의 위치에 다시 세운 것입니다. 그리고 2015년 11월 29일, 그 앞에 「부흥당의 유래비」를 세웠습니다.

한편, 여기서 조금 더 오르면 길 위쪽 산자락에 '목계나루'라는 복합문화공간이 나옵니다. 한옥 스타일의 건물로 강배체험관, 주막, 저잣거리, 수상 체험시설 등을 갖추고 있습니다. 강배체험관에는 그 옛날 목계나루를 가득 메웠던 배를 모티브로 강배들을 실제로 보고 느낄 수 있는 공간으로 조성하여, 다양한 체험활동을 할 수 있게 꾸며 놓았습니다.

다시 뒤돌아 나와서 목계나루터 표지석 옆, 소나무 아래 세워져 있는 신경림의 시비로 발걸음을 옮겨봅니다. 어느덧, 저녁노을이 붉게 물든 강가엔 쓸쓸함이 묻어납니다. 때마침 한줄기 스산한 바람이 강변 모래톱을 스쳐 갑니다.

신경림 시비
충주가 고향인 남한강 시인 고 신경림의 '목계장터' 시비입니다.

충주가 고향인 남한강 시인 신경림(1936~2024)은 「목계장터」를 이렇게
읊조렸습니다.

목 계 장 터

신경림

하늘은 날더러 구름이 되라 하고
땅은 날더러 바람이 되라 하네

청룡 흑룡 흩어져 비 개인 나루
잡초나 일깨우는 잔바람이 되라네

뱃길이라 서울 사흘 목계 나루에
아흐레 나흘 찾아 박가분 파는
가을볕도 서러운 방물장수 되라네

산은 날더러 들꽃이 되라 하고
강은 날더러 잔돌이 되라 하네

산서리 맵차거든 풀 속에 얼굴 묻고
물여울 모질거든 바위 뒤에 붙으라네

민물 새우 끓어 넘는 토방 툇마루
석삼년에 한 이레쯤 천치로 변해
짐부리고 앉아 쉬는 떠돌이가 되라네

하늘은 날더러 바람이 되라 하고
산은 날더러 잔돌이 되라 하네

4세기 한강의 주인은 백제였습니다.

한강은 지리적으로 한반도의 중심에 자리 잡고 있어, 일찍부터 수운 (水運)이 발달하고 남·북을 잇는 교통의 요충지였습니다. 또한, 한강은 서해의 바닷길을 통하여 중국을 오갈 수 있는 가장 가까운 수로 교통의 길목이었습니다. 경제적으로는 풍부한 수량과 비옥한 옥토를 기반으로

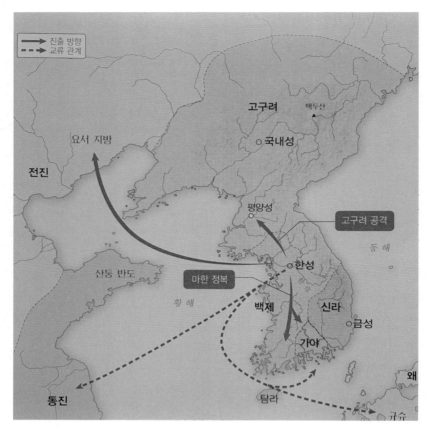

4세기 백제의 전성기

인적·물적 자원이 풍부한 곳이었습니다.

특히, 고대사회에서는 육로보다 수로가 가장 빠른 교통로였습니다. 영남지방에서 계립령과 죽령을 넘어 충주에 이르면, 충주에서 남한강 물길을 통하여 한강 하류까지 일사천리로 나아갈 수 있었습니다. 따라서 이 길은 남진(南進)과 북진(北進)의 전략적인 요충지이자 편리한 교통로였습니다.

그리고 남한강 중상류인 충주 지역은 철제 무기와 농기구를 대량 생산할 수 있는 철의 생산지였습니다. 따라서 편리한 교통로와 철의 산지를 갖추고 있는 충주 지역은 삼국 항쟁의 치열한 격전지였습니다. 결국, 한강을 차지한 나라가 삼국 항쟁의 주도권을 잡을 수 있었습니다.

한강이 삼국 항쟁의 격전지로 역사의 전면에 부상하게 되는 것은, 삼국이 연맹왕국 체제를 벗어나 중앙집권 국가로 발전하면서부터입니다. 왕권을 강화하고 중앙집권 국가를 완성하는 과정에서 각 나라의 영토 확장은 나라의 사활(死活)을 건 최고의 승부수였습니다.

이 책에서는 삼국의 영토 확장과 관련된 남한강 유역을 중심으로 알아보겠습니다.

한강 유역의 첫 번째 주인은 백제였습니다. 고이왕(234~286) 때인 3세기 중엽에 한강 유역을 장악한 백제는, 4세기 중엽 근초고왕(346~375) 때에 강력한 중앙집권 국가 체제를 완성합니다.

근초고왕은 활발한 정복 사업을 펼쳐 마한을 정복하고 탐라를 복속시킵니다. 이어 가야연맹의 작은 소국들을 정복하여 영토를 확장합니다. 이러한 국력을 바탕으로 근초고왕은 바다 건너 중국의 요서지역, 산동지역 그리고 일본의 규슈지역까지 진출하여 해상무역 국가로 발전합니다.

그런데 이때 고구려가 먼저 쳐들어왔습니다. 당시의 상황을 『삼국사기』「백제본기」 근초고왕 조에는 다음과 같이 기록하였습니다.

근초고왕 24년(369), 가을 9월에 고구려 왕 사유(斯由)가 보병과 기병 2만 명을 거느리고 치양(雉壤)에 와서 진을 치고 군사를 나누어 우리 민가를 침범하고 약탈하였다. 왕이 태자에게 군사를 주어 지름길로 치양에 이르게 하여 그들을 신속히 쳐부수고 5천여 명의 목을 얻었으며, 노획한 물건들을 장졸들에게 나누어 주었다.

위에서 고구려 왕 사유는 '고국원왕'이고, 치양은 지금의 황해도 배천 군 지역을 가리킵니다.

2년 뒤 전쟁에서 패배하였던 고구려가 다시 공격해 오자, 근초고왕은 예성강 강가에 군사를 숨겨두고 기다렸다가 고구려 군이 다가오자, 급습하여 물리쳤습니다. 이렇게 고구려가 연이어 침략하자, 이번에는 백제의 근초고왕이 직접 군사를 이끌고 평양성을 공격합니다.

다시 『삼국사기』「백제본기」근초고왕 조로 가보겠습니다.

근초고왕 26년(371) 겨울, 왕이 태자와 함께 정예병 3만 명을 거느 리고 고구려에 침입하여 평양성을 공격하였다. 고구려 왕 사유가 힘껏 싸워 막다가 날아온 화살에 맞아 죽자, 왕이 군사를 이끌어 물러났다.

이렇게 평양성 전투에서 백제의 근초고왕은 비록 평양성을 빼앗지는 못하였으나, 고구려의 고국원왕을 전사시키는 큰 성과를 거두었습니다. 이리하여 북쪽으로 황해도의 대부분 지역을 차지함으로써, 백제 역사상 최대의 영토 확장을 이룩하였습니다.

그리하여 4세기의 한반도는 한강 유역을 차지한 백제가 삼국의 주도 권을 장악하고 활발한 대외 활동을 전개하던 최고의 전성기였습니다.

그런데 371년 고구려의 고국원왕을 전사시킨 '평양성 전투'가, 두고두 고 백제의 원죄가 될 줄이야 그 누가 알았겠습니까?

5세기 고구려는 충주 고구려비를 세웠습니다.

백제의 평양성 침입으로 왕까지 전사한 고구려는 국가적인 위기를 수습하고, 소수림왕이 즉위합니다. 소수림왕은 불교를 공인하고, 태학을 설립하여 인재를 육성합니다. 이어 율령을 반포하는 등 중앙집권 국가 체제를 이룩합니다. 이때부터 고구려는 평양성 전투의 원한을 갚기 위해 절치부심합니다.

그러면, 당시 고구려의 왕위 계승이 어떻게 이루어졌는지 그 순서를 정리해 보겠습니다. 평양성 전투에서 고국원왕(331~371)이 전사하자, 그의 아들 소수림왕(371~384)이 즉위합니다. 소수림왕이 죽자, 그의 동생인 고국양왕(384~391)이 왕위에 올랐습니다. 소수림왕은 아들이 없었습니다. 그래서 동생인 고국양왕이 왕위를 계승한 것입니다. 그 뒤 고국양왕이 죽자, 그의 아들 광개토왕(391~413)이 즉위합니다.

자, 그럼 아버지 고국원왕이 전사한 이후, 아들인 소수림왕과 고국양왕이 백제와 싸운 전투를 『삼국사기』「고구려본기」 소수림왕과 고국양왕 조를 통하여 간략히 정리해 보겠습니다.

소수림왕 5년(375), 가을 7월에 백제의 수곡성(水谷城)을 쳐 함락시켰다.

소수림왕 6년(376), 겨울 11월에 백제의 북쪽 변경을 침공하였다.

소수림왕 7년(377), 겨울 10월에 백제가 군사 3만 명을 거느리고 와 평양성을 침공하였다. 11월에 남쪽으로 백제를 쳤다.

고국양왕 3년(386), 가을 8월에 왕이 군사를 발동해 남쪽으로 백제를 쳤다.

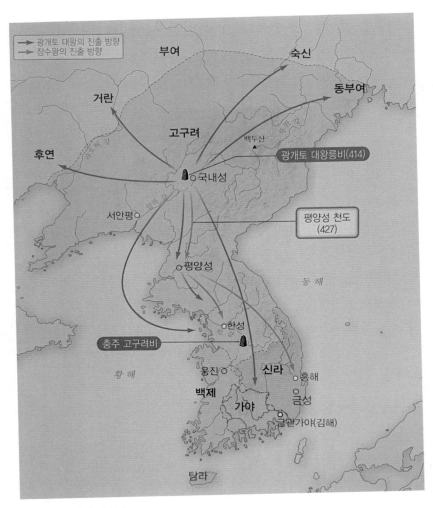

5세기 고구려의 전성기

고국양왕 6년(389), 가을 9월에 백제가 쳐들어와서 남쪽 변경 마을들을 노략질해 돌아갔다.

고국양왕 7년(390), 가을 9월에 백제가 달솔 진가모(眞嘉謨)를 보내 도압성(都押城)을 쳐부수고 2백 명을 사로잡아서 돌아갔다.

이를 간단히 정리하면, 소수림왕 때는 나름대로 선공하였으나, 고국양왕 때는 오히려 백제에 밀리는 상황이었습니다. 이제 전세를 역전시키는 임무는 손자인 광개토대왕의 몫으로 넘어갔습니다.

광개토대왕은 할아버지인 고국원왕의 원수를 갚기 위하여 즉위하자마자 가장 먼저 백제를 공격합니다. 다시『삼국사기』「고구려본기」광개토왕 조로 가보겠습니다.

광개토왕 1년(391), 가을 7월에 남쪽으로 백제를 쳐서 10개의 성을 함락시켰다. 겨울 10월에 백제의 관미성(關彌城)을 쳐서 함락시켰다. 그 성은 사면이 깎아지른 절벽이고 바닷물에 둘러싸여 있어, 왕이 군사를 일곱 갈래로 나누어 20일 동안 공격한 끝에 함락시켰다.

이렇게 백제와의 전투에서 기선을 제압한 고구려의 광개토대왕은 연이어서 침략하는 백제를 막아내면서, 오히려 8천여 명의 백제군을 사로잡는 큰 전과를 올립니다.

이어서 즉위한 장수왕(413~491)은 남진정책(南進政策)을 추진하기 위하여 평양 천도를 단행합니다. 장수왕 15년(427), 국내성에 있던 수도를 평양성으로 옮긴 것입니다. 그러자 위기의식을 느낀 신라와 백제가 이에 대항하기 위하여 나제동맹(羅濟同盟)을 체결합니다.

그 뒤 국력을 팽창시킨 장수왕은 친히 3만의 군사를 이끌고 백제의 수도 한성을 공격합니다. 당시의 상황을『삼국사기』「고구려본기」장수왕 조에는 이렇게 기록하였습니다.

장수왕 63년(475), 가을 9월에 왕이 군사 3만 명을 거느리고 백제를
침략하여 왕도인 한성(漢城)을 함락시켰으며, 그 왕 부여경(扶餘慶,
개로왕)을 죽이고 남녀 8천 명을 사로잡아서 돌아왔다.

이리하여 고구려는 371년 평양성 전투에서 전사한 고국원왕의 사무
친 원한을 갚고, 475년 드디어 한강 유역을 차지합니다. 무려 104년 만
의 앙갚음이었습니다. 이제 한강 유역을 장악한 고구려는 거칠 것이 없
었습니다.

반면, 백제는 전사한 개로왕(455~475)의 아들인 문주왕(475~477)이 즉위
하면서 그해 10월 빼앗긴 한성을 뒤로하고, 남쪽의 금강 유역인 웅진(熊
津)으로 천도합니다. 웅진은 지금의 충청남도 공주시입니다.

이렇게 한강 하류 지역을 장악한 고구려는 그 여세를 몰아서 남한강
상류까지 진출합니다. 이를 뒷받침해 주는 것이 지금의 충청북도 충주
시 중앙탑면에 세워져 있는「충주 고구려비」입니다. 남한강 중상류 지역
을 점령한 고구려는 이곳을 남방의 전진기지로 삼기 위하여 제2의 도읍
인 국원성(國原城)을 설치합니다.

『삼국사기』권35,「잡지」에는 국원성에 대한 내용이 다음과 같이 기록
되어 있습니다.

중원경(中原京)은 본래 고구려의 국원성(國原城)인데, 신라가 평정하
여 진흥왕이 소경(小京)을 설치한 것으로, 문무왕 때에 성을 쌓으니
둘레는 2천5백92보이다. 경덕왕이 중원경으로 고쳤으며, 지금의
충주(忠州)이다.

그리고 남한강 중상류 지역을 방어하기 위하여 고구려는 남한강 주변에 수많은 산성을 축조합니다. 충주의 장미산성, 단양의 온달산성, 영월의 태화산성·대야산성·왕검성·완택산성, 정선의 고성산성·애산성 등이 이를 뒷받침하는 것입니다.

그리하여 5세기의 한반도는 한강 유역을 장악한 고구려가 삼국의 주도권을 잡고, 고구려 역사상 최대의 영토를 자랑하며 한반도를 넘어 동아시아를 호령하였습니다. 실로 웅혼한 고구려의 기상이었습니다.

6세기 신라는 국원소경을 설치합니다.

이제 6세기에 이르면 신라가 비약적인 발전을 거듭합니다. 먼저 지증왕(500~514)은 국호를 제정하고 우산국을 복속시킵니다. 이어 법흥왕(514~540)은 율령을 반포하고 불교를 공인하였으며, 금관가야를 복속시키는 등 중앙집권 국가 체제를 이룩합니다.

삼국 중 가장 늦게 중앙집권 국가 체제를 이룩한 신라는 이제 영토 확장에 국력을 총동원합니다. 태백산맥과 소백산맥으로 고립된 신라가, 삼국의 주도권을 잡고, 중국과 교류할 수 있는 유일한 방법은 한강 유역을 장악하는 일이었습니다.

마침내 진흥왕(540~576)은 한강 유역으로의 진출을 위해 소백산맥을 넘어 남한강 상류 지역을 공략합니다. 이를 『삼국사기』「열전」 거칠부 조를 통해 알아보겠습니다.

진흥왕 12년 신미(551)에 왕이 거칠부(居柒夫)와 구진 대각찬(大角湌),

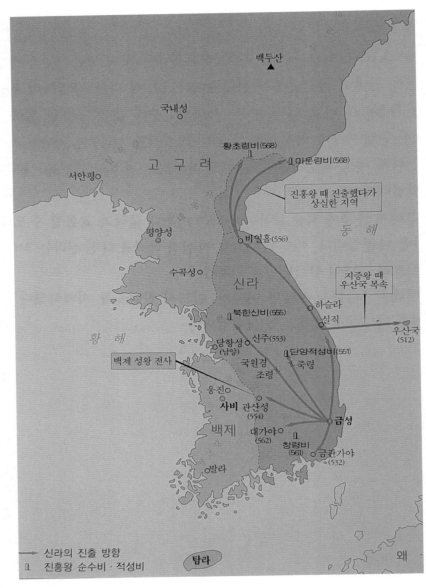

백두산 ▲

국내성

황초령비(568)

마운령비(568)

고구려

서안평 o

진흥왕 때 진출했다가
상실한 지역

평양성

비열홀(556)

동 해

수곡성 o

신라

지증왕 때
우산국 복속

하슬라

심직

우산국
(512)

북한산비(556)

황 해

당항성
(남양)

신주(553)

단양적성비(551)

백제 성왕 전사

국원경
조령

죽령

웅진 o

사비   관산성
(554)

금성

백제

대가야
(562)

창령비
(561)

금관가야
(532)

o 벨라

━━ 신라의 진출 방향

◨ 진흥왕 순수비 · 적성비

탐라

왜

6세기 신라의 전성기

…… 미진부 아찬 등 여덟 명의 장군에게 명하여 백제와 함께 고구
려를 침공하게 하였다. 백제 사람들이 먼저 평양을 쳐부수자, 거칠
부 등이 승세를 타고 죽령(竹嶺) 바깥쪽 고현(高峴) 안쪽의 10개 군
을 빼앗았다.

진흥왕은 백제군이 평양을 공격하는 사이, 죽령을 넘어 남한강 상류
지역의 10개 군을 점령합니다. 이를 뒷받침해 주는 것이 1978년 발견된
신라「단양적성비(丹陽赤城碑)」입니다.

그로부터 2년 뒤인 553년 7월에는 백제의 동북쪽 변경을 빼앗아, 백
제가 회복한 한강 유역까지 차지합니다. 그리고 이곳을 다스리기 위해
신주(新州)를 설치하고, 아찬 김무력(金武力)을 군주로 임명합니다. 김무
력은 삼국통일의 명장 김유신 장군의 할아버지입니다.

신라에 일방적으로 한강 유역을 빼앗긴 백제의 성왕(523~554)은 그 이
듬해에 신라의 관산성(管山城)을 쳐들어갑니다. 다시『삼국사기』「신라본
기」진흥왕 조로 가보겠습니다.

진흥왕 15년(554) 가을 7월, 백제왕 명농(성왕)이 가량과 함께 관산
성에 쳐들어왔다. 군주인 각간 우덕과 이찬 탐지 등이 맞아 싸웠
으나 불리해지자, 신주의 군주 김무력이 군사를 데리고 달려왔다.
교전하게 되자 비장인 삼년산군의 고간 도도가 급히 쳐서 백제왕
을 죽였다. 이에 여러 부대가 승세를 몰아 크게 이기고, 좌평 네 사
람과 사졸 2만 9천6백 명을 베었으며, 말 한 필도 돌아가지 못하게
하였다.

결국 관산성 전투에서 백제의 성왕이 전사함으로써 121년간이나 존속했던 나제동맹은 깨지게 됩니다. 이제 신라와 백제는 어제의 동지가 아닌 오늘의 원수지간이 되고 말았습니다.

이때 한강 유역을 장악한 진흥왕은 친히 북한산에 올라 영토를 개척하고 국경선을 확정 짓는 척경비(拓境碑)를 세웁니다. 『삼국사기』「신라본기」 진흥왕 조에는 이렇게 기록되어 있습니다.

진흥왕 북한산 순수비
국보. 국립중앙박물관 전시. 한강 유역을 장악한 진흥왕은 555년 친히 북한산에 올라 영토를 개척하고 국경선을 확정 짓는 척경비를 세웠습니다. 이렇게 진흥왕은 직접 정복한 지역을 순행하며 백성들을 위로하고 순수비를 세워 국경선을 확정 지었던 걸출한 군주였습니다.

진흥왕 16년(555) 겨울 10월, 왕이 북한산에 행차하여 영토를 개척하고 국경을 정하였다. 11월에 북한산에서 돌아왔는데, 왕이 지나오는 주·군에 교서를 내려 1년간의 납세를 면해주었고, 특별히 두 가지 사형죄를 제외하고는 모두 용서해 원래대로 회복시켜 주었다.

이것이 바로 북한산 비봉에 세웠던 그 유명한 진흥왕의 「북한산순수비(北漢山巡狩碑)」를 증언하는 기록입니다. 이렇게 진흥왕은 직접 정복한 지역을 순행하며 백성들을 위로하고 순수비를 세워 국경선을 확정 지은 걸출한 군주였습니다. 이제 명실공히 한강의 주인은 신라가 된 것입니다.

이어서 진흥왕 18년(557)에는 고구려가 남한강 유역의 충주에 설치했던 국원성을 '국원소경(國原小京)'으로 삼았습니다. 그리고 한강 하류 지역을 지배하기 위하여 설치하였던 신주를 폐지하고, 대신 북한산주(北漢山州)를 설치합니다. 그다음 해엔 귀족 집안의 자제 및 6부의 호민(豪民)들을 소경으로 이주시켜 국원소경을 강화하였습니다.

그리하여 한강 유역을 장악한 신라는 마침내 중국과 교류할 수 있는 발판을 마련하였습니다. 이를 바탕으로 착실히 국력을 팽창시킨 신라는 7세기에 이르러 마침내 삼국통일을 이룩하였습니다.

따라서 "한강을 장악한 나라가, 반드시 한반도를 지배하였다"는 사실을 역사가 증명하고 있는 것입니다. 자, 이제 우린 한반도의 중원(中原)을 상징하는 충주 고구려비와 탑평리 사지의 중앙탑을 만나러 갑니다.

한반도 최초의 충주 고구려비 발견

충주 고구려비는 충청북도 충주시 중앙탑면 용전리 입석마을에 세워져 있던 삼국 시대의 고구려비입니다. 전체 높이 2.03미터, 비면 높이 1.44미터, 너비 55센티미터, 두께 33~37센티미터의 화강암 비석입니다. 규모는 작지만, 꼭 광개토대왕릉비를 빼닮았습니다. 우리나라에서 발견된 유일한 고구려비입니다.

원래 입석마을은 예로부터 마을 어귀에 선돌이 세워져 있어, 이를 한자로 입석마을이라 부르게 된 것입니다. 처음엔 발견 당시 행정구역이 충청북도 중원군이라 「중원고구려비」라고 불렀습니다. 지금은 충주시

충주 고구려비

국보. 충북 충주시 중앙탑면 용전리 입석마을 보호각 안에 세워져 있던 사진입니다. 전체 높이 2.03m, 비면 높이 1.44m, 너비 55cm, 두께 33~37cm의 화강암 비석입니다. 우리나라에서 발견된 유일한 고구려비입니다.

와 중원군이 통합되었기 때문에 「충주 고구려비」라고 부릅니다. 그리고 2010년 12월 문화재지정명칭의 일제 정비 사업에 의해 중원고구려비를 '충주 고구려비'로 명칭을 변경하였습니다.

지난 1979년 2월 하순, 충주 지역 문화유산 동호인 모임인 '예성동호회(회장 유창종)' 회원들이 답삿길에, 입석마을에 들러 비석을 살펴보다가 흐릿하게 글자를 새긴 것이 발견됨으로써 세상에 알려지게 되었습니다. 예성(蘂城)은 고려 충렬왕 3년(1277)에 충주성을 개축하면서 성벽에 연꽃 문양을 새겨 넣었다고 하여 '꽃술 예(蘂)' 자를 써서, '예성(蘂城)'이라는 예쁜 이름을 얻게 되었습니다.

예성동호회는 이를 동국대 황수영 교수와 단국대 정영호 교수에게 알렸습니다. 그리하여 입석마을 비석에 대한 학술 조사가 시작되었습니다. 먼저 4월 5일 황수영, 정영호 교수가 입석마을에 도착하여 처음으로 비석을 탁본한 후 조사에 들어갔습니다. 이때 전면 10행, 좌측면 7행, 각 행마다 20여자씩 모두 400여 글자가 새겨져 있을 것으로 추정하였습니다. 또한, 어렵사리 '대왕, 국토, 신라토내, 사자, 상하' 등의 글자를 판독하고, 글자가 고졸한 예서풍인 점 등을 고려하여, 신라비의 가능성에 무게를 뒀습니다.

그리고 이틀 후인 4월 7일 오후 4시 30분, 단국대학교 학술조사단이 현장에 도착하여 본격적인 비석 조사에 착수하였습니다. 학술조사단은 정영호 교수를 단장으로 교수진 11명, 학생 16명 등 모두 27명으로 구성되었습니다. 그날은 비석에 잔뜩 껴있는 이끼를 제거하는 작업부터 시작하였습니다.

이튿날인 4월 8일, 마침내 신라비가 아닌 고구려비임이 밝혀졌습니다. 이날의 상황을 「충주 고구려비 전시관」의 전시 패널을 토대로, 시간대별로 정리해 보겠습니다.

- 6시~11시 : 천막 설치 후 이끼 제거 작업 진행
- 11시 : 비석에 대한 고유제(告由祭) 올림, 첫 탑영 진행
- 14시 : 전부대사자, 절교사, 제위상하, 십이월이십삼, 모인삼백, 신라토내당주, 하부수위사자, 모인신라토내중인, 국토, 고모루성수사하부 등의 명문 확인
- 15시 20분 : 고려태왕 판독으로 고구려비임이 확인됨
- 16시 : 정영호 단장 조사 결과 발표
    ① 이 석비는 고구려비임
    ② 석비의 성격은 고구려가 한강 유역을 개척한 척경비로 추정
    ③ 5세기 말 고구려 전성기 때 세워졌을 것으로 추정
- 20시 : 훼손 방지를 위해 석비를 마을 창고로 이전 보관

이리하여 한반도 최초의 고구려비가 세상 전면에 깜짝 등장하는 순간이었습니다. 실로 엄청난 센세이션을 일으킨 우리나라 최대의 금석문 발견이었습니다. 1981년 3월 18일 대한민국의 국보로 지정되었습니다.

충주 고구려비

충주 고구려비는 자연석 돌을 다듬어 비면을 만들고, 4면에 모두 글을 새겼습니다. 한 글자의 크기는 3.5센티미터 정도이며 1행은 23자로, 전면 10행, 좌측면 7행, 우측면 6행으로 추정됩니다. 그러나 마멸이 너무 심해 정확한 글자 수는 알 수 없으나 대략 400여 자로 추정하고 있습니다. 그중에서 판독할 수 있는 글자는 260여 자입니다. 서체는 고졸한 예서, 또는 예서풍의 해서로 쓰여 있습니다.

비석의 앞면에는 가로 10행, 세로 23행으로 모두 230개의 글자가 새겨져 있고, 현재 206자가 판독되었습니다. 4면 중 가장 많은 글자가 새겨져 있어 전체 내용을 파악하는 데 중요한 근거자료가 되고 있습니다.

좌측면은 마멸된 글자가 많으나 신유년, 우벌성, 고모루성 등 비문의 비밀을 풀어줄 핵심 단어가 많이 등장합니다. 4면 중 마지막 면으로 추정하고 있습니다.

뒷면 역시 마멸이 심하여 글자 판독이 어렵습니다. 다행히 왼쪽 마지막 행의 위에서 3분의 1정도 위치에 순(巡)자로 추정되는 글자가 확인되었습니다. 이로써 고구려비가 4면 비라는 것이 확인되었습니다. '순(巡)'자는 순행(巡行)의 준말로, 고구려왕이 새로 개척한 영토를 순행하였다는 의미가 담긴 것으로 추정됩니다.

충주 고구려비 전시관
충주 고구려비 전시관은 2012년 개관하였으며, 국내 유일의 고구려비인 충주 고구려비
를 전시하고 있습니다. 고구려의 고대사 흐름을 알아볼 수 있도록 전시해 놓았습니다.

　우측면은 가로 6행, 세로 23행으로 총 138개의 글자가 새겨졌을 것으로 추정되나, 마멸이 심하여 9자만 판독이 가능합니다. 그중에 전부(前部)라는 부명과 대형(大兄)이라는 관등명이 확인되었습니다. 특히, 대형(大兄)은 고구려의 관등명으로, 이 비가 고구려비임을 뒷받침하는 중요한 단서 중의 하나입니다.

　비문은 마멸된 부분이 많아서 전체적인 내용을 정확히 알아낼 수는 없습니다. 그리고 같은 글자나 용어라도 학자들 간에 이견이 있어 여러 가지 해석과 다양한 견해가 제기되었습니다. 먼저 앞면 첫머리에 '고려태왕 조왕(高麗太王祖王)' 부분에서 태왕 앞의 두 글자가 잘 보이지 않아 태왕이 누구인지 의견이 분분하였습니다.

　그런데 흥미로운 것은 진흥왕의 한강 진출을 주장하는 학자들은 대부분 진흥대왕으로 읽었지만, 선입견이 없는 학자들은 글자 그대로 고려태왕으로 읽었다는 웃지 못 할 일화가 전해지고 있습니다.

당시 현장에 늦게 도착한 어느 학자가 '진흥대왕(眞興大王)'이라 판독하던 글자를 "고려태왕(高麗太王)"이라고 말하자, 그간의 의문이 풀리면서 고구려비로 최종 판명이 났다고 그럽니다. 아마도 신라비일 것이라는 선입견이 판독을 어렵게 한 것이 아닌가 생각됩니다.

그럼, 「충주 고구려비」 앞면의 비문을 간략히 간추려보겠습니다.

> 5월 중에 고려태왕의 조왕께서 영…신라 매금은 세세토록 형제같이 지내기를 원하여 서로 수천하려고 동으로 (왔다.) …… 매금의 의복을 내리고 …… 12월 23일 갑인에 동이 매금의 상하가 우벌성에 와서 교를 내렸다. 전부대사자 …… 신라토내당주는 …… 신라 영토 내의 주민을 모아서…로 움직였다.

> 五月中 高麗太王祖王令□新羅寐錦 世世爲願 如兄如弟 上下相和守天東來之……賜寐錦之衣服 ……十二月廿三日甲寅 東夷寐錦上下至于伐城教來前部大使者……新羅土內幢主……新羅土內衆人跓動□□

고구려 사람들은 자신의 나라를 '고려(高麗)'라 부르고, 임금을 '왕 중의 왕'인 태왕(太王)으로 불렀습니다. 여기서 조왕(祖王)은 할아버지 왕을 뜻합니다. 그렇다면 이는 장수왕을 가리키는 것으로 추측됩니다. 그의 손자 문자왕이 할아버지 장수왕의 영토 확장을 기념하기 위해서 세운 것으로 추측할 수 있습니다.

문자왕(491~519)은 이름이 나운(羅雲)으로, 장수왕의 손자입니다. 아버지인 조다(助多)가 일찍 죽자, 장수왕은 나운을 태손(太孫)으로 삼았습니다. 할아버지가 왕위에 있은 지 79년 만에 돌아가시자 뒤를 이어 왕위에 올랐습니다.

그러나 아직도 건립 시기에 대한 명확한 규명은 이루어지지 않았습니다. 다만 장수왕 때보다는 문자왕 때의 건립설이 더 지지를 받고 있습니다. 이와 관련하여 좌측면의 '신유년(辛酉年)'과 앞면의 '12월 23일 갑인'이라는 연월일을 참고할 필요가 있습니다. 물론 문맥상으로 볼 때 이것이 건립 연도를 의미하는 것은 아닙니다. 다만 건립연대를 추정할 수 있는 중요한 단서가 될 수 있습니다.

먼저 신유년은 481년으로 추정됩니다. 그리고 12월 23일 일진이 '갑인(甲寅)'에 해당하는 해는 480년(장수왕 68)과 506년(문자왕 15)입니다. 그렇다면 적어도 481년 이후에 세운 것으로 추정되는데, 대체로 5세기 말에 문자왕이 건립한 것으로 보는 견해가 우세합니다.

비문에 나오는 '전부대사자(前部大使者), 전부대형(前部大兄), 제위(諸位), 하부(下部), 사자(使者)' 등은 모두 고구려의 관등명입니다. 그리고 '동이매금(東夷寐錦)'이라는 글자는 고구려가 신라를 '동이', 신라왕을 '매금'이라고 낮추어 부르는 말입니다. 당시 고구려가 스스로 천하의 중심을 자처하며 신라의 종주국임을 자임(自任)하는 것으로 추정됩니다.

한편 '신라토내당주(新羅土內幢主)'는 신라 영토 내에 주둔하는 고구려 군사 지휘관을 의미합니다. 따라서 고구려가 일정 기간 신라 안에 주둔하면서 영향력을 행사한 것으로 풀이됩니다. 또한, 신라왕에게 옷을 하사하는 것으로 보아, 당시 신라는 고구려의 영향력 아래에 있었던 것으로 생각됩니다.

충주 고구려비가 위치한 충주 지역은 남한강의 중상류 지역을 아우르고 있어 삼국시대부터 한반도의 각축장이었습니다. 소백산맥을 넘나드는 계립령과 죽령 길이 이곳으로 모이고, 여기서 남한강 물길과 연결되

건흥 5년이 새겨진 금동 광배
국립청주박물관 소장. 충주 노은면에서 출토
된 것으로 건흥은 고구려의 연호로 추정하고
있습니다.

어 한강 하류 지역이나 서해로 갈 수 있는 천혜의 길목이었습니다. 따라서 육로와 수로가 교차하는 충주 지역을 차지한 나라가 한반도의 주도권을 장악할 수 있었습니다.

이렇게 5세기 후반 고구려는 남한강 상류까지 장악합니다. 그리고 남방의 전략적 요충지로 삼기 위하여 남한강의 중상류 지역인 충주에 국원성을 설치합니다. 바로 이 시기에 충주 고구려비가 세워졌을 것으로 추정됩니다. 당시 충주 지역의 국원성은 만주 지안의 국내성과 더불어 수도인 평양성 다음으로 중요시하였던 고구려의 전략적인 요충지였습니다.

실제로 충주 고구려비가 있는 중앙탑면에는 고구려의 흔적이 많이 남아있습니다. 불교가 고구려에서 신라로 전파되는 길목에 조성된 것으로 추정되는 충주 봉황리 마애불상군과 남한강변에 있는 장미산성에서도 고구려계통의 유물이 다수 출토되었습니다. 또한 이웃 노은면에서도 고구려의 연호로 추정되는 '건흥오년세재병진(乾興五年歲在丙辰)'이라는 명문이 새겨진 금동 광배가 출토되었습니다.

따라서 충주 고구려비와 중앙탑이 세워져 있는 중앙탑면 일대가 5세기 후반에서 6세기 전반에 고구려의 국원성 지역이었을 것으로 추정됩니다.

탑평리사지의 중앙탑

충주고구려비전시관에서 남한강 강가 쪽으로 2킬로미터 정도 가면 중앙탑공원이 나옵니다. 그 공원 한가운데에 '충주 탑평리 칠층석탑'이 우뚝 솟아 있습니다. 일명 중앙탑(中央塔)입니다. 행정구역은 충청북도 충주시 중앙탑면 탑평리 11번지입니다.

원래는 충주시 가금면 탑평리였는데, 지난 2014년 2월 1일 행정구역 명칭 변경에 따라 가금면이 중앙탑면으로 개칭되었습니다. 사람들은 이곳에 큰 탑이 서 있다고 하여 '탑들'이라 불렀고, 이를 한자로 표기하면서 탑평리(塔坪里)가 되었습니다.

이곳 탑평리 칠층석탑이 서 있는 자리는 옛 절터였습니다. 그러나 언제 창건되었다가 언제 폐사되었는지 현재로서는 기록이 없어 전혀 알 수가 없습니다. 절 이름 또한 마찬가지입니다.

다만 1972년 대홍수로 남한강이 범람하자, 주변의 민가들은 모두 물에 떠내려갔고, 절터의 흔적도 대부분 사라졌다고 합니다. 더욱 안타까운 것은 마을 복구 작업을 시행하면서 불도저로 싹 밀어버려 그나마 남아있던 흔적마저도 싹 없어져 버렸다고 전해집니다. 그땐 우리의 국력과 문화 수준이 딱 그 정도였습니다.

탑평리 절터 주변에서는 무수한 기와 파편들이 출토되었습니다. 대부분 고구려와 신라 계통의 연화문 기와 파편들이 주를 이루었습니다. 그

중앙탑 공원 전경
충주시는 중앙탑을 중심으로 아름다운 사적공원을 조성하여, 시민들의 문화공간이자
쉼터로 가꾸어 놓았습니다. 석탑이 우뚝 솟은 언덕을 중심으로 너른 잔디밭을 조성하여
나무를 심고, 그 사이사이에 조각 작품 26점을 전시해 놓아 보는 재미가 쏠쏠합니다.

러나 아직도 창건연대와 사찰 이름을 규명할 수 있는 명문 와당은 발견
되지 않았습니다. 그밖에 석등 하대석, 가옥형 옥개석, 6엽 연화문 수막
새 등이 출토되었습니다.

　그런데 대부분의 사람은 탑평리 칠층석탑을 '중앙탑'이라고 부릅니다.
여기에는 나라의 한가운데임을 상징하는 전설이 전해지고 있습니다. 통
일신라 때 한 사람은 남쪽 끝에서, 또 한 사람은 북쪽 끝에서 같은 날 같
은 시각에 출발하였습니다. 그렇게 출발한 두 사람이 서로 마주친 곳이
이곳이었습니다. 그래서 이를 기념하기 위하여 탑을 세우고, 이름을 중
앙탑이라 불렀다는 이야기입니다.

지금은 1992년 탑평리 칠층석탑을 중심으로 아름다운 사적공원을 조성하여, 시민들의 문화공간이자 쉼터로 가꾸어 놓았습니다. 석탑이 우뚝 솟은 언덕을 중심으로 너른 잔디밭을 조성하여 나무를 심고, 그 사이사이에 조각 작품 26점을 전시해 놓아 보는 재미가 쏠쏠합니다. 탑으로 오르는 길은 납작한 돌로 바닥을 깔아 놓아 발걸음이 상쾌합니다.

그 옆으로는 남한강이 유유히 흘러갑니다. 탑을 둘러보고 내려와 강가에 서면, 물결은 이내 발밑까지 바짝 다가와 찰랑찰랑 너울댑니다. 참으로 아름답고 평화로운 서정성 짙은 남한강이 파노라마처럼 펼쳐집니다.

탑평리 7층 석탑이 가장 아름다울 때는, 구름 한 점 없는 파란 하늘을 배경으로 사진을 찍는 찰나의 순간입니다. 이른 아침 물안개가 곱게 피어올라 탑을 드리울 땐 그저 신비스럽게만 느껴집니다. 안개비가 부슬부슬 내리는 가을날의 모습은 한 폭의 수채화가 따로 없습니다.

충주 탑평리 칠층석탑

충주 탑평리 칠층석탑은 흙으로 높게 쌓은 축대 위에 우뚝 서 있어 상승감이 돋보입니다. 석탑의 구조는 2중 기단 위에 7층 석탑으로, 통일신라시대의 석탑 양식을 갖추고 있습니다. 통일신라의 석탑 중에서 유일하게 7층으로 쌓아 올린 큰 탑입니다. 높이도 12.95미터로 가장 높습니다.

계단을 밟고 축대 언덕 위로 오르면, 기단부의 장중한 크기에 압도당합니다. 아래에서 바라볼 때보다 훨씬 크고 높게 보입니다. 맨 아래에는 10여 개의 크고 편편한 장대석으로 지대석을 깔고, 그 위에 2중 기단을 쌓아 올렸습니다. 두 기단의 면석과 갑석은 여러 장의 판석으로 가지런히 짜맞추었습니다. 각 모서리와 면 사이에 우주와 탱주를 조각하였습니다.

하층기단 갑석 위에는 아주 낮은 각진 굄과 둥근 굄을 마련하여 상층기단을 받쳤습니다. 상층기단 갑석의 아랫면에는 부연(附椽)을, 윗면에는 별석으로 2단의 각진 굄을 마련하여 1층 몸돌을 받치고 있습니다. 부연이란 '붙을 부(附)' 자에 '서까래 연(椽)' 자를 써서, 처마가 번쩍 들려 보이게 하려고 처마 서까래 끝에 덧얹는 네모난 짧은 서까래를 말합니다. 통일신라 석탑의 일반적인 특징입니다.

탑신부의 1층 몸돌은 각 모서리기둥과 면석이 모두 다른 돌이며, 면마다 두 개의 면석으로 정연하게 짜맞추었습니다. 2층 몸돌부터 7층 몸돌까지는 4각에 모서리기둥만 새겼고 아무런 장식이 없습니다.

탑신부의 지붕돌은 1층부터 7층까지 아랫면에 다섯 단의 층급받침이 조성되어 있고, 낙수면은 경사가 완만하나 추녀 끝이 살짝 반전되어 경쾌하게 보입니다. 그리고 네 귀퉁이엔 풍경을 달았던 구멍이 나 있습니다. 지붕돌 윗면에는 각진 2단의 굄을 마련하여 위층 몸돌을 받치고 있습니다.

상륜부에서 특이한 것은 7층 지붕돌 위에 똑같은 모양의 노반을 이중으로 올렸다는 점입니다. 그리고 노반 위로 둥근 복발과 앙화를 올려 탑을 완성하였습니다.

전체적으로 보면, 상층 기단과 1층 몸돌을 높게 하고 지붕돌의 폭은 좁게 하여, 생각보다 시각적으로 크고 높게 보입니다. 그래서 안정감보다는 상승감이 뛰어난 탑입니다. 탑의 아래쪽만 바라보면 장중하고 튼실하나, 전체를 조망하면 훤칠하고 늘씬합니다. 탑의 건축 방식과 특징으로 보아 아마도 8세기 후반에 건립된 것으로 추정됩니다. 충주 탑평

충주 탑평리 칠층석탑

국보. 흙으로 높게 쌓은 축대 위에 우뚝 서 있어 상승감이 돋보입니다. 석탑의 구조는 2중 기단 위에 7층 석탑으로, 통일신라의 석탑 중에서 유일하게 7층으로 쌓아 올린 큰 탑입니다. 높이도 12.95m로 가장 높습니다.

리 칠층석탑은 1962년 12월 20일 국보로 지정되었습니다.

일제강점기에 탑이 무너질 위험이 있어 1917년 11월부터 1918년 1월까지 전면 해체 복원 수리 작업을 진행하였습니다. 이때 사리장엄(舍利莊嚴)이 발견되었습니다. 6층 몸돌에서 서류(書類)조각과 구리거울 2점, 목제칠합과 은제사리합 등이 나왔습니다. 한편, 기단부에서도 청동제 뚜껑이 있는 합이 나왔습니다.

특히 은제사리합 안에는 사리가 담긴 사리병이 있었는데, 주변에는 몇 개의 사리가 흩어져 있었다고 합니다. 그리고 구리거울 2점은 고려시대에 만들어진 것으로 추정됩니다. 따라서 고려시대에 보수 작업을 하면서 재차 사리장치를 봉안한 것으로 짐작됩니다.

앞에서 언급하였듯이 6세기 중반에 이르면 신라의 진흥왕이 고구려를 물리치고 남한강 중상류 지역을 차지합니다. 이어서 그 여세를 몰아 한강 하류 지역까지 차지하고 북한산순수비(555)를 세웠습니다. 진흥왕 18년(557)에는 전략상의 요충지인 충주 지역을 국원소경으로 삼았습니다. 이제 바야흐로 고구려 제2의 도읍이었던 국원성이 신라 제2의 도읍인 국원소경으로 바뀐 것입니다.

훗날 삼국을 통일한 신라가 경덕왕(742~765) 때에 이르면, 국원소경에 5소경의 하나인 중원경(中原京, 757년)을 설치합니다. 중원(中原)이란, 나라의 한가운데를 의미합니다. 그래서 이 시기에 나라의 한가운데를 상징하는 중원경에 국태민안을 염원하는 사원을 건립하고, 이를 기념하기 위하여 칠층탑을 세운 것이 아닐까, 추측해 봅니다.

제천 월광사지 · 덕주사지 ·
사자빈신사지 및
충주 미륵대원지 · 하늘재

우리나라 최초의 고갯길,
하늘재로 오르는 문화회랑의 폐사지들

월악산 송계계곡

　월악산(月岳山) 국립공원의 송계계곡은 충주시와 제천시의 경계 지점에 있는 아름다운 천하절경의 명승지입니다. 충주호와 연결되는 제천시 한수면 송계리에서 충주시 수안보면 미륵리로 이어지는 10여 킬로미터의 '미륵송계로'는, 그 옛날 우리나라 최초의 고갯길인 하늘재(계립령)를 넘나드는 남북 교통의 요충지였습니다.

　신라 아달라이사금 때 개척한 하늘재는 여말선초 문경새재가 새로 열리기 전까지 무려 1,200여 년간 소백산맥을 넘어 남·북을 이어주던 가장 중요한 교통대로였습니다. 이렇게 일찍부터 남·북을 잇는 전략적 요충지인 송계계곡에는 통일신라시대부터 고려시대에 걸쳐 많은 사찰이 세워졌습니다. 그러나 오늘날엔 사찰의 대부분이 폐사지로 남아, 저 같은 답사객만 반길 뿐입니다.

송계팔경의 망폭대
기암 정상에서 내려다본 송계팔경이 아름답게 펼쳐져 있다고 하여 '폭포(8경)를 볼 수
있는 곳'이라는 데서 유래한 지명입니다. 송계팔경은 팔랑소, 와룡대, 망폭대, 수경대,
학소대, 자연대, 월광폭포, 월악영봉을 일컫습니다.

　　먼저 남한강 뱃길로 이어지는 송계리 산자락에는 '월광사 원랑선사탑
비'가 세워져 있었던 월광사지가 있습니다. 도로에서 직선거리로 약 300
미터 산록에 있습니다. 하지만 지금은 입산 금지구역으로 지정되어 있
어 올라갈 수가 없습니다.

　　다시 미륵송계로에서 조금 더 오르다 보면 덕주골 휴게소가 나옵니
다. 여기를 지나자마자 왼쪽으로 꺾어 들면, 덕주골 덕주사로 가는 미륵
송계로2길입니다. 승용차는 덕주사 주차장까지 갈 수 있습니다. 덕주사
에서 월악산 영봉으로 오르는 등산로를 따라 약 1.6킬로미터를 오르면
산 중턱에 덕주사지가 있습니다. 신라 마지막 왕인 경순왕의 딸 덕주공

주가 망국의 한을 달래기 위하여 조성하였다는 '덕주사지 마애여래입상'
이 커다란 바위에 처연하게 새겨져 있습니다.

다시 뒤돌아 나와 미륵송계로에서 계곡을 따라 조금 오르면 왼쪽엔
망폭대, 오른쪽엔 덕주산성 남문이 보입니다. 여기서 조금 더 가면 삼거
리가 나오고, 오른쪽 골뫼골 계곡 길로 200미터쯤 가면, 오른쪽 축대 위

월악 사자빈신사지 전경
충북 제천시 한수면 송계리 골뫼골 초입 축대 위에 있는 월악산 사자빈신사지 구층 석
탑의 전경입니다.

로 사자빈신사지가 나타납니다. 예서 돌계단을 밟고 살포시 오르면 '사자빈신사지 사사자 구층석탑'이 오롯이 세워져 있습니다.

여기서 다시 뒤돌아 나와 미륵송계로를 따라 4.8킬로미터 정도 가면 미륵리 삼거리가 나옵니다. 삼거리에서 왼쪽 미륵리사지길로 꺾어 들어 400여 미터를 에돌아서 내려가면 미륵대원지가 나타납니다. 미륵대원 절터는 돌들의 경연장을 방불케 합니다. 절터 맨 남쪽 끝자락 석축 석실 안에는 순박한 얼굴의 '미륵리 석조여래입상'이 우뚝하고, 그 앞으로는 팔각석등, 오층석탑이 남북 일직선상에 세워져 있습니다. 그밖에 사각석등, 우리나라에서 가장 큰 돌거북, 누워있는 당간지주, 하늘재로 오르는 길 언덕 위의 삼층석탑, 불두 등이 옛 절터의 위세를 뽐내고 있습니다.

절터 입구에서 개울을 따라 동쪽으로 가면, 하늘재로 오르는 산길이 나옵니다. 길 초입 오른쪽에는 장방형의 역참(驛站) 터가 보입니다. 하늘재를 오르내리는 관리들에게 숙식을 제공하고 말을 갈아탈 수 있는 역(驛)과 원(院)이 있던 자리입니다.

이처럼 송계계곡은 그 옛날 남북을 잇는 교통대로의 요충지이자, 불교문화를 꽃피운 문화회랑(文化回廊)이었습니다. 자, 이제 우린 송계계곡의 고즈넉한 폐사지를 찾아갑니다.

월광사지의 어제와 오늘

제천 월광사지(月光寺址)는 충청북도 제천시 한수면 송계리 산 9번지, 월악산 남서쪽 산록에 있는 절터입니다. 「월광사지 원랑선사탑비」의 비문에 의하면, 월광사는 통일신라의 효소왕(692~702) 때 승려 도증(道證,

?~702)이 창건하였다고 기록되어 있습니다. 그러나 언제 어떻게 폐사되었는지는 문헌 기록이 없어 알 수 없습니다.

월광사는 선종 9산 중 성주산문(聖住山門)을 개창한 낭혜화상 무염(無染, 801~888)의 제자인 원랑선사가 머물렀던 사찰입니다. 따라서 법상종 계열이었던 월광사는 원랑선사 대통(大通)이 선사상을 전파하고 교화하면서 선종 계열의 사찰로 변모하였습니다.

그 뒤 통일신라 헌강왕 9년(883) 원랑선사가 입적하자, 임금은 시호를 원랑선사(圓朗禪師), 탑호를 대보광선(大寶光禪)이라 내렸습니다. 탑비는 진성여왕 4년(890)에 건립되었습니다. 이 「원랑선사탑비」는 일제강점기 일본인들에 의해 1922년 조선총독부 박물관이 있는 경복궁으로 이전되었습니다.

그 후 2005년 10월 용산 국립중앙박물관을 개관하면서 1층 상설전시관 내 역사의 길에 전시되었습니다. 그러다가 팬데믹(pandemic) 시기인 지난 2020년 그룹 '방탄소년단(BTS)'의 가상 졸업식 「디어 클래스 오브 2020(Dear Class of 2020)」의 영상 배경으로 원랑선사탑비가 등장한 것입니다. 이 영상이 전 세계에 알려지면서 엄청난 화제가 되었습니다.

그러자 제천시는 2021년부터 이 탑비의 복제품 제작 사업을 추진하여, 2023년 3월 제천시 「의림지 역사박물관」 광장에 복제 원랑선사탑비를 세웠습니다. 그리고 2022년 6월 제천시는 월악산국립공원 내 월광사지의 문화유산으로서의 가치를 조명하기 위한 종합정비계획을 수립하여 단계적으로 시행하기로 하였습니다. 발굴 조사를 거쳐 보존 관리 조치가 완료되면 문화유적지로 일반에 개방하는 방안도 추진한다고 합니다.

그런데 앞에서 언급하였듯이 2023년 6월 국립중앙박물관은 정토사지 홍법국사 실상탑과 탑비, 그리고 제천 월광사지 원랑선사탑비를 오는

월광사 원랑선사탑비 운반 상황
일제강점기인 1922년 일본인들에 의해 조선총독부 박물관이 있는 경복궁으로 이전하기
위해서 인부들을 동원해 탑비를 해체하여 운반하는 모습입니다.

2026년 개관 예정인 국립충주박물관으로 이전하겠다는 계획을 발표한
바 있습니다.

이 소식이 알려지자, 제천시는 2023년 9월 '제천 월광사지 원랑선사탑

비 제자리 찾기 범시민운동본부'를 구성하고, 원랑선사탑비를 제천으로 귀환시켜야 한다고 주장하였습니다. 따라서 탑비의 국립충주박물관 이전 계획도 반대하고 있습니다. 제천시는 2028년을 목표로 월광사지 종합정비계획을 추진하고 있습니다.

이제 월광사지에 대하여 알아보겠습니다.

월광사지는 월악산 정상부에서 흘러내리는 월광폭포 서쪽 경사면에 남향으로 자리 잡은 6단의 산지 가람입니다. 하지만 지금은 입산 금지 구역으로 지정되어 들어갈 수 없습니다. 하루빨리 사지를 잘 정비해서, 들어갈 수 있는 날이 오기를 고대합니다.

한편, 미륵송계로 확장공사 중에 월광사로 진입하는 초입의 논둑에서 「대불정주범자비(大佛頂呪梵字碑)」가 발견되어, 고려시대에도 선종 계통 사찰의 법맥을 이어온 것으로 추정됩니다. 이 대불정주범자비는 현재 하덕주사에 보관되어 있습니다.

현재 절터에는 원랑선사탑비가 있었던 자리와 여러 승탑 석재가 주변에 흩어져있습니다. 승탑 부재로는 지대석, 연화문 상·하대석, 상륜이 망실된 석종형 승탑 등이 산재하여 있습니다. 그리고 석축의 흔적이 남아있고, 각종 기와편, 도기편, 자기편 등이 수습되고 있습니다. 특히 조선시대 백자편과 기와 제작 시기 등을 종합적으로 고려할 때, 조선 전기까지 존속하다가 17세기 이전에 폐사된 것으로 추정됩니다.

특히, 원랑선사탑비가 세워져 있었던 자리에는 일제가 세운 표석이 남아있습니다. 표석엔 다음과 같은 내용이 적혀 있습니다.

대정십일년 조선총독부박물관내이 충청북도 제천군 한수면 송계리 월광사 원랑선사 대보선광탑비 원재지

大正十一年 朝鮮總督府博物館內移 忠淸北道 堤川郡 寒水面 松界里 月光
寺 圓朗禪師 大寶禪光塔碑 原在地

위에서 '대정 11년'은 당시 일본의 연호로, 1922년을 가리킵니다. 이를
풀이하면 '1922년에 조선총독부 박물관 내로 옮겼으며, 충청북도 제천
군 한수면 송계리 월광사 원랑선사 대보선광탑비의 원래 있던 자리'라
는 뜻입니다.

월광사지가 위치한 송계계곡은 옛 신라 영토였던 영남지방에서 소백
산맥의 하늘재를 넘어 한강 유역으로 진출할 수 있는 육로와 수로를 잇
는 고대 교통로의 전략적 요충지였습니다. 월광사지는 2012년 11월 2일
충청북도 기념물로 지정되었습니다.

원랑선사 대보선광탑비

월광사지 원랑선사 대보선광탑비는 통일신라 하대의 승려인 원랑선
사(816~883) 대통의 일대기를 기록한 탑비입니다. 지금은 고향으로 돌아
가려고 국립중앙박물관 수장고에 보관되어 있습니다. 따라서 현재는 직
접 볼 수 없습니다.

그럼, 먼저 「원랑선사 대보선광탑비」의 비문을 중심으로 그의 일대기
를 간략히 알아보겠습니다. 선사의 이름은 대통(大通)이고, 속성은 박씨
(朴氏)입니다. 헌덕왕 8년(816)에 태어났습니다. 그 뒤 문성왕 7년(845) 봄
에 머리를 자르고 출가합니다. 이어 대덕(大德) 성린(聖鱗)에게 나아가 구
족계(具足戒)를 받고 정식 승려가 되었습니다.

선사의 법통은 선종 9산의 하나인 성주산문의 창건주 낭혜화상 무염에서 시작됩니다. 낭혜화상은 성주산문을 창건한 후 전교하면서 수많은 제자를 배출합니다. 그중에서 자인선사(慈忍禪師)가 뛰어났습니다. 원랑선사는 동문 선배인 자인선사의 영향을 받아 문성왕 18년(856) 당나라 유학길에 오릅니다.

선사는 중국의 여러 사찰을 두루 찾아본 다음 앙산(仰山)에서 징허대사(澄虛大師)에게 불법을 배웠습니다. 그 뒤 명산을 순례하며 이름난 선사들을 친견한 후, 경문왕 6년(866)에 신라로 귀국합니다. 신라로 돌아온 선사는 그 이듬해 월악산의 월광사(月光寺)로 거처를 옮겨 여생을 보냅니다.

원랑선사가 월광사에 주석하며 선(禪) 사상을 선교하자 먼 지역에서부터 찾아오는 신도가 끊이지 않았다고 합니다. 그리하여 선사의 향기로운 명성이 사방 천지에 드높아지자, 그 찬사는 마침내 대궐까지 소문납니다. 이에 경문왕은 관영(觀榮)법사를 보내어 조서(詔書)를 내려 칭찬하고, 산문을 위로합니다. 또한, 선사께서 계속하여 월광사의 주지를 맡도록 명합니다. 그리하여 월광사는 창건 이래 가장 빛나는 전성기를 맞이합니다.

헌강왕 9년(883) 여름, 선사의 입적을 예고라도 하듯 기이한 일이 벌어집니다. 비문에 "한여름에 뱀들이 구멍에서 나와 골짜기에 가득 차고 산을 덮었는데, 이들이 소리 내어 슬프게 흐느끼고 머리를 숙이면서 피눈물을 흘렸다"고 쓰여 있습니다.

그러자 선사는 문인들에게 다음과 같이 당부하고, 단정하게 열반에 들었습니다.

사는 것에는 끝이 있으니 나라고 어찌 끝이 없겠느냐, 너희들은 마땅히 게으름 피우지 말고, 부지런히 수행에 힘써야 할 것이다.

이날이 그해 10월 5일이었습니다. 나이는 68이요, 승려 생활 39년이었습니다.

원랑선사가 입적하자, 헌강왕(875~886)은 대보선광(大寶禪光)이라는 탑호를 내립니다. 이어 수금성군태수(守錦城郡太守) 김영(金穎)에게 비문을 짓게 하고, 글씨는 승려 순몽(淳蒙)이 왕명을 받들어 구양순의 해서체로 썼습니다.

이제 원랑선사 대보선광탑비를 감상하겠습니다.

탑비의 구성은 귀부인 거북받침 위에 비신을 올려놓고 그 위에 교룡을 새긴 머릿돌을 얹은 신라 하대의 전형적인 양식입니다. 전체적으로 각 부분의 조형 비례가 알맞아 안정감이 돋보입니다. 단아하면서도 정교하고 섬세한 조각 솜씨가 매우 훌륭한 당대의 명작입니다.

거북받침의 얼굴은 용머리 형상이며 짧은 목을 곧추세워 당당하게 정면을 응시하고 있습니다. 코는 잔뜩 인상을 찌푸려서인지 콧등 주름이 선명하고 콧구멍은 들려있습니다. 입을 꽉 다물다 보니 윗입술에 굴곡진 주름이 험상궂게 보입니다. 목덜미와 뱃가죽, 몸통 등가죽에는 저부조의 아름다운 무늬를 아로새겨 우아하게 장식하였습니다.

거북 등에는 큼지막한 겹 테두리의 오각형 귀갑문을 새기고, 그 안에 예쁜 연꽃을 조각하였습니다. 육각이 아닌 오각의 귀갑문을 새긴 것이 특이합니다. 네 발은 몸집에 비해 작게 표현했으나 발톱은 암팡집니다. 꼬리는 안으로 한 번 감았다가 끝에서는 밖으로 한 번 더 감았습니다.

거북받침 중앙에는 직사각형의 비신대좌를 마련하고, 아랫부분엔 구름무늬와 연꽃무늬를 화려하게 조각하였습니다. 비좌의 네 면에는 안상

월광사지 원랑선사 대보선광탑비
보물. 비문은 왕명으로 금성군태수 김영이 짓고, 글씨는 승려 순몽이 구양순의 해서
체로 썼습니다. 전체적으로 각 부분의 조형 비례가 알맞아 안정감이 돋보입니다. 단
아하면서도 정교하고 화려한 조각 솜씨가 매우 훌륭한 당대의 명작입니다.

을 새겼는데 전면에 5개, 양 측면에는 2개씩 오목새김으로 조각하였습니다. 그 위로 단을 마련하고 2단의 괴대 밑으로 복련의 연꽃을 빙 둘러 새겨 예쁘게 장식하였습니다.

비신은 대리석으로 조성하여 거무스레한 물결무늬가 왼쪽에서 오른쪽으로 휘돌아갑니다. 비신의 높이는 2.26미터, 너비는 0.97미터, 두께는 24센티미터입니다. 비신에는 가로, 세로로 3센티미터 크기의 정사각형 격자(格子) 선을 그어놓고, 그 안에 한 자, 한 자 정성껏 글자를 새겨 넣었습니다. 글자는 원랑선사의 제자인 승려 진윤(眞胤) 등이 새겼습니다. 그러나 아쉽게도 풍화작용으로 마모가 심하여 맨눈으로 글자를 판독하기가 매우 어렵습니다.

이수인 머릿돌은 구름 속에서 아홉 마리의 교룡이 용틀임하는 모습을 사실적으로 조각하여 화려하기 이를 데 없습니다. 앞면 중앙에는 사각형의 제액이 구획되어 있는데 마모가 심하여 판독이 불가능합니다. 원래부터 글자를 새기지 않은 것인지, 아니면 풍화작용으로 글자 부분이 떨어져 나간 것인지 저로서는 알 길이 없네요. 그 제액을 중심으로 용, 구름, 연꽃무늬가 정교하고 화려하게 조각되어 있습니다.

원랑선사 탑비의 전체 높이는 3.95미터로, 크지도 작지도 않고 아주 적당한 크기입니다. 그래서 훤칠하고 늘씬하고 세련되고 아주 잘 생겼습니다. 특히, 거북받침과 머릿돌에 새긴 화려하고 정교한 문양의 조각 수법은 9세기에 조성된 탑비 중에서 단연 으뜸입니다. 진성여왕 4년(890) 9월 15일 탑비를 세웠습니다. 1963년 1월 21일 보물로 지정되었습니다.

덕주사지 마애여래입상

덕주사지(德周寺址)는 월악산(月岳山, 1,097m)의 남쪽 기슭 해발 560미터의 중턱에 있는 절터입니다. 덕주휴게소 부근에서 덕주골 덕주사로 가는 길로 꺾어 들어, 약 750미터를 가면 덕주산성 동문이 나옵니다. 여기서 다시 250미터 정도 가면 덕주사 주차장에 이릅니다. 여기가 하덕주사입니다.

덕주사는 신라 진평왕 9년(587)에 창건되었다고 전합니다. 하지만 정확한 근거도 없고 누가 창건하였다는 기록도 없습니다. 조선 중종 25년(1530)에 편찬된 『신증동국여지승람』 제14권, 충청도 충주목 조에 "덕주사는 월악산 밑에 있다. 속담에 전하기를, '덕주부인(德周夫人)이 절을 세웠기 때문에 덕주사로 이름 지었다'고 한다."라고 기록되어 있습니다. 따라서 10세기 중엽에 창건되었을 것으로 추정하는 견해도 있습니다.

전설에 따르면 신라의 마지막 왕 경순왕(927~935)이 고려에 항복하자, 마의태자와 동생 덕주공주가 금강산으로 가는 길에, 덕주공주는 이곳에 덕주사를 짓고 마애불을 조성한 후 아버지인 경순왕과 오빠인 마의태자를 그리워하며 여생을 보냈다고 전해집니다.

그런데 오늘날 덕주사는 편의상 상덕주사와 하덕주사로 나누어 부르고 있습니다. 현재 주차장이 있는 이곳을 하덕주사, 여기서 등산로를 따라 1.6킬로미터 정도 오르면 나오는, 마애여래입상(磨崖如來立像)이 새겨져 있는 절터가 상덕주사입니다. 하덕주사는 조선 중기 때 소실되었다가 1963년부터 중건하였습니다. 현재는 1998년에 새로 지은 대웅보전을 비롯하여 관음전, 약사전, 대불정주비각, 산신각, 요사채 등 여러 전각이 중창되었습니다.

마애여래입상이 있는 상덕주사는 원래 고색창연한 기도 사찰로 큰 절집이었습니다. 그런데 1951년 6·25전쟁 중에 빨치산의 은거지가 될 수 있다는 판단 아래 모두 불태워버려 폐사되었습니다. 하덕주사에서 마애여래입상이 있는 상덕주사까지는 등산로를 따라 약 30분 정도 올라가야 합니다.

높다란 석축 위에 마련된 절터 위로 커다란 바위가 둥글게 솟아있습니다. 그 바위 절벽에 남쪽을 향하여 마애불이 새겨져 있습니다. 이 마애여래입상은 높이 13미터, 너비 5.4미터에 이르는 거대한 불상입니다. 마애불(磨崖佛)은 바위 절벽에 새긴 불상을 이르는 말입니다.

마애불은 얼굴 부분만 도드라지게 조각하였고, 나머지는 선각(線刻)으로 간략하게 처리하였습니다. 전체적인 조각 수법으로 보아 지방호족 세력이 강했던 고려 초기에 조성된 것으로 추정됩니다.

머리는 민머리인 소발(素髮)이며, 머리 위에는 반원형의 큼지막한 육계(肉髻)가 솟아 있습니다. 여기서 소발은 '하얗게 센 머리털'을 뜻하고, 육계는 부처의 정수리에 상투처럼 돌기 한 혹으로, 부처 32상의 하나입니다.

얼굴은 전체적으로 길쭉하고 사각형에 가까운 모습입니다. 두 눈은 일(一)자로 길게 반쯤 뜨고, 양 눈썹 사이엔 백호(白毫)가 뚜렷합니다. 코는 커다랗고 두툼합니다. 입술은 도톰하고, 귀는 길쭉하고 두꺼우면서 넓은 편입니다. 턱선이 퉁퉁하게 살이 쪄서 풍만하게 보입니다. 목은 생략되었고, 턱 밑으로 삼도(三道)가 그려져 있습니다.

양쪽 어깨 위로 사각형의 구멍이 뚫려 있어, 조성 당시에는 목조전실(木造前室)을 만들었던 것으로 추정됩니다. 양어깨를 감싸고 있는 통견(通肩) 법의는 힘없이 축 늘어져 원호를 그리고 있습니다. 옷 주름도 시대상을 반영하여 도식화되었습니다.

부자연스럽게 과장된 오른손은 가슴 앞에서 엄지와 중지를 맞대었고, 왼손은 가슴 앞에서 손등을 밖으로 향하고 있습니다. 아마도 설법을 상징하는 수인(手印), 설법인(說法印)을 표현한 것으로 짐작됩니다. 법의 자

덕주사지 마애여래입상
보물. 마애불은 얼굴 부분만 도드라지게 조각하였고, 나머지는 선각으로 간략하게 처리하였습니다. 전체적인 조각 수법으로 보아 지방호족 세력이 강했던 고려 초기에 조성된 것으로 추정됩니다.

락 밑으로는 평행한 세로선의 옷 주름을 새긴 군의 자락이 발목까지 표현되었습니다. 군의(裙衣)는 허리에서 무릎 아래를 덮는 긴 치마 모양의 옷으로, 불·보살이 입는 하의를 말합니다.

지나칠 정도로 좌·우 팔자(八字)형으로 쫙 벌린 발은 매우 형식적이고, 발가락은 마디가 없이 길게 표현되었습니다. 양발 아래에는 넓적한 연꽃무늬를 조각하여 대좌(臺座)로 삼았습니다.

전체적으로 상반신과 하반신의 비례가 맞지 않고, 입체감이 거의 없어 평면적으로 보입니다. 이러한 특징은 고려 전기에 나타나는 마애불상에서 흔히 볼 수 있는 조각 수법입니다. 1964년 9월 3일 보물로 지정되었습니다.

한편, 마애여래입상 아래의 축대 왼쪽에는 작고 아담한 우공탑(牛公塔)이 세워져 있습니다. 방형의 자연석을 지대석과 하대석으로 삼고, 그 위에 기단석을 올렸습니다. 기단석 위로는 타원형 모양의 몸돌과 둥근 지붕돌을 올려놓았습니다. 우공탑의 높이는 161센티미터입니다.

여기에는 덕주사의 건립과 관련된 우공(牛公) 이야기가 전해지고 있습니다. 옛날 덕주사 스님들이 부속 건물을 지으려 할 때 어디선가 소 한 마리가 나타났습니다. 스님들은 별생각 없이 건축에 필요한 목재를 수레에 실었습니다. 그랬더니 소가 수레를 끌고 가다가 지금의 마애불 아래에서 멈추는 것입니다.

그러자 스님들은 무엇인가 영험이 있는 것으로 생각하고 그 자리에 건물을 지었습니다. 소는 건물을 짓는 데 필요한 목재를 모두 실어다 놓고는, 그 자리에서 죽었다고 합니다. 이에 스님들은 소의 불심에 감복하여, 소의 넋을 기리고자 탑을 세웠다고 전해집니다.

우공탑

방형의 자연석을 지대석과 하대석으로 삼고, 그 위에 기단석을 올렸습니다. 기단석 위
로는 타원형 모양의 몸돌과 둥근 지붕돌을 올려놓았습니다. 높이 161㎝의 우공탑은 소
의 넋을 기리고자 덕주사 스님들이 세운 탑입니다.

덕주산성과 대몽항전

월악산 남쪽 자락의 송계계곡은 충주의 남한강 유역과 영남 지역을
남북으로 이어주는 계립령 길로, 예로부터 교통의 전략적·군사적 요충
지였습니다. 따라서 삼국시대부터 조선시대에 이르기까지 각 시대의 필
요에 따라 산성을 축조하거나 중수 또는 보수하였습니다.

덕주산성(德周山城)은 송계계곡과 덕주골 일대를 네 겹의 성벽으로 둘
러싼 대규모의 산성입니다. 남·북으로 적의 침입을 막는 차단성(遮斷城)

임무를 수행하였습니다. 산줄기를 따라 이어진 성벽의 총둘레는 15킬로미터가 넘습니다.

덕주산성은 상성·중성·하성·외곽성 등 총 네 겹으로 축조되었습니다. 상성(上城)은 마애여래입상이 있는 상덕주사와 덕주골 상류 계곡을 막은 성입니다. 중성(中城)은 덕주골 아래에서부터 하덕주사를 에워싼 성입니다. 하성(下城)은 중성보다 넓게 덕주골 전체를 둘러쌓은 성입니다. 그리고 송계계곡 전체를 남문과 북문으로 막은 것이 외곽성(外廓城)입니다. 조선시대에는 현재의 중성이 내성 임무를, 남문과 북문으로 에워싼 외곽성이 외성 임무를 수행한 것으로 추정됩니다.

북문은 송계1리 새터 마을 민가 가운데에 석축 내외 홍예만 남아 있던 것을 1997년에 복원하여 문루를 세웠습니다. 현재는 북문의 문루만 복원되어 있고, 축성 당시 계곡을 막았을 차단성의 성벽과 수구(水口)는 모두 없어졌습니다. 홍예 마루 돌에는 태극무늬가 새겨져 있어 이채롭게 보입니다.

동문인 덕주루는 덕주골 덕주사로 가는 길에 만나는 성문입니다. 덕주산성 내성의 정문입니다. 동문도 수해로 내외 홍예만 남아있던 것을 다시 문루를 복원하였습니다. 계곡의 이쪽과 저쪽을 가로막은 축성법을 사용하였고, 연결된 성벽 일부를 볼 수 있습니다.

남문인 월악루는 송계 팔경의 하나인 망폭대 건너편 언덕 위에 당당하게 세워져 있습니다. 성문 중에서 가장 웅장하고 문루와 이어진 성벽이 가장 많이 남아있습니다. 동쪽 계곡의 암벽과 서쪽의 산줄기를 연결하여 외적을 막았던 차단성의 기능을 수행한 성문입니다. 영남 지역의 문경 쪽에서 하늘재를 넘어오면 미륵리에서 발원하여 월악산 남쪽으로 흐르는 월천을 따라 내려오는 길목을 가로막는 성문이었습니다. 덕주산성은 1983년 3월 30일 충청북도 기념물로 지정되었습니다.

한편, 덕주산성이 있는 월악산은 '달이 뜨면 영봉에 걸린다'고 하여 월악(月岳)이라는 이름이 붙었습니다. 삼국시대에는 월형산(月兄山)으로 불렀습니다. 신라는 월악산을 신성시하여 영토 확장 군주인 진흥왕이 하늘에 제사를 지내기도 하였습니다. 고려시대에는 덕주산성 안에 월악신사(月嶽神祠)가 있었습니다.

월악산 덕주산성은 고려 후기에 몽골군을 무찌른 대몽 항전의 격전지였습니다. 당시의 상황이 『고려사』「세가(世家)」권 24, 고종(高宗) 조에 이렇게 기록되어 있습니다.

> 고종 42년(1255) 10월 2일, 몽골군이 대원령(大院嶺)을 넘어오자, 충주에서 정예병을 출동시켜 1,000여 명을 쳐 죽였다.

> 고종 43년(1256) 4월 29일, 몽골군이 충주로 들어가 주성(州城)의 사람들을 죽이고, 또 산성을 공격하였다. 관리와 노약자들은 공포에 질려 방어하지 못하고 월악신사로 올라갔는데, 홀연히 구름과 안개가 끼더니 비바람과 천둥번개가 한꺼번에 몰아쳤다. 몽골군은 신령이 돕는 것이라고 여겨 공격하지 않고 물러났다.

위에서 대원령은 계립령을 가리키는 것으로 고려시대에 부르던 명칭입니다. 즉 몽골군이 남쪽의 상주 지역 일대를 유린하고 북쪽으로 돌아가는 길에 계립령을 넘어오자, 충주의 정예병들이 출전하여 몽골군 1,000여 명을 죽이고 격퇴하였다는 내용입니다.

두 번째 기록은 몽골군이 충주성을 쳐들어오자, 관리들과 노약자들이

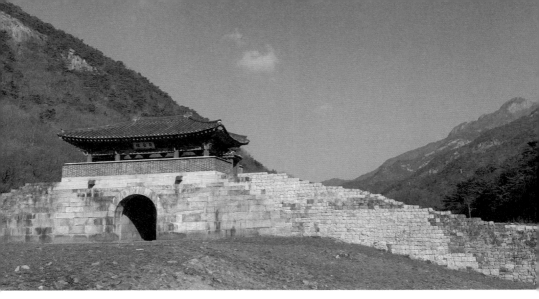

덕주산성 남문 월악루

월악루는 송계 팔경의 하나인 망폭대 건너편 언덕 위에 당당하게 세워져 있는 덕주산성의 남문입니다. 성문 중에서 가장 웅장하고 문루와 이어진 성벽이 가장 많이 남아있습니다. 동쪽 계곡의 암벽과 서쪽의 산줄기를 연결하여 외적을 막았던 차단성의 기능을 수행하였던 성문입니다.

월악신사가 있는 덕주산성 안으로 피신하였다는 것을 의미합니다. 이때 몽골군이 이들을 추격하여 월악산에 다다랐을 때, 갑자기 구름과 안개가 앞을 가리고 비바람이 세차게 불면서 번개와 벼락이 한꺼번에 몰아치자 두려움을 느낀 몽골군은, 이는 필시 월악산의 신령인 월악대왕(月嶽大王)이 돕는 것으로 생각하고는, 공격을 멈추고 되돌아갔다는 내용입니다.

이처럼 많은 사적지와 문화유산을 간직하고 있는 월악산은 충청북도 충주시, 제천시, 단양군과 경상북도 문경시에 걸쳐있는 영산(靈山)으로, 지난 1984년 12월 국립공원으로 지정되었습니다. 특히 남한강 수계의 다목적댐인 충주댐이 건설되면서 아름다운 충주호와 수려한 자연경관이 어우러진 내륙 순환 관광권을 형성하고 있습니다. 월악산국립공원

내에는 등산객들의 주목을 받는 도락산(道樂山), 황정산(皇廷山), 용두산(龍頭山), 금수산(錦繡山) 등이 포함되어 있습니다.

그래서일까요, 이곳 충주·제천·단양 시민들은 수려한 자연경관을 갖고 있는 자부심을 한마디로 '청풍명월(淸風明月)'이라고 표현하며 은근슬쩍 자랑합니다. 충주에서 태어나 지금도 충주 토박이로 살고 있는 제 고등학교 친구 임종철은, 월악산 영봉에 올라 청풍명월을 이렇게 한시로 읊었습니다.

청풍명월(淸風明月)

임종철

바람이 금수산을 만나니 청풍이 되고
風遇錦繡爲淸風
밝은 달은 월악산 영봉에 떠올라 정취를 더하네
明月照峯加情趣
온 산에는 부드럽고 맑게 바람이 불고 산마다 밝은 달이 뜨니
千山淸風萬山月
청풍명월은 풍취가 가히 으뜸이다
淸風明月風趣首

이제 우린 사자빈신사지 사사자 구층석탑을 만나러 갑니다.

제천 사자빈신사지 사사자 구층석탑

마애여래입상이 있는 덕주사지에서 뒤돌아 나와 미륵송계로를 따라 조금 오르면, 왼쪽 계곡엔 송계 팔경의 하나인 망폭대(望瀑臺)가 절경을 이루고 있습니다. 오른쪽 산등성이 쪽으로는 덕주산성의 남문인 월악루와 웅장한 성벽이 길게 이어집니다.

이곳 망폭대에서 약 400미터쯤 더 가면 삼거리가 나옵니다. 여기서 오른쪽 골뫼골 마을길로 약 200미터쯤 돌아 오르면, 오른쪽 석축 위로 사자빈신사지가 나타납니다. 길가엔 '제천 사자빈신사지 사사자 구층석탑'이란 표지판이 세워져 있습니다. 그 앞으로 난 돌계단을 밟고 살포시 오르면, 절터 한가운데에 사사자 석탑이 오롯이 세워져 있습니다. 행정구역은 충청북도 제천시 한수면 송계리 1002-1번지입니다.

그런데 왜, 절 이름이 '사자빈신사(獅子頻迅寺)'일까요? 불교의 발상지인 인도에서는 부처님을 사자에 곧잘 비유합니다. 그래서 부처님의 설법을 사자후(獅子吼)라고 부릅니다. 사자후는 부처의 설법에 모든 짐승이 두려워하고 굴복한다는 뜻입니다. 즉, 백수의 왕 사자가 포효하면 뭇짐승들이 도망을 치듯, 부처가 설법하면 뭇 악귀들이 줄행랑을 친다는 의미를 지니고 있습니다.

사자빈신삼매(獅子頻迅三昧)란, 『화엄경』「입법계품」에서 부처가 선정에 드는 것을 사자의 기운에 빗대서 표현한 말입니다. 즉, 사자가 포효하면서 기운을 뻗는 상태는, 부처님이 설법하는 순간과 같다는 의미입니다. 따라서 오로지 일체중생을 구제하고자 하는 부처님의 커다란 자비를 나타내는 정신 통일의 경지를 일컫습니다.

이는 개인 수행에만 전념하는 자들을 일깨워서 세상을 구원하고자 하

사자빈신사지 사사자 구층석탑
보물. 석탑의 전형적인 양식을 벗어난 이형 석탑으로, 상층 기단부에 기둥
대신 네 마리의 사자를 배치한 것이 특이합니다. 이는 구례 화엄사 사사자
삼층석탑의 영향을 받은 것으로 짐작됩니다.

는 보살의 자비로운 삶을 염원하는 충만한 경지를 이르는 말이기도 합니다. 그러므로 사자빈신삼매는 대승불교의 핵심적 이념인 것입니다. 바로 이런 뜻에서 절 이름을 '사자빈신사(獅子頻迅寺)'라고 지은 것이겠지요. 그래서 사자빈신사란, 네 마리의 사자가 기세등등하게 포효하는 사찰이란 뜻입니다.

제천 사자빈신사지 사사자 구층석탑(獅子頻迅寺址 四獅子 九層石塔)은 상층 기단부에 기둥 대신 네 마리의 사자를 배치한 것이 특이합니다. 석탑의 전형적인 양식을 벗어난 이형(異形) 석탑입니다. 이는 구례 화엄사 사사자 삼층석탑을 모방한 것으로 보입니다. 특히, 하층 기단부의 면석에 79자에 이르는 석탑 조성 명문이 새겨져 있습니다. 이 명문에는 사찰 이름과 건립연대가 확실하게 기록되어 있어, 다른 석탑의 연대를 추정할 수 있는 중요한 기준이 되는 자료입니다.

사사자 석탑의 구성은 크게 기단부와 탑신부로 이루어져 있습니다. 현재 탑의 높이는 4.5미터입니다. 기단부는 하층기단과 상층기단의 2단으로 구성되었습니다. 4매의 장대석으로 지대석을 마련하고, 그 위에 하층기단은 하대석·중대석·상대석으로 구성하였습니다.

하층기단의 하대석은 윗부분에 선각(線刻)으로 두터운 테를 둘렀고, 각 면마다 우주와 탱주를 모각(模刻)하였으며, 그 기둥 사이사이에 3개의 안상을 새겼습니다. 안상은 양쪽의 테두리 선이 아래의 중앙에서 안으로 말려들어 가는 고사리 모양의 큼지막한 꽃무늬가 솟아있는 고려시대 특유의 수법을 보입니다.

중대석은 각 모서리에 우주를 모각하고, 앞면 가운데 부분에 10행 79자의 해서체로, 탑을 조성한 내력을 오목새김으로 새겼습니다. 명문(銘文)의 내용은 다음과 같습니다.

불제자 고려국 중주(中州) 월악산 사자빈신사의 동량(棟梁)은 삼가 받듭니다. 대대로 성왕(聖王)께서 항상 만세를 누리시고, 천하가 태평해지고, 법륜이 항상 전해져서, 이 지역 저 지방에서 영원히 원적(怨敵)이 소멸한 이후 우연히 사바세계에 태어나서, 이미 화장미생(花藏迷生)을 알았으니, 곧 정각을 깨우칠 것입니다. 삼가 공손히 9층 석탑 1좌를 조성하여 영원토록 공양하고자 합니다. 태평(太平) 2년 4월 일에 삼가 기록합니다.

佛弟子高麗國中州月岳師子頻迅寺棟梁奉爲, 代代聖王恒居萬歲天下大平 法輪常傳, 此界他方永消怨敵後愚生婆娑卽知花藏迷生卽悟正覺, 敬造九層 石塔一坐永充供養, 太平二年四月日謹記

위에서 '중주(中州)'는 지금의 충주(忠州)를 가리킵니다. '동량(棟梁)'은 한 집안이나 한 나라의 기둥이 될 만한 인재를 뜻하는 것으로, 동량지재(棟梁之材)의 준말입니다. '영소원적(永消怨敵)'은 원한이 있는 적을 물리치고, 영원히 소멸하기를 바란다는 의미를 지니고 있습니다.

당시 동아시아의 정세는 중국의 화북 지역을 정복한 거란족이 나라 이름을 '요(遼, 916~1125)'라고 칭하고, 고려에 송나라와의 관계를 끊을 것을 요구합니다. 그러나 고려가 이를 거부하자, 거란은 성종 12년(993), 현종 1년(1010), 현종 9년(1018) 등 세 차례에 걸쳐 대규모로 침략하였습니다. 특히 제2차 침입 때에는 수도인 개경까지 함락되는 등 엄청난 피해를 보았습니다. 이렇게 거란족은 우리 고려의 처지에서는 영원히 소멸하여야 할 철천지원수였습니다.

'구층석탑 일좌(九層石塔一坐)'는 이 탑이 원래 9층 석탑으로 조성되었음

하층 기단 면석의 명문

하층 기단 면석에 79자에 이르는 석탑을 조성한 명문이 새겨져 있습니다. 이 명문에는 사찰 이름과 건립연대가 확실하게 기록되어 있어, 다른 석탑의 연대를 추정할 수 있는 중요한 기준이 되고 있습니다.

을 알 수 있습니다. 그리고 '태평 2년 4월 일(太平二年四月日)'에서 태평(太平) 2년은 요나라의 연호로, 현종 13년(1022) 4월에 사사자 구층석탑을 건립하였음을 알 수 있습니다.

상대석은 두꺼운 한 장의 판석으로 만들었는데, 아랫면은 사선으로 깎았으며 윗면은 평평하게 다듬어서 상층기단의 네 마리 사자를 힘껏 받치고 있습니다.

상층기단은 이 석탑의 하이라이트입니다. 사자 네 마리를 각 모서리에 배치하여 머리로 상대 갑석을 받치도록 조성하였습니다. 그리고 그 한가운데에 두건을 쓰고 지권인(智拳印)을 결한 비로자나불좌상을 안치하여 놓았습니다. 그런데 불상이건 사자들이건 모두 두둑하게 살이 오를 대로 올라 오동통합니다.

상층기단 갑석의 아랫면은 하층기단의 상대석처럼 사선으로 처리하였고, 윗면에는 방형의 16엽 복련을 빙 둘러 연화문 받침대를 마련하였습니다. 이 연화문 받침대 위로 아주 낮은 1단의 굄을 마련하여 탑신부의 1층 몸돌을 받치고 있습니다.

탑신부의 1층 몸돌은 다른 층에 비하여 유난히 높고 2층부터는 높이가 급격히 낮아집니다. 각 층 몸돌에는 모서리기둥이 새겨져 있습니다. 지붕돌은 전체적으로 매우 평평하며, 처마 밑으로는 3단의 층급받침을 낮게 조성하였습니다. 추녀는 각 모서리 끝이 반전되어 경쾌합니다. 현재 탑신부의 몸돌은 5층, 지붕돌은 4층까지만 남아있습니다. 1963년 1월 21일 보물로 지정되었습니다.

사사자상 그리고 연화문

이제 지금부터 사사자 석탑의 가장 특징적인 부분인 상층기단을 하나하나 감상하겠습니다. 석탑을 남쪽에서 바라볼 때 앞쪽으로 배치된 사자들은 각각 남서, 남동 방향을 바라보고 있고, 뒤쪽에 배치된 사자들은 둘 다 북쪽을 바라보고 있습니다. 그런데 자세히 살펴보면 사자 네 마리의 입 모양이 각기 다릅니다.

사자상을 남쪽에서 바라보았을 때, 정면 왼쪽에서 오른쪽으로 돌아가며 사자의 입 모양을 살펴보겠습니다. 먼저 첫 번째 왼쪽 사자가 가장 크게 입을 벌리고 있고, 두 번째 오른쪽 사자는 보통 크기로 벌리고 있습니다. 뒤쪽 세 번째 사자는 입을 일(一)자형으로 꾹 다물고 있고, 그 옆의 네 번째 사자는 윗입술 가운데가 아주 작게 올라가 있습니다.

사자 네 마리의 입 모양
앞면 왼쪽 사자는 크게, 오른쪽 사자는 보통, 뒷면 왼쪽 사자는 꼭 다물고, 오른쪽 사자는 윗입술의 가운데가 살짝 올라가 있습니다.

입을 크게 벌렸다가 점차 작아지면서 입을 다문 순서대로 한다면, 세 번째와 네 번째 사자가 서로 바뀌어 있어야 논리에 맞는 것입니다. 이 탑은 2002년 보수 및 진단 조사, 2004년 보수, 2012년 보존 처리 등을 시행하였습니다. 아마도 이 과정에서 위치가 서로 뒤바뀌지 않았을까 조심스럽게 추측해 봅니다.

그렇다면, 이렇게 사자상의 입 모양을 각기 다르게 표현한 것은 어떤 의미일까요? 허균의 『사찰장식 그 빛나는 상징의 세계』, 「사사자상」 편에서는 그 의미를 이렇게 설명하였습니다.

사자가 입을 크게 벌려 이빨을 드러낸 것은 범어의 'A'(아) 발음, 보통으로 벌린 것은 'U'(우) 발음, 작게 벌린 것은 'M'(훔) 발음의 표현이며, 입을 다물고 있는 것은 'M' 발음 뒤에 따르는 침묵의 상태를 암시한다. 'A'는 입을 여는 소리이며, 'M'은 입을 닫는 소리로 일체의 언어와 음성이 모두 이 두 자 사이로 돌아간다. ······ 'A'는 경험의 세계와 함께 있는 의식의 상태이고, 'U'는 꿈의 미묘한 형태에 대한 경험과 더불어 꿈꾸는 의식의 상태이며, 'M'은 꿈꾸지 않는

깊고 잠잠하고 미분화된 의식의 자연적 상태이다. 'A'와 'U'와 'M'의 발음 뒤에 따르는 침묵은 궁극적인 신비의 세계이며, 그곳에서 선험적인 법성(法性)과 일체가 되어 법성이 자아로서 체험되는 단계인 것이다. 그러므로 'AUM(아우훔)'의 발음, 그리고 침묵은 존재의 전체에 대한 의식을 발음으로 상징화한 것이라 할 수 있다.

실제로 사사자 석탑 앞면의 왼쪽부터 시계 반대 방향으로 돌아가면서 AUM(아우훔)을 하나씩 발음하면서 사자의 입 모양과 비교해 보면 "우와, 정말 그러네!" 하고 반가운 탄성이 절로 나올 겁니다. 함박웃음은 덤이고요. 물론 뒤쪽의 사자는 셋째와 넷째를 바꿔서 보아야 합니다.

비로자나불의 나비매듭과 연화문
불상 뒤편은 두건을 쓰고 리본으로 나비매듭을 묶었는데 어찌나 예쁘고 사실적인지, 하늬바람이라도 불라치면 매듭 자락이 살랑살랑 나부낄 것만 같습니다. 그러나 뭐니 뭐니 해도 이 탑의 백미는 단연코 비로자나불 머리 위에 활짝 핀 연꽃입니다. 꼭 물위에 떠있는 수련 같습니다.

네 마리 사자의 호위를 받으며 가운데 앉아 있는 불상은 지권인(智拳印)의 수인을 결한 것으로 보아 비로자나불상입니다. 그런데 머리에 두건을 쓰고 있는 나한(羅漢)의 모습으로 보면 지장보살처럼 보입니다. 그러나 화엄삼매를 상징하는 사찰의 이름으로 볼 때는, 화엄의 법신인 비로자나불로 보는 것이 가장 합리적이고 타당한 견해인 것 같습니다.

　　불상은 이마에 백호가 선명하고, 가늘고 긴 눈썹은 초승달처럼 생겼습니다. 두 눈은 추켜올렸고, 코는 납작하고, 입술은 도톰합니다. 얼굴은 양 볼이 풍만하고, 턱 주름 밑으로 삼도가 새겨져 있습니다. 법의는 두꺼운 통견으로 양 손목을 덮고 있으며, 양 무릎의 옷 주름이 좌우대칭을 이루고 있습니다.

　　불상 뒤편은 두건을 쓰고 리본으로 나비매듭을 묶었는데 어찌나 예쁘게 매듭지었는지, 실제 매듭을 묶은 것처럼 아주 섬세하게 사실적으로 새겼습니다. 때마침 한 줄기 바람이라도 불라치면, 매듭 자락이 살랑살랑 나부낄 것만 같습니다.

　　그러나 뭐니 뭐니 해도 이 탑의 백미는 단연코 비로자나불 머리 위에 활짝 핀 한 송이 연꽃입니다. 꽃술은 도드라지고 꽃잎은 도톰하면서도 활짝 열어젖혔습니다. 참으로 화려하고 아름답게 장식한 연꽃 장엄입니다.

　　그런데 저는 이 연꽃을 보고 있노라면, 물 위에 떠 있는 수련이 생각납니다. 그 이유가 뭘까? 곰곰이 생각해 보니, 얼굴을 젖힌 상태에서 눈을 치켜뜨고 천장 쪽을 쳐다보아야 꽃잎을 볼 수 있으니까, 연꽃이 마치 물 위에 뜬 수련처럼 보인 겁니다. 연꽃은 수면 위로 올라와서 꽃을 피우지만, 수련은 수면에 바짝 붙어서 꽃을 피우기 때문입니다. 사실 연꽃과 수련은 학술적 기준으로는 완전히 다른 식물입니다.

언제나 한결같은 초등학교 선생님인 아동 문학가이자 시인으로 활동
하고 있는 제 친구 김홍관은, 시집『기다림으로 피고 그리움으로 지고』
에서 수련을 이렇게 읊조렸습니다.

수 련

김홍관

세상 미소 머금었다
침묵으로 어둠이 내리면
살포시 눈을 감는
부처님의 자비

심연의 바다
속세의 탐욕
더러운 마음이 흘러내려
수면 아래 잠기는 뻘 속의 고요

원망 한 자락
불평 한줄기
마음 가는 대로 피워 올린
청결의 인내

반짝이는 햇살
조잘대는 물결

속살대는 바람에
언제나 순응하는 겸손
반 조각 달빛
창연히 쏟아지는 푸르름
일백여덟 날의 기다림에
초여드레 불타와 함께 온 미소
드디어 수련 개화

계립령로의 충주 미륵대원지

사자빈신사지에서 뒤돌아 나와 수안보 방향으로 미륵송계로를 따라 약 4.8킬로미터를 가면 미륵리 삼거리가 나옵니다. 여기서 왼쪽으로 꺾어 들어 약 500미터를 에돌아가면 미륵대원지의 작은 주차장이 나타납니다. 충주 미륵대원지(彌勒大院址)는 충청북도 충주시 수안보면 미륵리 58번지 일대의 절터와 원(院)터입니다.

이 미륵대원지 앞에서 동쪽으로 가면 경상북도 문경시 관음리로 넘어가는 계립령(하늘재) 길이고, 남쪽으로 가면 송계계곡을 따라 남한강으로 이어지는 길입니다. 그리고 서쪽으로 가면 지릅재를 넘어 연풍이나 수안보로 가는 길입니다. 따라서 미륵대원지는 동쪽의 계립령과 서쪽의 지릅재 사이의 고지대 분지에 있는 절터로, 하늘재를 넘나드는 교통의 요충지였습니다.

신라 아달라왕 3년(156)에 개척한 계립령 길은 조선 초 태종 때 조령(새재) 길을 새로 개통하기 전까지 무려 1,200여 년간 영남 지역의 낙동강 물길과 충주 지역의 남한강 물길을 남·북으로 이어주던 가장 중요한 교통대로였습니다. 따라서 교통의 요충지에 있는 미륵대원지는 석조여래입상이 있는 석굴사원과, 주요 도로에 설치하였던 역원(驛院)이 같이 있었습니다. 그래서 예전에는 그냥 '미륵리 사지'라고 불리다가, 2011년 7월 28일 원(院)터까지 포함하는 의미에서 '충주 미륵대원지'라고 공식 명칭을 변경하였습니다. 1987년 7월 18일 사적으로 지정되었습니다.

미륵대원지는 백두대간의 마루선에 솟아있는 탄항산(炭項山, 856m)의 북쪽 자락 산기슭에 자리 잡은 절터로, 우리나라에서 유일하게 북쪽을 바라보고 있는 특이한 구조입니다. 여기에는 미륵대원의 창건 설화와 관련된 「마의태자와 덕주공주」이야기가 전해지고 있습니다. 이 이야기는 충청북도에서 1982년 간행한 『전설지』와 2002년 충주시에서 발간한 『충주의 구비문학』에 수록되어 있습니다.

신라의 마지막 임금 경순왕은 935년 11월, 신라의 천년 사직(社稷)을 고려 태조 왕건에게 넘겨줍니다. 그러자 망국의 한을 품은 마의태자(麻衣太子)는 신라의 부활을 위하여 군사를 양병코자 누이동생 덕주공주(德周公主)와 함께 금강산으로 떠납니다. 가던 도중 문경군 마성면에 이르러 하룻밤을 묵게 됩니다. 그날 밤 마의태자의 꿈에 관음보살이 나타나 말하기를,

이곳에서 서쪽으로 고개를 넘으면 서천에 이르는 큰 터가 있으니, 그곳에 절을 짓고 미륵불을 세우고, 그곳에서 북두칠성이 마주 보이는 자리에 영봉을 골라 마애불을 이루면 억조창생에게 자비를 베풀 수 있으리니, 부디 포덕함을 잊지 말라.

미륵대원지 전경

발굴 조사 결과, 미륵대원지의 영역은 남쪽에서 북쪽으로 흐르는 실개천을 경계로 석굴사원과 석조여래입상, 석등, 오층석탑 등이 있는 동쪽 사지가 사찰의 중심 영역이었습니다. 망국의 한을 품은 마의태자가 세웠다는 창건설화가 전해지고 있습니다.

    잠에서 깬 마의태자는 꿈이 하도 신기하여 덕주공주에게 간밤에 꾸었던 현몽(現夢) 이야기를 하자, 공주도 같은 시각에 같은 꿈을 꾸었다는 것입니다. 두 남매는 하늘재를 넘어 북두칠성이 마주 보이는 곳에 미륵불을 세우고, 그곳에서 마주 보이는 월악산 영봉 아래에 마애불을 조성하였습니다.

    그렇게 8년이 지난 어느 날, 마의태자는 덕주공주의 만류에도 불구하고 금강산으로 떠났습니다. 혈육인 오빠와 헤어진 덕주공주는 덕주사에 머물면서 아버지인 경순왕을 그리워하며 마의태자의 건승을 빌었다고 전해집니다.

그리하여 미륵대원지의 미륵불(석조여래입상)은 마의태자의 상이고, 덕주사지의 마애불(마애여래입상)은 덕주공주의 상이라고 그럽니다. 그래서 두 남매가 서로 마주보기 위하여 미륵불은 북쪽을, 마애불은 남쪽을 향하고 있다는 것입니다.

미륵대원은 언제 누가 창건하였는지 문헌 기록이 남아있지 않아 정확히 알 수 없습니다. 대략, 남아 있는 석조유물의 조성 수법으로 보아 고려 초기에 조성된 것으로 추정됩니다. 창건 주체설도 여러 설이 있습니다. 태조 왕건, 충주 유씨(劉氏), 마의태자, 궁예 등 여러 창건설이 제기되었으나 아직 신빙성 있는 주장은 없는 것 같습니다. 그중에서 가장 널리 알려진 것은 마의태자의 전설입니다.

1936년 여름 큰 홍수로 산사태가 일어나면서 사찰 건물이 매몰되자, 미륵대원의 법등(法燈)이 끊긴 것으로 추정됩니다. 예로부터 우리 민초(民草)들은 돌로 조각한 불상을 '미륵불'이라 부르고, 미륵불이 세워져 있는 곳을 '미륵댕이'라고 불렀습니다. 이곳 미륵대원도 마찬가지였을 것입니다. 비록 절은 폐사되었으나 미륵불은 그대로 남아 있어서 미륵리가 되었습니다.

언제부턴가 그 너른 절터에 사람들이 들어와 땅을 고르고 집을 짓고 살면서 '안말' 마을이 생겼습니다. 그렇게 미륵대원지는 마을 사람들의 삶의 터전이자 논밭으로 경작되고 있었습니다. 그러다 6·25전쟁 이후 한 보살이 찾아와 석굴 주변을 깨끗이 정리하고 작은 암자를 짓고 미륵불상을 모셨다고 전해집니다. 지금은 개울 건너편에 '미륵세계사'라는 작은 절이 있습니다.

그 뒤 1976년 미륵리사지 정비 계획에 따라 절터 주변을 정비하는 과정에서 석조유물과 건물지로 보이는 유구(遺構) 등이 발견됨으로써 체계적인 발굴 조사가 이루어졌습니다. 미륵대원지에 대한 발굴 조사는 1977년부터 시작하여 1991년까지 총 다섯 차례에 걸쳐 시행되었습니다. 제1차, 제2차, 제4차, 제5차 발굴 조사는 청주대학교 박물관에서 진행하였고, 제3차 조사는 이화여자대학교 박물관에서 시행하였습니다.

발굴 조사 결과, 미륵대원지의 영역은 남쪽에서 북쪽으로 흐르는 실개천을 경계로 석굴사원과 석조여래입상, 석등, 오층석탑 등이 있는 동쪽 사지가 사찰의 중심 영역이었습니다. 건너편 서쪽 사지는 부속건물인 요사(寮舍)와 승방(僧房), 조선시대에 지은 것으로 추정되는 소규모 건물 자리가 남아 있는 것으로 밝혀졌습니다. 그리고 사지의 외곽으로는 동쪽과 서쪽의 산 능선에 돌담을 둘러 사찰 영역을 표시한 것으로 확인되었습니다.

특히 발굴 조사 당시 '明昌三年大院寺住持僧元明(명창3년대원사주지승원명)', '明昌三年金堂改蓋瓦(명창3년금당개개와)', '彌勒堂(미륵당)', '彌勒堂草(미륵당초)', '院主(원주)' 등의 명문(銘文)이 새겨진 기와가 출토되었습니다. 그 밖에 범자(梵字)가 새겨진 기와, 고려 초기의 수막새와 암막새, 치미(鴟尾), 구마도와(驅馬圖瓦), 맹호도와(猛虎圖瓦), 사자석상, 용두석, 금동귀면, 청동신장, 금동소탑옥개 등도 출토되었습니다.

명창(明昌)은 당시 금(金)나라의 연호로, '명창 3년'은 고려 명종 22년(1192)에 해당합니다. 즉 고려 명종 22년에 대원사 주지인 승려 원명이 금당의 기와를 새로 얹어 중수하였음을 알 수 있습니다. 그리고 절의 이름은 대원사였고, '彌勒堂(미륵당)' 또는 '彌勒堂草(미륵당초)'라는 명문 기와를 통하여 대원사가 미륵불을 본존불로 모시는 석굴사원임을 알 수 있습니다.

따라서 미륵대원은 고려 초기에 창건되어 고려 명종 22년(1192)에 금당을 중수하고, 고종 41년(1254)에 몰골군의 침략으로 소실되었다가, 여말선초(麗末鮮初)에 중건되었던 것으로 추정됩니다. 이어 임진왜란(1592~1598) 때 병화로 소실되었다가, 조선 후기 18세기경에 다시 중건된 것으로 추측됩니다. 그 후 일제강점기인 1936년 대홍수로 산사태가 나면서 매몰된 채 폐사되었던 것으로 짐작됩니다.

돌들의 경연장, 미륵대원

이제 지금부터 미륵대원 절터를 하나하나 살펴보겠습니다.

먼저 북쪽인 절터 입구에서 석조여래입상이 있는 남쪽을 쳐다보면 유난히 거무스레한 돌들로 꽉 차 있는 느낌입니다. 마치 그 자리에 있던 자연석 돌들을 대충 다듬어 야외 석조미술 작품을 전시한 돌들의 경연장 같습니다. 사방을 둘러보아도 보이는 건 모두 돌로 빚고, 쌓고, 다듬은 석조물들뿐입니다.

비록 폐사는 되었으나 미륵 세계의 웅혼한 기상은 아직도 건재하게 살아 있습니다. 이 거대한 석조물들이 뿜어내는 강한 울림과 예사롭지 않은 지기(地氣)가 어우러져 미륵대원 절터는 신비스럽고 몽환적으로 다가옵니다.

천년 세월의 무게가 버거웠는지 누워버린 당간지주, 까무잡잡한 몸매의 거대함을 자랑하는 돌거북, 둔중한 느낌의 오층석탑, 날씬한 팔각석등, 장중한 돌들로 높다랗게 쌓은 석굴 석축, 그 안에 세워져 있는 흰칠하고 늘씬한 미륵불상, 동쪽의 경사지를 경영한 돌 축대, 가운데로 흐르는 실개천 축대 등등 그야말로 돌들의 천국입니다.

누워버린 당간지주

천년 세월의 무게가 버거웠는지 그만 누워버렸습니다. 바깥 면 위쪽에는 6엽의 연꽃무 늬가 도드라지게 새겨져 있습니다. 발굴 전엔 당간지주를 절터에 들어섰던 민가에서 장 독대로 사용했다고 전해집니다.

　절터 입구에서 처음 마주하는 것은 누워있는 당간지주와 간대(竿臺)입 니다. 당간지주는 아랫부분이 결실된 것으로 보입니다. 바깥면 위쪽으 로는 6엽의 연꽃무늬가 도드라지게 돋을새김으로 조각되었습니다. 이 렇게 연꽃무늬가 조각된 것은 매우 드문 예입니다. 통일신라시대의 당 간지주보다 폭이 넓고 높이가 낮은 것으로 보아 고려시대에 조성된 것 으로 추정됩니다. 간대 윗면에는 낮은 2단의 원각선이 조성되어 있습니 다. 발굴 전에는 절터에 들어섰던 어느 민가에서 당간지주를 장독대로 사용하였다고 전해집니다.

　미륵대원지의 지형은 남쪽이 높고 북쪽이 낮아, 남쪽으로 완만하게 올라가면서 여러 단의 낮은 계단식으로 조성되었습니다. 당간지주에서

미륵대원지 석조귀부
충청북도 유형문화유산. 전체 길이 6.05m, 높이 1.8m, 너비 4m로 우리나라에서 가장 큰 거북받침입니다. 특이한 것은 거북의 왼쪽 어깨 부분에 조그마한 아기 거북 두 마리가 어미 등을 밟고 아장아장 기어오르고 있습니다. 참 귀엽고 사랑스럽지요. 절로 미소가 번집니다.

10여 미터를 오르면 왼쪽 축대 밑으로 엄청 큰 돌거북 한 마리가 북쪽을 바라보고 있습니다. 정식 명칭은 미륵대원지 석조귀부(石造龜趺)입니다. 한눈에 보아도 어마어마한 크기입니다. 전체 길이 6.05미터, 높이 1.8미터, 너비 4미터로 우리나라에서 가장 큰 거북받침입니다.

원래 그 자리에 있던 자연석을 매끄럽게 다듬어 조성하였습니다. 머리는 용머리가 아닌 진짜 거북 머리처럼 동그란 눈, 일자형으로 다문 입, 작은 콧구멍, 두꺼운 목덜미 등을 사실적으로 새겼습니다. 발은 앞으로 내민 오른발과 발가락만 살짝 보이는 왼발이 산만한 덩치에 비하여 매우 작게 표현되었습니다.

거북 등은 귀갑문 같은 일체의 장식이 없는 민무늬입니다. 마치 민물에 사는 자라 등처럼 보입니다. 등 한가운데에는 비좌(碑座)를 파놓았습니다. 그러나 비좌의 크기나 형태로 보아 비신을 세울 수 있는 구조는 아닌 듯합니다. 아마도 미완성 작품이 아닐까, 조심스럽게 추측해 봅니다.

특이한 것은 거북의 왼쪽 어깨 부분에 4단의 계단식 사다리를 파 놓았고, 그 옆쪽 아랫부분에 조그마한 아기 거북 두 마리가 어미 등을 밟고 아장아장 기어오르는 모습을 새겨놓았습니다. 참으로 특이하게 보이면서도 귀엽고 사랑스럽습니다. 과연 어떤 의미에서 아기 거북을 새겼을까요? 정답은 석공만이 알고 있겠지요. 미륵대원지 석조귀부는 2005년 5월 6일 충청북도 유형문화유산으로 지정되었습니다.

석조귀부 뒤켠에는 축대 위로 건물터가 남아있고, 그 앞으로 높다란 오층석탑이 세워져 있습니다. 그리고 오층석탑 왼쪽에는 사각석등(四角石燈)이 세워져 있습니다. 전형적인 팔각석등 양식을 벗어나 특이한 결구 방식을 보여주는 고려시대의 석등입니다. 특히 석주형(石柱形) 화사석은 고려시대의 일부 석등에서만 나타나는 조형 수법으로, 주로 고려의 수도인 개경 일대에서 확인되고 있습니다.

방형의 지대석 위에 두툼한 복련을 새긴 하대석을 올렸습니다. 투박한 꽃잎 주름이 어찌나 굵고 두툼한지 꼭 바나나같이 생겼습니다. 그 위에 사각의 홈을 파고 사각 평면의 석주형 간주석을 세웠습니다. 간주석 정면에는 보주형 안상을 새기고, 고려시대 특유의 기법인 안상의 아랫선이 가운데에서 말려들어 간 좌우대칭의 고사리 모양 귀꽃을 돋을새김 하였습니다. 방형의 상대석은 윗부분에 선으로 한 단의 받침대를 마련하고, 그 아래에는 도톰한 앙련을 빙 둘러 새겼습니다.

상대석 위에는 네 귀퉁이에 둥근 기둥을 세워 화사석을 마련하고, 사각의 지붕돌을 얹어 놓았습니다. 지붕돌 밑면은 수평으로 다듬고 원형

미륵대원지 사각석등
충청북도 유형문화유산. 전형적인 팔각석등 양식을 벗어나 특이한 결구 방식을 보여주는 고려시대의 석등입니다. 이런 석주형 화사석은 고려시대 일부 석등에서만 나타나는 조형수법으로, 주로 고려의 수도인 개경 일대에서 확인되고 있습니다.

의 구멍이 뚫려있습니다. 낙수면은 완만하고 합각부는 약간 돌출시켰습니다. 상륜부는 지붕돌 위로 사각의 노반만 남아있습니다. 한눈에 보아도 투박하고 튼실하게 생긴 사각석등입니다. 이 미륵대원지 사각석등은 2010년 4월 30일 충청북도 유형문화유산으로 지정되었습니다.

그런데 석조여래입상과 오층석탑 사이에 또 다른 석등이 하나 더 있습니다. 이번 석등은 전형적인 팔각석등(八角石燈)의 양식을 따랐습니다. 방형의 지대석과 복련을 새긴 팔각의 하대석은 하나의 돌로 만들었습니다. 원래 그 자리에 있던 자연석을 다듬어 지대석과 하대석을 같이 조성한 것입니다.

하대석 위에는 팔각의 굄을 마련하고 홈을 판 후 팔각의 간주석을 세웠습니다. 석등의 기둥인 간주석은 아무런 장식이 없습니다. 상대석은 윗부분에 한 단의 낮은 받침을 마련하고, 그 아래로 단아한 앙련을 빙 둘

러 새겼습니다. 그 위에 화사석
은 네 면에 사각형의 화창을 뚫었
습니다.

팔각의 지붕돌은 처마를 수평
으로 조성하여 군더더기 없이 깔
끔한 느낌을 줍니다. 낙수면은
유려한 곡선을 그리고 있으며, 각
면이 만나는 합각부를 살짝 추켜
올려 경쾌합니다. 상륜부는 노반
과 연꽃봉우리 모양의 보주를 올
려놓았습니다. 전체적으로 날씬
하고 균형이 잡혀있는 세련된 석
등입니다. 전체 높이는 2.3미터
입니다. 이 미륵대원지 석등은
1976년 12월 21일 충청북도 유형
문화유산으로 지정되었습니다.

미륵대원지 석등
충청북도 유형문화유산. 원래 그 자리에 있
던 자연석을 다듬어 방형의 지대석과 복련
을 새긴 팔각의 하대석을 하나의 돌로 만들
었습니다. 전체적으로 날씬하고 균형 있는
세련된 석등입니다.

미륵리 오층석탑

미륵대원지의 남북 일직선상에는 석조여래입상, 팔각석등, 오층석탑
이 일렬로 나란히 세워져 있습니다. 미륵리 오층석탑은 높이가 6미터
로, 원래 그 자리에 있던 바위를 이용하여 지대석과 단층 기단을 조성하
였습니다. 그러나 기단부 아랫부분이 땅속에 묻혀있어 정확한 구조는

미륵리 오층석탑
보물. 미륵대원의 남북 일직선상에는 석조여래입상, 팔각석등, 오층석탑이 일렬로 나란히 세워져 있습니다. 높이 6m의 오층석탑은 전체적으로 몸돌에 비하여 지붕돌의 처마 폭이 급격히 좁아져 비례와 균형 면에서 투박하고 둔중하게 보입니다.

맨눈으로 확인할 수 없습니다.

기단의 면석은 자연석 돌을 생긴 대로 다듬어서 그런지, 갑석을 받치는 윗부분이 직각을 이루지 못하고 일그러져 있는 모습입니다. 갑석은 좁은 판석 2매로 짜 맞추었는데, 폭이 좁아 비례가 맞지 않습니다. 갑석의 아랫부분은 부연을 표현하였고, 윗면은 완만한 경사면을 이루었으며, 그 위로 낮은 2단의 굄을 마련한 후 1층 몸돌을 받치고 있습니다.

탑신부는 1층 지붕돌만 4매의 돌로 짜 맞추고, 나머지의 몸돌과 지붕돌은 모두 하나의 돌로 각각 조성하였습니다. 몸돌에는 층마다 폭이 좁은 모서리 기둥을 새겼으며, 면석에는 아무런 장식이 없습니다.

지붕돌은 낙수면의 경사가 심하고, 처마는 수평이며, 아랫부분에 5단의 층급받침을 조성하였습니다. 지붕돌 위로는 아주 낮은 굄을 마련하여 위층의 몸돌을 받쳤습니다. 전체적으로 몸돌에 비하여 지붕돌의 처마 폭이 급격히 좁아져 비례와 균형 면에서 투박하고 둔중하게 보입니다.

상륜부는 큼직한 사각의 노반과 그 위에 반구형 복발이 얹혀 있고, 길고 가느다란 찰주가 꽂혀있습니다. 탑의 전체적인 조성 수법으로 보아 고려 전기에 조성되었을 것으로 추정됩니다. 이 미륵리 오층석탑은 1963년 1월 21일 보물로 지정되었습니다.

미륵리 석조여래입상

미륵대원지는 여느 절집과 달리 남쪽 산자락 끝에서 북쪽 방향으로 이루어진 절터입니다. 맨 남쪽 산자락 끝에 동·남·서 3면을 거대한 석축(石築)으로 에둘러 쌓아 석굴 형태의 법당을 조성하고, 그 석축 위로 목조건물을 올린 석굴사원 형태의 금당이었을 것으로 추정됩니다. 즉, 석조(石造)와 목구조(木構造)를 결합한 석굴 금당을 조성한 것으로 짐작됩니다.

네모진 석굴의 주실(主室) 중앙에는 본존불인 석조여래입상이 안치되어 있고, 석굴 앞에는 배례와 의식의 공간인 전실(前室)을 달았던 초석(礎石)이 남아있습니다. 석조여래입상을 모신 석굴의 규모는 높이 6미터, 길이 9.8미터, 너비 10.75미터로 웅장한 석실입니다.

석굴 내부의 벽면은 아랫부분에 기다란 장대석의 돌들을 옆으로 눕혀 3단의 석축을 쌓아 올린 뒤 적당한 간격으로 돌기둥을 세워 감실(龕室)을 만들고, 그 위에 긴 돌을 가로로 올린 후 다시 작은 감실을 만든 다음, 기다란 돌들을 가로로 눕혀 석축을 쌓아 올렸습니다. 감실에는 불상이나 보살상을 조각한 판석을 끼워 넣었던 것으로 추정됩니다. 지금은 몇 군데만 남아있습니다.

한편, 본존불이 있는 네 귀퉁이와 전실이 있었던 자리, 그리고 석축 위에는 목조건물을 올릴 때 기둥을 세웠던 주춧돌이 그대로 남아 있어, 상부에는 목조건물을 지어 천장이 있는 기와지붕을 만들었던 것으로 추정됩니다. 이는 토함산 석굴암의 양식을 계승한 석조와 목구조를 결합한 고려시대 유일의 석굴사원으로 평가받고 있습니다. 석굴 주실 바닥엔 사각형 또는 직사각형의 박석이 가지런히 깔려있습니다.

지난 2003년과 2007년 두 차례에 걸쳐 석굴 석축에 대한 안전진단을 벌였습니다. 그런데도 석실 오른쪽의 석축에 금이 가고 심하게 벌어지는 등 붕괴 위험의 민원이 잇따르자, 석실을 해체하여 새로 쌓는 보수공사를 시행하였습니다. 이 석실 해체 보수 공사는 2014년부터 시작하여 2023년까지 무려 10년이나 진행되었습니다.

원래 이 석실은 큰 화재를 당한 흔적이 역력히 남아있던 석벽이었습니다. 석축의 돌들이 심하게 불에 타면서 그슬리고 갈라지고 쪼개진 상태로 오랜 세월 비바람에 씻기며 거무스레한 검버섯이 여기저기 덮여 있는 모습이었습니다. 그래서인지 오히려 예전의 석실 모습이 지금보다 더 신비스러웠습니다. 아마도 고려 후기에 몇 번에 걸친 몽골군의 침략으로 큰 화재를 당하지 않았을까 추측해 봅니다.

하지만 그러한 석실 안에서도 유난히 희고 뽀얗게 빛났던 것이 바로 석조여래입상의 하얀 얼굴이었습니다. 그런데 아! 이를 어찌합니까? 지난 10년간 석실 해체 보수 작업을 하고 난 이후부터, 그 신비스럽던 뽀얀 얼굴의 불상을 더 이상 볼 수 없게 된 것입니다. 보존 처리 과정에서 얼굴 피부색만큼은 그대로 살려야 했는데, 그러지 못해 참으로 안타깝기 그지없습니다.

이제 미륵대원의 본존불인 석조여래입상을 감상해 보겠습니다.

우선 높이가 10.6미터에 이르는 거대한 미륵불로, 북쪽의 송계계곡을 바라보고 있습니다. 국내에서는 유일하게 북쪽을 향하고 있는 미륵불상입니다. 맨 아래에는 돌을 둥그렇게 다듬어 복련 좌대를 만들었습니다. 좌대 위로 네 개의 커다란 돌덩이를 다듬어 몸체와 얼굴을 조성하였습니다. 머리 위의 보관은 팔각의 판석을 갓처럼 쓰고 있습니다. 따라서 좌대부터 갓까지 모두 6개의 돌을 쌓아 올려 불상을 조성하였습니다.

얇은 판석으로 만든 팔각의 보관은 갓 모양으로, 모서리마다 아랫면에 작은 구멍이 뚫려 있어, 풍경을 달았던 쇠고리를 끼웠던 것으로 추정됩니다. 머리에는 육계(肉髻)와 나발(螺髮)이 표현되어 있습니다. 양미간에는 동그란 백호를 따로 만들어 구멍을 파고 박아 놓았습니다.

얼굴은 전체적으로 보면 평면적이나, 하나하나 자세히 뜯어보면 입체감을 살렸습니다. 초승달처럼 생긴 예쁜 눈썹, 아래쪽을 내려다보는 듯

미륵리 석조여래입상

보물. 유난히 희고 뽀얗게 빛났던 석조여래입상의 하얀 얼굴입니다. 그런데, 지난 10년간 석실 해체 보수 작업을 하고 난 이후부터, 그 신비스러운 뽀얀 얼굴의 불상을 더 이상 볼 수 없게 되었습니다. 높이가 10.6m의 거대한 미륵불로, 북쪽의 송계계곡을 바라보고 있습니다. 국내에서는 유일하게 북쪽을 향하고 있는 미륵불상입니다.

한 버들잎 모양의 두 눈, 유려하면서도 두툼한 콧등, 도톰한 입술 선, 길고 큼직한 귓바퀴, 둥그스름한 턱선 등 소박하고 온화한 얼굴에 엷은 미소를 띠고 있습니다. 목은 얼굴에 비해 굵은 편이며 선으로 삼도(三道)를 표현하였습니다.

어깨는 얼굴에 비하여 매우 좁게 조성되었습니다. 같은 너비로 발끝까지 이어져 신체적인 볼륨감이나 입체감이 거의 없습니다. 양손을 가슴 앞으로 모았는데, 왼손엔 둥그런 지물을 들고 있습니다. 이것이 연꽃봉오리인지, 보주인지, 아니면 약합(藥盒)인지 정확히 구분하기가 쉽지 않네요.

오른손은 손가락을 위로 들어 올려 시무외인(施無畏印)의 수인처럼 보입니다. 시무외인은 부처가 중생의 모든 두려움을 없애고 위안을 주는 수인입니다. 다섯 손가락을 세운 채로 손바닥을 밖으로 향하게 표현한 형태입니다. 그런데 들어 올린 오른손이 손바닥이 아니라, 손등으로 보입니다.

법의(法衣)는 양어깨를 감싸며 흘러내리는 세로선으로 발밑까지 간략히 표현하였습니다. 아래쪽으로 내려갈수록 살포시 펴지면서 흘러내리는 법의 자락이 참 부드러우면서도 찰랑거리는 듯 가볍게 느껴집니다. 부드럽게 흘러내린 옷자락 사이로 발등과 발가락이 돋을새김으로 도톰하게 표현되어 있습니다.

이 석조여래입상은 실질적으로 하반신에 비해 상반신이 긴 가분수 형태로 조성되었습니다. 그러나 전체적으로 보면 의외로 안정감 있고, 오히려 단순하게 처리함으로써 소박하고 친서민적인 미륵부처로 탄생하지 않았을까요? 아무튼 전체적인 조각 수법이 고려시대 충청도 지방에서 나타나는 특징을 보여주고 있습니다. 1963년 1월 21일 보물로 지정

보수공사 후 석조여래입상
2014년부터 2023년까지 10년 간 석실 해체 보수공사 후의 석축 석실과 석조여래입상의
얼굴 모습입니다.

되었습니다.

　만약, 저에게 이 미륵리 석조여래입상을 예찬한 가장 감동적인 글을
추천하라면, 저는 전 서울대학교 최종태 교수가 쓴「내 마음속의 문화유
산」을 추천하고 싶습니다.

　…… 한 모퉁이를 지나 학생들 모두가 차에서 내렸는데 그야말로
　황성옛터였다. 커다란 불상이 엉성한 기단 위에 서 있는데 돌의 색
　깔도 어여쁘거니와 그 풍기는 냄새가 순박하고 포근했다. 얼굴 표

정도 후덕한 시골 아낙네 같고 팔각형 갓이었는가, 머리 위에 살짝 얹힌 그 균형감 같은 것을 일러 멋이라 할지……

앞가슴에 가지런히 무언가를 얘기하려는 듯 새겨있는 두 손을 보라, 참으로 아름다운 명품이었다. 20세기의 대 조각가 누가 만든다 해도 그처럼 신묘한 형상으로 아름다움을 성취하기는 아마도 어려울 일이었다. 서민적인 친밀감과 함께 아름다운 격조를 잘 갖추고 있었다. 우리는 여러 가지로 상상하며 한담했지만 그렇게도 사랑스럽고 편안한 부처님상은 그 뒤로 나는 더 이상 볼 수가 없었다.

아쉬운 마음으로 절터를 나오는데 어떤 학생이 다급하게 쫓아와서 이렇게 말했다. 지금껏 잊을 수가 없다. "선생님 저 안내 간판 좀 보세요. 뭐라 뭐라 적어놓고, 그런데 졸작(拙作)이다 …… 이렇게 기록되어 있어요." "졸작이라면 안내문은 아예 쓰지를 말 것이지"하고 우리는 그냥 웃을 수밖에 없었다. 지금도 그 안내판이 그대로 서 있는지 아니면 고쳐졌는지 가끔 궁금한 생각이 난다.

[1997년 6월 15일, 중앙일보 연재]

그러고는 이 불상을 특별히 좋아하는 이유를 "첫째는 형식에 구애됨이 없어서 우선 보기에 편안한 점이고, 둘째는 소박한 품격인데 그래서 사랑스럽고 좋은 친구 만나듯 그냥 옆에 앉아서 놀고 싶은 점이 그것이고, 또 한 가지는 만든 사람의 솔직성이 나의 가슴으로 직접 파고든다는 점"이라고 하면서, 늘 나의 마음속에 살아 있다고 예찬하였습니다. 문제(?)의 그 안내판은 교체된 지 이미 오래되었습니다.

우리나라 최초의 고갯길, 하늘재

미륵대원지 입구에서 동쪽으로 가는 길은, 우리나라 최초의 고갯길인 하늘재로 오르는 길입니다. 절터에서 이 길로 접어들어 오른쪽을 쳐다보면 널찍한 직사각형의 건물터가 보입니다. 이곳이 바로 미륵대원의 역(驛)과 원(院)이 있었던 자리입니다.

지난 1990년 7월 16일부터 11월 30일까지 청주대학교 박물관에서 실시한 제4차 발굴 조사 결과, 사찰의 동쪽 구릉지에서 원(院) 터가 발굴되었습니다. 방형의 대규모 건물지가 동·서·남·북으로 회랑처럼 길게 연결된 것이 확인되었습니다. 또한 이들 건물지 사이의 중정(中庭)에도 건물이 있었으며, 건물지의 기단 석렬 바깥쪽에 축대를 쌓았던 것도 확인되었습니다.

이 건물지는 두 차례의 중수가 이루어진 것으로 확인되었습니다. 건물의 형태는 '回' 자형 구조로 가운데에 말을 묶어두는 마방(馬房)을 설치하고, 주변으로 여행자들과 관리인들이 기거(起居)하던 건물이 회랑처럼 빙 둘러 있었을 것으로 추정됩니다.

따라서 계립령을 넘나들던 관리들이나 여행자들이 묵고 쉴 수 있는 숙소와 마방시설 등이 갖추어진 역(驛)과 원(院)의 건물터가 확인된 것입니다. 이는 미륵대원이 대원사의 사찰 기능과 함께 역원의 기능까지 같이 포함하고 있는 고려 초기의 중요한 유적지로 평가받고 있는 점입니다.

이를 뒷받침하는 근거(根據)가 일연의 『삼국유사』 권1, 「왕력(王曆)」 편에 이렇게 기록되어 있습니다.

제8대 아달라이질금(阿達羅尼叱今)

미륵대원의 역원터

발굴 조사 결과, 방형의 대규모 건물지가 동·서·남·북으로 회랑처럼 길게 연결된 것이
확인되었습니다. 건물의 형태는 '回' 자형 구조로 가운데에 말을 묶어두는 마방(馬房)을
설치하고, 주변으로 여행자들과 관리인들이 기거(起居)하던 건물이 회랑처럼 빙 둘러
있었을 것으로 추정됩니다.

(결문) 또 왜국과 더불어 (결문). 입현(立峴)은 지금의 미륵대원(彌勒

大院) 동쪽 고개가 이것이다.

□□□□□□□□又與倭國相□嶺□□□□立峴 今彌勒大院東嶺 是也

위에서 입현(立峴)은 계립령(鷄立嶺)을 가리키고, 미륵대원(彌勒大院)은
지금의 미륵대원지를 일컫는 것입니다. 즉, 1977년 제1차 발굴 조사 때
에 명문 기와를 통해서 대원사(大院寺)라는 사찰 이름과 미륵불을 주불로

모신 절이란 것이 밝혀졌고, 제4차 발굴 조사를 통하여 대원사 동쪽에 역원이 있었던 것이 확인됨으로써 미륵대원지가 된 것입니다. 따라서 미륵대원의 동쪽 고개가 계립령이라는 사실이 삼국유사의 기록을 통하여 밝혀진 것입니다.

여기서 우리나라 최초의 고갯길인 계립령에 대하여 알아보겠습니다.

소백산맥으로 둘러싸여 동남쪽에 고립된 신라가 북쪽으로 진출하기 위해서는 백두대간인 소백산맥을 넘나들 수 있는 고갯길이 필요하였습니다. 이를 위하여 신라는 일찍부터 소백산맥의 낮은 곳을 찾아 고갯길을 개척하기에 이릅니다.

『삼국사기』 권2, 「신라본기」 아달라이사금(阿達羅尼師今) 조에, 신라가 북방으로 진출하기 위하여 소백산맥에 계립령과 죽령을 차례로 개통한 사실이 다음과 같이 기록되어 있습니다.

> 아달라 이사금 3년(156), 여름 4월에 계립령 길을 개통하였다.
> 三年, 夏四月, 開鷄立嶺路
>
> 아달라 이사금 5년(158), 봄 3월에 죽령 길을 개통하였다.
> 五年, 春三月, 開竹嶺

이렇게 신라는 소백산맥으로 가로막힌 지형적인 고립을 탈피하고, 한강 유역으로 진출하기 위해서 계립령 길과 죽령 길을 개척하였습니다. 이는 우리나라 역사상 최초로 국가 차원에서 소백산맥의 고갯길을 개통한 국도(國道) 개척의 첫 사례입니다. 한반도의 동남쪽에 치우친 작은 나라 신라가 계립령과 죽령을 통하여 한강의 수로를 개척한 것은, 삼국통일의 기반을 마련한 역사적인 의미를 함축하고 있는 것입니다.

계립령 길은 삼국시대부터 통일신라를 거쳐 고려시대까지 무려 1,200여 년간 지금의 경상도 지역과 충주 지역의 남한강 물길을 남·북으로 이어주던 가장 중요한 교통대로였습니다. 따라서 수많은 사람들이 넘나들며 각종 문물이 교류되었고, 군대 또한 이 고개를 수없이 넘나들었던 전략적·군사적 요충지였습니다.

남진하려는 고구려와 북진하려는 신라가 첨예한 대결을 벌일 때도, 고려 태조 왕건이 후백제를 치러갈 때도 이 계립령 길을 넘나들었습니다. 또한, 나말여초 망국의 한을 품고 금강산으로 들어가던 마의태자도, 고려 후기 몽골군이 여러 차례 침략하였을 때도, 고려 말기 공민왕이 홍건적의 난을 피해 청량산으로 몽진(蒙塵)할 때도 이 계립령을 넘어서 오갔습니다.

그랬던 계립령이 주요 교통로의 기능을 상실한 것은, 조선 초 태종 14년(1414)에 문경새재라고 불리는 조령(鳥嶺)이 새로 개통되면서부터입니다. 그 뒤 조선시대에 조령이 '영남대로'로 지정되면서, 하늘재는 그 역할을 새재에 넘겨주고 쇠퇴해 갔습니다. 하지만 1970년대까지도 장사꾼이나 소 장수들은 대부분 하늘재를 이용했다고 합니다. 관리들의 공무나 양반들의 과거시험 길이 새재였다면, 등짐 봇짐의 장사꾼과 소몰이꾼은 하늘재를 넘나들었습니다.

그런데 하늘재라고 부르는 계립령은 시대(時代)마다 그 이름이 다 달랐습니다. 고구려는 마목현(麻木峴), 신라는 계립령(鷄立嶺), 고려는 대원령(大院嶺)으로 불렀습니다. 여기서 대원령을 순우리말로 풀이하면 '한울재'가 됩니다. 이 한울재가 조선시대로 내려오면서 빠르게 발음하다 보니 '하늘재'가 된 것으로 추정하고 있습니다. 이 하늘재를 한자로 표기하면

하늘재 표지석
미륵대원 역원(驛院) 터에서 동쪽을 쳐다보면 왼쪽 길섶에 '오랜 역사의 숨결을 간직한, 하늘재'라는 커다란 표지석이 보입니다. 여기서 왼쪽 비포장 길로 가면 하늘재로 가는 길이고, 오른쪽 포장도로로 10여 미터를 가면, 언덕 위에 미륵리 삼층석탑이 오롯이 세워져 있습니다.

한훤령(寒暄嶺)이 됩니다. 2008년 12월 26일 국가지정문화유산인 명승으로 지정되었습니다.

이제 하늘재로 오르는 길을 따라 산책을 나서 보겠습니다.

미륵대원 역원(驛院) 터에서 동쪽을 쳐다보면 왼쪽 길섶에 '오랜 역사의 숨결을 간직한, 하늘재'라는 커다란 표지석이 보입니다. 여기서 왼쪽 비포장 길로 가면 하늘재로 가는 길이고, 오른쪽 포장도로로 곧장 오르면 대광사로 가는 길입니다. 이 대광사 길로 10여 미터를 오르면, 오른쪽 언덕 위로 미륵리 삼층석탑이 우뚝 서 있습니다.

미륵리 삼층석탑은 통일신라의 석탑 양식을 따른 2중 기단 위에 3층 석탑으로 고려 초기에 조성된 높이 3.3미터의 아담한 석탑입니다. 튼실한 장대석으로 지대석을 마련한 후, 그 위에 넓은 하층기단을 조성하고 상층기단을 올려놓아 안정감이 돋보입니다. 1층 몸돌은 흰칠하고 지붕돌은 아랫면에 각각 4단의 층급받침을 새겼습니다. 상륜부는 사각의 노반과 둥근 보주가 얹혀있습니다. 전체적으로 안정감 있고 단아하면서 소박하게 보입니다. 1976년 12월 21일 충청북도 유형문화유산으로 지

미륵리 삼층석탑
충청북도 유형문화유산. 통일신라의 석탑 양식을 따른 2중 기단 위에 3층 석탑으로 고려 초기에 조성된 높이 3.3m의 아담한 석탑입니다. 전체적으로 안정감 있고 단아하면서 소박하게 보입니다.

정되었습니다.

여기서 조금 더 오르면 '미륵리 불두(佛頭)'가 나타납니다. 높이 138센
티미터, 최대 너비 118센티미터의 대형 불두입니다. 머리 윗부분은 일
자형으로 수평이고, 눈썹은 도톰하게 곡선으로 둥글게 처리하였습니다.
눈은 눈두덩이 밑으로 일자형에 가깝고, 코는 도드라지게 두툼합니다.
입은 일자형으로 얼굴에 비해 작게 표현되었고, 입술 윤곽선을 오목새
김으로 처리하였습니다. 귀는 머리에 지나치게 붙어있어 매우 형식적입
니다. 아마도 미완성 작품이 아닐까, 추측해 봅니다.

여기서 다시 오던 길로 되돌아 나와 '하늘재 표지석'이 있는 삼거리에
서 오른쪽으로 꺾어 들면 하늘재로 오르는 흙길입니다. 하늘재는 충청
북도 충주시 수안보면 미륵리에서 경상북도 문경시 문경읍 관음리까지
이어지는 옛길입니다. 하늘재는 하늘과 잇닿은 2천 년에 가까운 숲길
로, 우리나라에서 가장 오래된 고갯길입니다.

안내 표지석에서 하늘재 정상까지는 1.8킬로미터로 천천히 걸어서 올
라가도 약 40분이면 충분히 오를 수 있는 완만한 숲속의 옛길입니다. 백
두대간을 잇는 하늘재는 해발 525미터로 생각보다 높지 않습니다. 그래
서 누구나 운동화를 신고도 오를 수 있는 완만한 경사의 트레킹코스이
자 아름다운 숲길입니다.

그런데 하늘재를 품고 있는 행정구역의 지명도 예사롭지 않습니다.
북쪽은 충북 충주의 미륵리이고, 남쪽은 경북 문경의 관음리입니다. 미
륵보살은 먼 미래에 나타나 중생을 구제하는 미래의 부처이고, 관음보
살은 중생의 고통과 소원을 들어주는 자비로운 현세의 보살입니다. 따
라서 현세에서 미래를 이어주는 고갯길이 하늘재입니다.

실개천이 흐르는 흙길을 밟고 천천히 오르다 보면 발끝의 촉감이 되살

아나고, 맑고 깨끗한 숲속의 피톤치드가 기분을 상쾌하게 해줍니다. 그렇게 청량한 공기를 마시며 가다 보면 왼쪽으로 계곡을 건너는 아치형 구름다리가 나타납니다. 이 길은 하늘재의 '역사·자연관찰로'입니다. 나무데크와 야자 매트가 깔려있어 발걸음이 한결 수월합니다.

그런데 저는 올라갈 때는 원래의 옛길인 고운 흙길을 밟고 올라가고, 하늘재 정상에서 다시 원점 회귀할 때는 이 '역사·자연관찰로' 구간을 따라 내려옵니다. 그래야 이 길을 개척한 1,870여 년 전 기분을 조금이라도 더 느껴볼 수 있지 않을까요.

실제로 월악산국립공원에서 탐방객을 위하여 군데군데 만들어 놓은 하늘재의 '역사·자연관찰로' 안내문도 ①번 '잊혀져 가는 고갯길'에서부터 ㉒번 '아낌없이 주는 나무'까지, 제가 권장하는 동선(動線)을 따라 세워져 있습니다. 그렇게 코스를 잡아야 제대로 된 자연 관찰 공부를 할 수 있습니다.

따라서 하늘재 옛길을 걸을 때는 중간 중간 세워져 있는 월악산국립공원의 안내문을 읽어보고 그 주변을 관찰하면, 그 내용을 금방 이해할 수 있고 또 아름다운 자연경관을 직접 느낄 수 있습니다. 그렇게 오르다 보면 하늘 향해 쭉쭉 뻗은 숲속의 나무들이 가히 장관입니다. 참으로 울창한 원시 자연림이 그렇게 좋을 수가 없습니다.

얼마만큼 가다 보면 두 줄기 나무가 하나로 몸을 합쳤다 다시 갈라진 연리지(連理枝)도 보입니다. 때마침 숲속에서 지저귀는 새들의 노랫소리가 마치 오케스트라를 연주하듯 하모니를 이룹니다. 청량하고 상큼하기 이를 데 없습니다. 자연이 우리에게 주는 최고의 선물이지요.

좀 더 걷다 보면 조선 후기의 '백자 가마터'가 나옵니다. 이 가마터는 조선 후기부터 일제강점기까지 백자를 생산한 것으로 추정됩니다. 여기

백자 가마터
조선 후기부터 일제강점기에 걸쳐 순백자를 생산한 것으로 추정됩니다. 이곳에서 생산된 순백자는 민수용으로, 주로 막사발이나 접시 등 무늬가 없는 순백자였습니다.

서 생산된 백자는 주로 막사발이나 접시 등으로 무늬가 없는 순백자입니다. 인근에 미륵리 요지와 고개 너머 문경 지역에도 가마터가 존재하는 것으로 보아, 조선 후기 이 일대에서 민수용 순백자를 생산하였음을 알 수 있습니다.

여기서 조금 더 오르면 '연아 닮은 소나무'가 나옵니다. 나무로 된 계단을 밟고 오르면 피겨스케이팅을 하는듯한 형상의 소나무가 특이한 자태를 뽐내고 있습니다. 이 소나무는 희귀목으로 특별히 보호할 가치가 있어, 충주시와 월악산국립공원사무소에서 탐방객들에게 나무가 잘 보전되도록 협조하여 줄 것을 당부하는 안내문도 곁들여 있습니다.

이제 정상이 얼마 남지 않았습니다. 여기서 조금 오르면 울울창창한 소나무 숲길이 고갯마루까지 쭉 이어집니다. 하늘 향해 쭉쭉 뻗은 소나무군락 가지 사이로 명주실 같은 하얀 햇살이 눈이 부시도록 쏟아집니다. 참으로 아늑하면서도 청량하고 순수한, 아주 걷기 좋은 사색의 황톳길입니다.

그렇게 천천히 걸어서 백두대간의 마루선이 지나는 정상에 도착하면, 의외로 차분하고 정적입니다. 시야가 확 트였을 것으로 생각하지만, 사실은 백두대간의 산마루가 움푹 들어간 안부(鞍部) 지대의 고갯길이라 그렇지는 않습니다. 정상에서 문경 관음리 쪽으로는 아스팔트 포장길로 이어집니다.

왼쪽 길섶에는 등산 탐방로 안내판, 하늘재 백두대

연아 닮은 소나무
길섶의 나무로 된 계단을 밟고 오르면 피겨스케이팅을 하는듯한 형상의 소나무가 특이한 자태를 뽐내며 서 있습니다. 이 소나무는 희귀목으로 특별히 보호할 가치가 있어, 충주시와 월악산국립공원사무소에서 탐방객들에게 협조를 당부하는 안내문을 세워 놓았습니다.

간보호지역 안내판, 문경시에서 세운 계립령 유허비가 연이어서 세워져 있습니다. 오른쪽으로는 화장실, 단칸짜리 조립식 건물인 '하늘재 공원 지킴 터'가 있고, 조금 가면 산림청에서 길쭉한 자연석을 다듬어 세운 '백두대간 하늘재' 비석이 우뚝 세워져 있습니다.

이제 하늘재에서 마치렵니다.

백두대간 하늘재비
우리나라 최초의 고갯길인 하늘재 정상부에는
산림청에서 길쭉한 자연석을 다듬어 세운 '백
두대간 하늘재' 비석이 우뚝 세워져 있습니다.

이 책의 화두(話頭)는 '남한강
폐사지'입니다. 남한강을 거슬
러 오르며 시작한 폐사지의 답
사는, 경기도 여주의 고달사지
에서 첫걸음을 떼었습니다. 이
어 강원특별자치도 원주의 흥
법사지, 법천사지, 거돈사지를
차례로 답사하였습니다.

그 후 남한강을 거슬러 오르
며 충청북도 충주의 청룡사지,
탑평리사지, 정토사지, 제천의
월광사지, 덕주사지, 사자빈신
사지, 충주 미륵대원지의 순서
로 답사하는 것이 저의 바람이
었습니다.

그러나 충주다목적댐으로
만들어진 거대한 충주호 때문
에 더 이상 남한강을 따라가며
답사할 수가 없었습니다. 그래
서 생각한 것이 청룡사지에서
곧바로 정토사지를 먼저 답사
한 후, 다시 되돌아 나와서 충

하늘재 산신각

하늘재 정상 오른쪽 산기슭에는 백두대간과 하늘재를 오가는 길손들의 무사 안녕을 기원하는 산신각이 있습니다. 단출한 단칸짜리 맞배지붕 기와집입니다. 단청을 곱게 칠해서인지, 산뜻하고 아담하게 보입니다.

주 고구려비와 탑평리사지의 중앙탑으로 이어지는 동선을 잡았습니다.

그런 다음 충주호의 월악나루에서 월악산의 송계계곡으로 이어지는 미륵송계로를 따라 월광사지, 덕주사지, 사자빈신사지 그리고 남한강 폐사지의 마지막 여정(旅程)인 미륵대원지를 답사한 후 우리나라 최초의 고갯길인 하늘재에서 대장정을 마무리하였습니다.

그동안 이 책의 원고를 쓰면서 쉼 없이 달려온 남한강 폐사지의 답사 여행을 예서 마치려하니 만감(萬感)이 교차합니다. 때론 즐거웠고 또 행복했습니다. 하지만 착상(着想)이 떠오르지 않아 원고를 쓸 수 없을 때에는 무조건 박치고 뛰쳐나와 남한강의 폐사지로 달려갔습니다. 그렇게 폐사지를 걷고 또 걸으면서 마침내 하늘재의 정상에 섰습니다. 저에겐 참으로 감격스러운 찰나(刹那)였습니다.

막상 원고를 탈고(脫稿)하고 나니, 허술하기 짝이 없는 글이 되고 말았습니다. 가슴 한켠이 먹먹합니다. 잘 쓴 곳은 보이지 않고 못쓴 곳만 눈에 들어옵니다. 그래서일까요, 아직도 마음 한켠이 채워지질 않습니다. 그러나 어찌합니까. 다시 용기를 내서 원고를 갈무리하였습니다.

하늘재 정상 오른쪽에는 백두대간과 하늘재를 오가는 길손들의 무사 안녕을 기원하는 산신각이 자리 잡고 있습니다. 단출한 단칸짜리 맞배지붕 기와집입니다. 단청을 곱게 칠해서인지, 산뜻하고 아담하게 보입니다.

가파른 계단을 밟고 올라가서 살며시 산신각의 문을 열고 안을 들여다보면, 산신령과 함께 좌우에는 마의태자와 덕주공주의 위패와 영정(影幀)을 모셔놓았습니다. 망국의 한을 품고 경주를 떠나온 마의태자와 덕주공주의 넋이 그렇게 하늘재의 산신각에 편안히 모셔져 있습니다. 참 다행이지요.

마의태자와 덕주공주의 영정
산신각 안에는 산신령을 중심으로 왼쪽엔 마의태자, 오른쪽엔 덕주공주의 위패와 영정
을 단정히 모셔놓았습니다. 망국의 한을 품고 경주를 떠나온 지 어언 일천여 년, 마의태
자와 덕주공주의 넋이 그렇게 하늘재의 산신각에 편안히 모셔져 있습니다.

이제 뒤돌아서 내려갈 차례입니다.

그런데 지금으로부터 일천 여 년 전, 하늘재를 넘어 미륵대원의 미륵
불과 덕주사의 마애불을 조성하기 위하여 충주의 미륵리로 향하던 마의
태자와 덕주공주의 뒷모습이 아련히 떠오르는 건, 저 혼자만의 환영(幻
影)일까요. 예서 마침표를 찍으렵니다.

"졸작(拙作), 읽어주셔서 감사합니다."

도움 받은 책과 사이트

- 일연 지음, 김원중 옮김, 『삼국유사』, 을유문화사, 1993.

- 김부식 지음, 이강래 옮김, 『삼국사기』, 한길사, 1998.

- 민족문화추진위원회 옮김, 『신증동국여지승람』, 1969.

- 연오흠, 『동강에 어린 충절 영월』, 신서원, 2004.

- 국립중앙도서관 고전운영실 자료, 『조당집』, 1947.

- 한국역사연구회, 『역사문화수첩』, 역민사, 2000.

- 한국문화유산답사회, 『답사여행의 길잡이7, 경기남부와 남한강』, 돌베개, 1996.

- 한국문화유산답사회, 『답사여행의 길잡이12, 충북』, 돌베개, 1998.

- 정영호, 『국보 14, 석조 I · II』, 예경산업사, 1983.

- 유홍준, 『나의 문화유산답사기8』 남한강편, 창비, 2015.

- 정규홍, 『석조문화재 그 수난의 역사』, 학연문화사, 2007.

- 이지관, 『교감역주 역대고승비문, 고려편1 · 2』, 가산불교문화연구원, 1995.

- 진정환 · 강삼혜, 『조형미의 극치 석조미술』, 국립중앙박물관, 2006.

- 국사편찬위원회, 한국사데이터베이스, 「양양 선림원지 홍각선사탑비」, 박광연 역.

- 국사편찬위원회, 한국사데이터베이스, 「창원 봉림사지 진경대사탑비」, 최연식 역.

- 국사편찬위원회, 한국사데이터베이스, 「원주 거돈사지 원공국사탑비」.

- 국사편찬위원회, 한국사데이터베이스, 「문경 봉암사 지증대사탑비」, 남동신 역.

- 국사편찬위원회, 한국사데이터베이스, 「충주 고구려비」, 조영광 역.

- 국사편찬위원회, 한국사데이터베이스, 「제천 월광사지 원랑선사탑비」, 최연식 역.

- 국사편찬위원회, 한국사데이터베이스, 『고려사』.

- 국사편찬위원회, 한국사데이터베이스, 『고려사절요』.

- 한국고전번역원, 한국고전종합DB, 조선왕조실록, 『세조실록』.

- 한국고전번역원, 한국고전종합DB, 한국문집총간, 『유항시집』, 1990.

- 한국고전번역원, 한국고전종합DB, 고전번역서, 『동국여지』, 손성필 역, 2019.

- 한국고전번역원, 한국고전종합DB, 고전번역서, 『익재집』, 장순범·정기태·김신호 공역.

- 한국고전번역원, 한국고전종합DB, 고전번역서, 『사가집』, 임정기 역, 2004.

- 한국고전번역원, 한국고전종합DB, 고전번역서, 『허백당문집』, 김종태 역, 2015.

- 한국고전번역원, 한국고전종합DB, 고전번역서, 『이계집』, 서한석 역, 2021.

- 한국고전번역원, 한국고전종합DB, 고전번역서, 『성소부부고』, 김명호 역, 1983.

- 한국고전번역원, 한국고전종합DB, 고전번역서, 『목은집』, 이상현 역, 2002.

- 한국고전번역원, 한국고전종합DB, 고전번역서, 『양촌집』, 장순범 역, 1979.

- 한국고전번역원, 한국고전종합DB, 고전번역서, 『도은집』, 이상현 역, 2008.

- 한국고전번역원, 한국고전종합DB, 고전번역서, 『신증동국여지승람』, 이식 역, 1969.

- 조선총독부, 『대정원년 조선고적조사보고』, 1914.

- 고유섭, 『조선미술문화사논총』, 서울신문사출판국, 1949.

- 이중환 지음, 이익성 옮김, 『택리지』, 을유문화사, 2002.

- 황수영, 『황수영 전집5』, 도서출판 혜안, 1998.

- 후지무라 토쿠이치(藤村德一誌), 『거류민지석물어』, 조선이석회, 1927.

- 다이니 세이치(谷井濟一), 『고고학 잡지3-6』, 1913.

- 이정, 『한국불교 사찰사전』, 불교시대사, 1996.

- 사찰문화연구원, 『전통사찰총서10』, 사찰문화연구원, 2008.

- 허균, 『사찰장식 그 빛나는 상징의 세계』, 돌베개, 2014.

- 김홍관, 『기다림으로 피고 그리움으로 지고』, 북카라반, 2012.

- 국민일보, 1989년 12월 4일자.

- 중앙일보, 1997년 6월 15일자.

- 강원도민일보, 2023년 8월 2일자.

- 충주박물관, 팸플릿「충주 청룡사 선림보훈」

- 충주고구려비전시관, 팸플릿「고구려비 발견 일화」

- 네이버 지식백과 사이트

- 한국학중앙연구원 한국민족문화대백과사전 사이트

- 두산백과 두피디아 사이트

인용 사진과 지도

- 한강의 발원지, 검룡소[17쪽] : 국가유산청, 국가유산포털 제공.

- 승탑의 구조[41쪽] : 진정환·강삼혜, 『조형미의 극치 석조미술』, 국립중앙박물관 (2006), 16p.

- 청허당 서산대사 휴정의 진영[64쪽] : 통도사 소장, 국가유산청, 국가유산포털 제공.

- 지우재 정수영의 홍원창도[90쪽] : 국립청주박물관, 『남한강 문물』(2001), 26p.

- 조운선[96쪽] : 서울대학교 규장각, 국립청주박물관, 『남한강 문물』(2001), 15p.

- 인도의 산치대탑[136쪽] : 박근칠 외 7인, 『고등학교 역사부도』, (주)지학사(2014), 89p.

- 불국사 3층 석탑[140쪽] : 국립문화재연구소, 『경주 불국사 삼층석탑 수리보고서』 (2017).

- 석탑의 세부 명칭[143쪽] : 이진한 외, 『고려시대 사람들이야기』3, 신서원(2003), 254p.

- 탑비의 구조[156쪽] : 진정환·강삼혜, 『조형미의 극치 석조미술』, 국립중앙박물관 (2006), 17p.

- 선림보훈과 선종영가집[173쪽] : 충주박물관, 팸플릿「충주 청룡사 선림보훈」

- 정토사 홍법국사 실상탑[194쪽] : 원판번호 無419-5, 국립중앙박물관 제공.

- 충주군청에 전시중인 홍법국사 실상탑[199쪽] : 원판번호 150683, 국립중앙박물관 제공.

- 자등탑비의 지붕돌[203쪽] : 국립중앙박물관 제공.

- 법경대사 자등탑비의 일부[205쪽] : 원판번호 無1052-1, 국립중앙박물관 제공.

- 실상탑 지붕돌 천장의 비천상[210쪽] : 원판번호 無1079-1, 국립중앙박물관 제공.

- 실상탑비의 지붕돌[214쪽] : 국립중앙박물관 제공.

- 4세기 백제의 전성기[226쪽] : 박근칠 외 7인, 『고등학교 역사부도』, (주)지학사(2014), 11p.

- 5세기 고구려의 전성기[230쪽] : 박근칠 외 7인, 『고등학교 역사부도』, (주)지학사(2014), 10p.

- 6세기 신라의 전성기[234쪽] : 허승일 외 3인, 『역사부도』, (주)지학사(1995), 7p.

- 건흥 5년이 새겨진 금동 광배[244쪽] : 국립청주박물관, 『남한강 문물』(2001), 154p.

- 중앙탑 공원 전경[246쪽] : 충주시 제공(2021).

- 월광사 원랑선사탑비 운반 상황[257쪽] : 원판번호 210018, 국립중앙박물관 제공.

- 월광사지 원랑선사 대보선광탑비[262쪽] : 내손안에 서울, 박우영(2023. 6. 20.).